EL
ABUSO
VERBAL EN
LAS RELACIONES

EL
ABUSO
VERBAL EN
LAS RELACIONES

— TERCERA EDICIÓN AMPLIADA —

*Cómo reconocerlo
y cómo responder*

Patricia Evans

Avon, Massachusetts

Publicado por
Adams Media, una división de F+W Media, Inc.
57 Littlefield Street, Avon, MA 02322. U.S.A.
www.adamsmedia.com

ISBN 10: 1-4405-9925-4
ISBN 13: 978-1-4405-9925-5
eISBN 10: 1-4405-9926-2
eISBN 13: 978-1-4405-9926-2

Impreso en los Estados Unidos de América.

10 9 8 7 6 5 4 3 2 1

*Este libro está disponible con descuento para compras en cantidades
grandes. Para obtener información, llame al 1-800-289-0963.*

Agradecimientos

Agradezco a todos los que me han apoyado en la escritura de este libro. Especialmente, a las muchas mujeres que tan valientemente compartieron sus historias y sus ideas conmigo. Mientras escribía y revisaba el manuscrito tuve el aliento constante de mi hermana, Beverly Amori. Nunca, ni por un momento, me permitió albergar dudas sobre el valor de este trabajo. Robert Brownbridge, LCSW, me aportó claridad y me enseñó a confiar en mí misma.

El tema del libro se originó a partir de una sugerencia de Carl Putz, PhD: "Si sólo pudiera decirle a la gente cómo reconocer el abuso verbal, ¡esto sería un gran comienzo!" Doy gracias a Carl no sólo por haberme sugerido el tema, sino también por haberme hecho entender que yo podría escribirlo.

Doy las gracias a Patricia Seereiter, que contribuyó con su ecuanimidad y su espíritu alegre, además de brindarme la serenidad de su estudio, un "oasis" perfecto para escribir.

Pat Corrington, LCSW, me animó con su maravilloso entusiasmo y me ofreció sus habilidades de edición. Ella tiene un lugar especial en mi corazón. Susan Hiraki, MFCC, me dio ánimo y me ofreció sus comentarios expertos de una manera especialmente afectuosa.

Doy gracias a Kate Gann por sus contribuciones interesantes y a Donna y sus amigos por su constante apoyo emocional

De manera especial doy las gracias a Helen McGrath, mi agente, una fuente constante de estímulo, siempre dispuesta a ayudar; a Ed Walters y Paula Munier, mis editores, porque ha sido un placer trabajar con ellos; a la terapista Linda Crawford, de San Diego, guía en el mundo de la terapia verbal; a Craig Smith, PhD, Richard Maisel, PhD, y sus colegas, que me han acogido en sus conferencias.

Por último, estoy especialmente agradecida a mis hijos por su continua confianza en mí.

—*Patricia Evans*

Contenido

Prefacio

Desde la primera edición de este libro, publicada en 1992, el paisaje sobre el abuso verbal ha cambiado. Desde entonces he hecho todo lo posible, con la ayuda de muchas personas, para difundir el mensaje de que existen relaciones verbalmente abusivas. Oprah Winfrey dedicó uno de sus programas a este tema e incluso lo tituló "El abuso verbal en las relaciones". Muchos otros anfitriones de radio y televisión han contribuido al esfuerzo de difundir este tema ofreciéndome el tiempo y el espacio para que yo pudiera transmitir el mensaje a la audiencia.

Organizaciones de todo tipo me han invitado a hablar. Lo he hecho en los Estados Unidos, Canadá, Australia y España. Pude dirigirme, en traducción simultánea, a la recién formada Comisión para la Investigación de Malos Tratos a Mujeres del Gobierno de España. Además, las ediciones anteriores de este libro han sido traducidas a muchos idiomas, incluyendo francés, alemán, español, ruso, polaco, yugoslavo y chino.

LECTORES COMO TÚ ESTÁN HABLANDO

Mis lectores han hecho un extraordinario trabajo al divulgar este tema. En los años transcurridos desde la primera edición de este libro, con el que introduje el concepto de "relación verbalmente abusiva", miles de mujeres se han puesto en contacto conmigo por teléfono, correo electrónico o cartas personales. Por lo general, las personas que llaman tienen una pregunta urgente o quieren concertar una consulta privada de información o referencias. Pero también algunas mujeres me han hablado del abuso verbal que han sufrido en sus relaciones. Querían, sobre todo, claridad. Miles de ellas me han dicho, "Yo sabía que algo estaba mal; pero no sabía qué. Ahora tengo un nombre para lo que he sufrido".

La cultura está cambiando. La relación verbalmente abusiva ha sido reconocida como algo real. En todos mis libros he intentado responder a las preguntas que la gente me ha hecho. Algunas de estas interrogantes son:

- **¿Por qué me siento tan mal? ¿Qué está pasando en mi relación?**
  En este libro, *El abuso verbal en las relaciones*, encontrarán un nombre para lo que sufren.

9

- **¿Hay algo más que saber?** ¿Hay otros comportamientos controladores en mi relación? *En Los sobrevivientes de abuso verbal hablan (Verbal Abuse Survivors Speak Out)* explico otras formas de control.
- **¿Qué es lo que le sucede a las personas verbalmente abusivas para que se comporten de esta manera?** ¿Cómo es posible que sean tan crueles con su pareja, si generalmente son amables con los demás? En *Gente controladora (Controlling People),* ofrezco información y asesoramiento al respecto.
- **¿Cómo una persona verbalmente abusiva puede cambiar? ¿Es posible que un hombre abusivo detenga su comportamiento agresivo?** En *El hombre verbalmente abusivo, ¿puede cambiar? (The Verbally Abusive Man: Can He Change?)* los lectores pueden dar los pasos que propongo para exigir un cambio, y lo más importante, para abrir los ojos al abusador, si así lo desean. Pueden conseguir mejor esta meta si se basan en los conocimientos adquiridos en mis tres primeros libros.

NO SOLO LAS MUJERES SUFREN ABUSO VERBAL

He oído también a hombres quejarse de la violencia verbal. Cuando un hombre me contacta porque se siente enloquecer por la mordacidad de su compañera, le confieso que no sé si sea posible un cambio, sobre todo si ha escuchado los abusos verbales de su pareja a lo largo de muchos años. No he tenido la experiencia de ver cambiar a ninguna mujer verbalmente abusiva, esto es, la mujer que constantemente critica, acusa o se enfurece con su pareja. Sin embargo, él también puede seguir los pasos que esbozo para demandar un cambio.

En los últimos diez años, varias docenas de hombres que habían estado experimentando abuso verbal en sus relaciones se pusieron en contacto conmigo. Sus parejas, sin embargo, no quisieron buscar ayuda. Las mujeres verbalmente abusivas constantemente acusan o critican a sus compañeros, o manifiestan algún tipo de ira contra ellos. Estas mujeres no se vuelven hostiles de repente, sino que probablemente lleven años respondiendo de manera agresiva, en medio de largos procesos de separación.

Por lo general las mujeres verbalmente abusivas tienen trastornos psicológicos. Según mi experiencia, ellas no suelen buscar ayuda, aun cuando se enfrenten a situaciones límites como el divorcio. Algunas de ellas llegan, incluso, a iniciar los procesos de divorcio como si fueran las víctimas de las situaciones abusivas.

En estos casos, parecen creer sus propias acusaciones cuando, en realidad, se trata de explicaciones automáticas (fabulaciones) que idean para justificar por qué se sienten atacadas por la personalidad de su cónyuge, por su éxito o, incluso, por su felicidad. Esto mismo sucede con los hombres que abusan de sus esposas; crean fabulaciones para explicar por qué se sienten atacados por la personalidad de su pareja.

Podemos afirmar, según la pequeña muestra estudiada, que los esposos de mujeres verbalmente abusivas experimentan las relaciones de abuso verbal de la misma forma que lo hacen las mujeres. Ellos tratan de complacer a sus parejas. Tratan de darles lo mejor que pueden. Tratan de explicarse y defenderse como si sus parejas se estuviesen comportando racionalmente.

Una diferencia que he notado es que los hombres son más reticentes que las mujeres a la hora de revelar detalles sobre lo que oyen o experimentan. Esta tendencia podría deberse a que los hombres no están acostumbrados a ser víctimas de las mujeres; las mujeres son víctimas de los hombres con mayor frecuencia. Hay países enteros que han oprimido a las mujeres o de lo contrario han fomentado la desigualdad y la opresión. Incluso en Estados Unidos las mujeres no reciben el mismo salario que los hombres a cambio del mismo trabajo. Aunque los hombres pueden ser víctimas en las relaciones de pareja, de manera general no son víctimas de la sociedad, a menos que sean discriminados por su raza o preferencia sexual. Otra razón importante por la que los hombres tardan en revelar detalles sobre sus relaciones abusivas puede ser porque se les ha enseñado a ser protectores de sus parejas.

Por otra parte, pienso que las mujeres verbalmente abusivas no suelen buscar ayuda porque están mucho más dañadas que la media de los hombres verbalmente abusivos. Ellas han perdido, en cierto grado, características que se atribuyen a lo femenino: la calidez, la receptividad, las cualidades maternales, así como la inteligencia emocional. Y también han perdido el "lado masculino" de su personalidad: la seguridad, la autoestima y la capacidad de orientar y estimular a los hombres a la acción.

Por el contrario, generalmente el hombre verbalmente abusivo ha perdido cualidades atribuidas a lo femenino, pero aún conserva cualidades como la acción y la determinación, alentadas por la cultura machista. En otras palabras, él puede ajustarse a una cultura que ve a lo femenino como menor y que ha menospreciado algunas cualidades humanas universales, atribuidas erróneamente a lo femenino.

¿PUEDE REALMENTE AYUDAR LA TERAPIA DE PAREJAS?

Miles de mujeres abusadas verbalmente buscan apoyo en consultas de salud mental de su comunidad. Pero rara vez pueden hallar apoyo en terapia de parejas. Muchas encuentran información en el tablón de noticias del sitio www.verbalabuse.com, donde se han registrado más de 6,000 mujeres. Hay, sin embargo, terapeutas que reconocen definitivamente el abuso verbal a partir de la lectura de mis libros y, a menudo, les son remitidas parejas con estas características. Cuando estos especialistas informados oyen a los hombres decir cosas como "Ella exagera las cosas, hace una montaña de un grano de arena", separan inmediatamente la pareja para comenzar a hacer terapias individuales con cada uno de los miembros.

Desafortunadamente, muchos consejeros de pareja han sido entrenados para analizar cualquier problema en una relación como perteneciente por igual a los dos miembros de la pareja. Miles de mujeres que han probado la terapia de pareja me han comentado que esta presuposición las hace sentir molestas. Algunas, incluso, me han llegado a contar cómo el propio terapeuta ha sido testigo de un abuso verbal y no ha hecho nada para impedirlo. María, una de las tantas mujeres que me ha escrito, me envió los nombres de los distintos terapeutas que había visto: desde pastores, doctores, terapeutas de familia hasta trabajadores sociales. Su esposo, Bob, también firmó la carta. En ella explicaban: "Nadie ha identificado el problema y hemos gastado alrededor de $30,000 en los últimos veinticinco años".

Sarah, por su parte, me contó que ella y su esposo habían llegado a gastar $100,000 en terapia de pareja en los últimos años, con la esperanza de saber lo que estaba mal y de mejorar la relación.

EL AUMENTO DE LA VIOLENCIA EN EL NOVIAZGO

Desde la primera edición de *El abuso verbal en las relaciones* hasta el presente la violencia en el noviazgo se ha acelerado. Recientemente hice una presentación en la conferencia anual de la Fundación Nacional para Mujeres Legisladoras de Estados Unidos sobre la violencia en parejas adolescentes. Los familiares de las niñas asesinadas hablaron, apelando a las legisladoras, para que se continúen estableciendo políticas que fomenten en las escuelas la enseñanza sobre las diferentes formas de abuso y sobre cómo reconocer los comportamientos controladores. Dado que el abuso verbal precede a la violencia doméstica en las relaciones de pareja, creo que los adolescentes no deberían llegar a los dieciséis años sin haber leído este libro.

Una de cada tres niñas adolescentes en los Estados Unidos es víctima de abuso. La segunda tasa más alta de violencia no fatal en la pareja corresponde a chicas entre dieciséis y diecinueve años. Supera este grupo el de jóvenes comprendidas entre veinte y veinticuatro años. A su vez, una de cada cinco chicas de entre once y catorce años confiesan haber experimentado violencia en sus citas, mientras que la mitad de los que mantienen una relación de pareja han experimentado abuso verbal.

LAS BUENAS NOTICIAS

Se han hecho algunos progresos desde que se publicó la primera edición de este libro en 1992. Algunos estados han establecido políticas para enseñar a niños y niñas y a adolescentes sobre las relaciones abusivas. El abuso verbal en las relaciones es ahora reconocido y referido como tal en diversos medios de comunicación. Las actitudes de los hombres en relación con el abuso verbal están cambiando.

En los últimos años he oído a un número creciente de hombres que quieren saber cómo pueden cambiar ante el riesgo de perder sus relaciones de pareja. Se dan cuenta de que han definido y tratado a sus parejas por medio de muchas de las formas descritas en este libro. Algunos hombres están dispuestos a cambiar aun cuando no pretendan recuperar la relación perdida porque su ex pareja ya tenga otra relación amorosa. Sin embargo, se dan cuenta de que necesitan ayuda para convertirse en los hombres que pensaban ser, es decir, en personas no abusivas.

Un hombre, "Mack", ha llegado a establecer un grupo de apoyo en línea para aquellos hombres que quieren cambiar sus comportamientos abusivos. Él creó el foro "Hombres por el fin del abuso verbal y el control" (MEVAC, siglas en inglés) con el objetivo de ayudar a quienes realmente estén tratando de modificar sus actitudes abusivas y controladoras (para más información visita el sitio http://mevac.proboards.com).

"Descubrir que eres un abusador verbal y un controlador es como caer por un precipicio. Toda tu realidad se ve sacudida hasta la médula", dice Mack. "Descubrir que tus relaciones se han roto, que los que te rodean te temen, que existe algo sumamente erróneo en la manera en que ves el mundo y en que te comunicas con los demás es aterrador y te cambia la vida. . . . Nosotros te ayudaremos. Una vez que hayas aceptado la verdad y comiences a transitar por el camino que te lleve a la reforma de ti mismo, comenzarás a descubrir que las relaciones basadas en la confianza, el respeto y el amor son mucho más gratificantes".

Estos hombres quieren permanecer conscientes, detener su comportamiento irracional y dejar de hacer afirmaciones que intenten definir el mundo interior de sus parejas según sus propias perspectivas. Con determinadas afirmaciones los abusadores pretenden caracterizar los motivos, necesidades, sentimientos e, incluso, la naturaleza o esencia de sus parejas a partir de sus propios términos. Por ejemplo, cuando a raíz de un abuso verbal dicen, "Tú estás tratando de empezar una discusión", pretenden fijar un motivo detrás de las explicaciones de su pareja. Cuando afirman, "Tú siempre quieres tener la razón", intentan definir las necesidades de su pareja. En el caso en que dicen frases como "Tú no tienes por qué sentirte así", procuran prescribir los sentimientos de su pareja y, finalmente, cuando expresan definiciones de la propia pareja, a la manera de "Tú eres demasiado sensible", se aventuran a caracterizar la naturaleza o esencia de su compañera. Los abusadores hacen estas afirmaciones como si fueran dioses, como si vivieran dentro del cuerpo, la mente y el alma de sus parejas; y de hecho, están convencidos de que lo que dicen es la verdad.

Pero cada vez existen más hombres que se están dando cuenta de que estos comentarios representan un comportamiento irracional, y que están trabajando para poner fin no solo a sus comportamientos abusivos, sino al de otros hombres. Uno de ellos tiene la intención de establecer un programa de "abusadores verbales anónimos", basado en el modelo de los doce pasos. Esto puede tomar tiempo, pero sin duda, va a suceder. Debemos añadir otro resultado positivo: algunos hombres que han leído *Gente controladora* (*Controlling People*), me han llamado para solicitar ayuda.

HEMOS RECORRIDO UN LARGO CAMINO, PERO . . .

Técnicamente hemos recorrido un largo camino. Hemos establecido un nuevo sitio web www.verbalabuse.com, con entrevistas online, con un tablón de anuncios con más de 6,000 miembros y un boletín informativo gratuito con más de 7,000 suscriptores. Tanto las mujeres como los hombres están tomando una posición activa contra el abuso verbal. Y aunque puede que se haya recorrido un largo camino, aún nos queda una larga distancia por recorrer.

Mi esperanza es que esta tercera edición de *El abuso verbal en las relaciones* juegue un importante papel crítico en la creación de nuevas estrategias para el apoyo a las mujeres abusadas, la educación de los abusadores y la toma de conciencia en todos los niveles de la sociedad.

Nota de la autora: Como mi estudio se basa principalmente en las historias narradas por mujeres, he decidido seguir usando el pronombre femenino para describir al objeto del abuso verbal. Esto no quiere decir que las mujeres no abusen de sus parejas, pero aún tengo muy pocos elementos tomados de entrevistas con hombres. Si tú eres un hombre y estás tratando de que tu relación funcione; si necesitas explicarle a tu pareja tus puntos de vista o si te identificas con la perspectiva del abusado, entonces simplemente cambia el "ella es" por el "él es" y viceversa. Por otra parte, quisiera aclarar que los ejemplos mencionados en este libro están basados en combinaciones de diferentes experiencias. Asimismo, utilicé seudónimos para proteger la privacidad de las personas que comparten sus historias conmigo.

Introducción

Este libro es para todo el mundo. Pero sucede que los ejemplos, experiencias e historias que contiene fueron contados por mujeres. Por esta razón, y espero que esto no sea fuente de prejuicios, me refiero a la experiencia femenina de confusión y dolor causada por el abuso verbal. Con el fin de proteger la confidencialidad de las mujeres que compartieron sus experiencias conmigo he cambiado sus nombres y las circunstancias que pudieran identificarlas. Las historias que cuento están formadas por partes ensambladas de múltiples experiencias. Son las historias de parejas o ex parejas de abusadores verbales.

La violencia verbal es un tipo de maltrato que no deja pruebas visibles comparables a las contusiones del maltrato físico. Pero es tan doloroso como este y la recuperación puede, incluso, tomar mucho más tiempo. La víctima del abuso verbal vive en una situación que se le va haciendo gradualmente más confusa. En público está con un hombre amable que, a puertas cerradas, se convierte en una persona hostil. Menosprecios sutiles o estallidos de ira, fría indiferencia o muestras de superioridad, sarcasmos y burlas menospreciadoras o reproches silenciosos, manipulación coercitiva o exigencias poco razonables, son todos hechos comunes de una situación abusiva. Todos ellos, sin embargo, son negados por parte del abusador. Frases como "¿Qué te pasa que exageras las cosas? ¡Haces una tormenta en un vaso de agua!" son algunas de las tantas formas de negación. A menudo, la víctima del abuso verbal no tiene ningún testigo de su realidad y, por tanto, nadie puede comprender su experiencia. Los amigos y los familiares pueden ver al abusador como un tipo muy agradable y, sin duda, él se ve a sí mismo como alguien encantador.

Aunque en este libro se describen las experiencias de las mujeres, algunos hombres sufren abuso verbal por parte de sus parejas. Sin embargo, generalmente ellos no viven con el miedo con el que suele vivir una mujer que mantiene una relación con un hombre furioso.

Si tú has sido abusado verbalmente se te ha dicho de manera sutil, y a veces no tan sutil, que tu percepción de la realidad es incorrecta y que tus sentimientos están equivocados. En consecuencia, puede que dudes de tu propia experiencia y, al mismo tiempo, que no te des cuenta de que te han estado haciendo por lo general. Sugiero que, a medida que leas las experiencias sobre el abuso verbal, trates de identificar si te resultan familiares. Este libro ha sido concebido para ayudar a reconocer el abuso verbal y la manipulación. Mi intención es revelar los matices y la realidad del abuso verbal tal y como ocurre en la práctica.

A todos nos gustaría olvidar los conflictos de nuestro pasado colectivo, los dolorosos acontecimientos que condujeron a la necesidad de escribir un libro como este. Pero podemos, sin embargo, aprender del pasado con el objetivo de tomar decisiones conscientes que garanticen un futuro mejor. El menosprecio hacia cualquier persona nos disminuye a todos. Este libro se basa en mis entrevistas con cuarenta mujeres abusadas verbalmente. Sus edades oscilaban entre los veintiuno y los sesenta y seis años. La duración promedio de sus relaciones fue de dieciséis años. En conjunto, por lo tanto, podría decir que he recogido más de 640 años de experiencia con el abuso verbal. Aunque la mayoría de las mujeres entrevistadas ya habían dejado su relación abusiva, el proceso de reconocimiento y de incorporación de lo que les había ocurrido solía prolongarse por cinco, diez y quince años después de la ruptura. Muchas habían intentado antes de la separación todas las vías o enfoques para mejorar su relación: explicaron, suplicaron, no dieron importancia a lo que les sucedía, buscaron asesoramiento individual o de pareja, vivieron sus vidas lo más independiente posible, atendiendo a sus propias necesidades, no pidieron "demasiado" o se conformaron cada vez con menos, fueron poco exigentes o muy comprensivas . . . Nada funcionó. La dinámica de la relación continuó siendo un misterio.

Si después de leer este libro, sospechas que estás viviendo una relación verbalmente abusiva, busca ayuda profesional, y lleva este libro contigo. Es necesario contar con un apoyo y que un terapeuta valide tu realidad. Es posible lograr una relación feliz si ambas partes se comprometen en el cambio.

Si tú has sido víctima de abuso verbal probablemente creas que hay algo básicamente errado en tu capacidad de comunicación, en tus percepciones o en tus sentimientos. En realidad, has sido inducida a creer esto. En tal caso, seguramente te habrás hecho estas preguntas básicas: ¿Cómo hablar de forma que él me entienda claramente?, ¿Por qué oigo lo que, según él, nunca dijo? o ¿Por qué me siento de esta forma si, según él, no debería sentirme así?

Quizás ahora mismo te estés preguntando, "¿Cómo puedo cambiar mi naturaleza? Después de todo, ¿no acabo de leer que hay posibilidades para lograr una relación feliz si ambas partes están dispuestas a cambiar? No te desesperes. No sugiero que para determinar si puedes tener una relación feliz debas cambiar esencialmente. De hecho, propongo que cuando logres reconocer aquello a lo que debes enfrentarte, respondas de una manera específica a este problema, una manera que supondrá en ti, inevitablemente, un cambio. En el proceso, seguramente tendrás que enfrentarte al miedo a perder el amor. Pero si no lo haces, te enfrentarás al miedo a perderte a ti misma.

La premisa subyacente de este libro es que el abuso verbal es una cuestión de control, un medio para mantener el Poder Sobre otro. Este abuso puede ser abierto o encubierto, constante, controlador y, lo que Bach y Deutsch (1980) llaman "creador de locura". Los efectos del abuso verbal son principalmente cualitativos. Es decir, no pueden ser vistos como los efectos del abuso físico. No hay signos físicos de lesiones, moretones, ojos negros, o huesos rotos. La intensidad de la angustia que la víctima sufre determina el alcance del daño. La cualidad de la experiencia de la víctima define el grado de abuso.

Mi objetivo principal es que los lectores reconozcan el abuso verbal. Dado que el abuso verbal es una experiencia individual, este libro, en su conjunto, se trata de experiencias personales. No obstante, hay tres factores significativos que unifican todos los materiales de este libro:

1. Por lo general, el abusador niega su conducta.
2. El abuso verbal se lleva a cabo, fundamentalmente, a puertas cerradas.
3. El abuso físico es siempre precedido por el abuso verbal.

El libro está dividido en dos partes. La primera parte comienza con un cuestionario de auto-evaluación. Entonces, desde una perspectiva amplia, se describe el Poder Sobre como una forma de poder manifestado por el dominio y el control, en contraste con el Poder Personal, que se manifiesta por la reciprocidad y la creación conjunta. A continuación, se exploran las experiencias, sentimientos y pensamientos de las víctimas de abuso verbal. Por último, se describen los patrones primarios del abuso.

En la segunda parte se definen las categorías de abuso verbal, tales como la retención de información, la oposición, el desdén y la trivialización, y se describe el contexto cultural en el que la víctima evalúa su experiencia. Se explican los métodos adecuados para la comunicación y la búsqueda del cambio. A continuación se analizan las dinámicas subyacentes en las relaciones de abuso verbal. El último capítulo explora la terapia y el abuso verbal en relación con los niños.

PARTE I

La Parte 1 comienza con una evaluación para ayudar al lector a descubrir episodios no reconocidos de abuso verbal. Dos tipos de poder se describen y se contrastaron el Poder Sobre y el Poder Personal. Luego, en el contexto de estos dos tipos de poder, se comparan las relaciones abusivas y las no abusivas. Asimismo discutiré la confusión generada entre el condicionamiento cultural y el abuso verbal. A continuación, exploraré algunas de las experiencias de las parejas para descubrir cómo el abusador verbal y su pareja parecen vivir en diferentes realidades (Realidad I y Realidad II). Vamos a aprender cómo el abuso verbal afecta a la pareja del abusador y a indagar cómo piensa y siente la abusada, y cuáles son sus creencias. Por último, describiré diez patrones que permiten reconocer el abuso verbal, así como sueños, síntomas físicos e imágenes interiores que han servido de alerta para descubrir que las relaciones de pareja no estaban siendo, en verdad, todo lo que parecían ser.

CAPÍTULO I

Evaluando tu propia experiencia

Gritar a los seres vivos tiende a matar el espíritu en ellos.
Los palos y las piedras pueden romper los huesos, pero las
palabras romperán el corazón.

—Robert Fulghum

La mayoría de nosotros somos conscientes de que los insultos son abusos verbales. Si tú has sido llamada idiota, tonta, perra, o cualquier otro nombre despectivo, entonces has sido abusada verbalmente. Los insultos son la forma más obvia de abuso verbal, por lo que no es difícil reconocerla. Sin embargo, existen otras formas menos evidentes. El reconocimiento de estas formas de abuso puede ser muy difícil por muchas razones:

1. Por lo general, el abusador es reservado. La mayoría de las veces sólo la víctima de la agresión escucha los insultos, que suelen ocurrir a puertas cerradas.
2. La violencia verbal se hace más intensa con el tiempo. La pareja se acostumbra y, a veces, termina adaptándose a ella.
3. El abuso verbal no es constante, toma muchas formas y disfraces.
4. El agresor desmiente sistemáticamente la percepción de la pareja sobre el abuso.

En cierto sentido, el abuso verbal está arraigado en nuestra cultura. La prepotencia, la conquista, la humillación, la arrogancia, la oposición, la manipulación, la crítica, la rivalidad, la intimidación, son aceptadas por muchos como parte del juego social. Cuando estos juegos de poder se desarrollan dentro de una relación y son negados por quien los perpetra, surge la confusión. La siguiente evaluación está diseñada para que el lector determine si está experimentando abuso verbal en su relación. Coloca una marca junto a las declaraciones que son verdaderas para tu relación:

❑ Varias veces a la semana tu pareja parece irritada o molesta, aunque tú no hayas hecho nada para incomodarla. Esto siempre te toma por sorpresa. (Cuando le preguntas por qué está enfadado, él lo niega o da a entender que es por tu culpa.)

❑ Cuando te sientes herida y tratas de hablar con tu pareja tienes la sensación que el problema no se resuelve en lo absoluto, por lo que no logras sentirte feliz ni aliviada después de hablarlo. Tampoco tienes la sensación de que con un beso se compone todo. (Él suele decir, "¡Sólo estás tratando de empezar una discusión!" o de alguna otra manera expresa su negativa a discutir sobre la situación.)

❑ A menudo te sientes perpleja y frustrada por sus respuestas, porque te das cuenta de que él no ha entendido tus intenciones.

❑ El malestar en la relación no se debe tanto a situaciones concretas—la cantidad de tiempo que pasan juntos, a dónde ir en las vacaciones, etc.—sino a problemas con la comunicación: lo que él cree que tú has dicho y lo que tú crees que has oído.

❑ A veces te preguntas, "¿Qué pasa conmigo? No debería sentirme tan mal".

❑ Rara vez, o nunca, él quiere compartir sus pensamientos o planes contigo.

❑ Él casi siempre tiene una opinión contraria a lo que tú opinas. Sin embargo, su punto de vista no es presentado como una opinión ("yo pienso" o "yo creo" o "siento que"), sino como una afirmación de que tú estás equivocada y de que él tiene la razón.

❑ A veces te preguntas si tu pareja te percibe como una persona independiente y autónoma.

❑ No recuerdas haberle dicho nunca: "¡Cállate ya!" o "¡Basta!"

❑ Cuando intentas hablar con él sobre la situación abusiva de la que has sido objeto suele mostrarse enojado o sorprendido (no tiene ni idea de lo que le estás diciendo).

Si te has identificado con dos o más de estas declaraciones, este libro te ayudará a reconocer el abuso verbal. Si, por el contrario, no has tenido estas experiencias, el libro te ayudará a comprender a los que sí las han tenido. Si piensas que has vivido alguna de estas experiencias, pero no estás segura, sigue leyendo. El abuso verbal puede ser abierto, tal como un arranque de ira o un ataque a la manera de "Eres demasiado sensible". Pero puede ser encubierto, oculto, como cuando te dicen: "No sé de lo que estás hablando", cuando en realidad el abusador sí sabe.

El abuso verbal encubierto es subversivo debido a su condición indirecta. Es un ataque oculto, una coacción. Este tipo de abuso ha sido descrito como "creador de locura", enloquecedor. Se trata de "una forma de interacción interpersonal que se origina en la represión de una intensa agresión y que afecta gravemente la capacidad de la víctima para reconocer y lidiar con la realidad interpersonal" (Bach y Goldberg, 1974, p. 251). Cuando se produce este tipo de abuso, la víctima no tiene nada específico a lo que enfrentarse. Debe confiar en su propia experiencia y aceptar, aun cuando sea doloroso, que el abusador no la ama, no la valora ni la respeta.

George R. Bach y Ronald M. Deutsch, en ¡*Para! Me estás volviendo loca* (*Stop! You're Driving Me Crazy*), ofrecen una lista de sentimientos que enseñan a reconocer estas experiencias "creadoras de locura". Cuando eres una víctima constante del abuso verbal *sientes que*:

1. Pierdes la estabilidad y te resulta imposible recuperarla de inmediato.
2. No sabes adónde ir o en dónde buscar ayuda; te sientes perdida.
3. Has sido tomada por sorpresa.
4. Estás desconectada, confundida, desorientada.
5. Estás descolocada, como si alguien hubiera removido la alfombra de debajo de tus pies.
6. Eres incapaz de pedir aclaración por los mensajes confusos que recibes. [Nota de la autora: o pides aclaración y no lo logras.]
7. Estás incómoda por la simple presencia de tu pareja.
8. Estás equivocada en tu evaluación sobre el punto en el que estás situada, o sobre cuál es el problema que te preocupa.
9. No estás preparada para soportar una promesa rota o una expectativa que no se cumple.

10. Te estremeces al pensar que se te ha desmoronado un sueño importante.
11. Prevalece la maldad cuando lo que esperas es bondad.
12. Estás siendo empujada y no en control de tu propia dirección.
13. Te es imposible salir del círculo vicioso de tus pensamientos.
14. Lo que te parecía claro se vuelve confuso.
15. Una incómoda y extraña sensación de vacío se apodera de ti.
16. Un fuerte deseo de escapar, pero no puedes hacerlo, como si estuvieras paralizada.
17. Estás confundida, que eres incapaz de enfrentar el problema.
18. Algo va mal.
19. Tu mundo subjetivo se ha convertido en un caos.

Reproducido con el permiso de Putnam Publishing Group, Nueva York, de *Stop! You're Driving Me Crazy*, por el Dr. George R. Bach y Ronald M. Deutsch, © 1980 por el Dr. George R. Bach y Ronald M. Deutsch (pp. 272–273).

Seguramente puedes reconocer algunos de los sentimientos descritos anteriormente. Otros puede que no estén muy claros. Algunas parejas de abusadores verbales reconocen, después de abandonar la relación, que "solían sentirse de esa manera".

El abuso verbal es una agresión hostil. El abusador no es provocado por su pareja y suele negar, consciente o inconscientemente, lo que está haciendo. En cualquier caso, es poco probable que se despierte un día diciendo: "¡Dios mío! ¡Lo que he estado haciendo! Lo siento mucho. No lo volveré a hacer". Nadie más que su pareja lo sufre y generalmente es esta la que puede reconocer el abuso. "La agresión se puede reconocer porque el impacto de la conducta sobre la víctima es dañina" (Bach y Goldberg, 1974, p. 119).

En general, la responsabilidad de reconocer el abuso verbal recae en la pareja del abusador, debido a que este no está motivado a cambiar. Sin embargo, la pareja puede tener dificultades para reconocer el abuso porque ha sido inducida a dudar de sus propios sentimientos. Por ejemplo, si se siente herida o molesta por algo que su compañero ha dicho y expresa su incomodidad ("Me sentí mal cuando dijiste que . . ."), el abusador, en lugar de reconocer sus sentimientos y responder adecuadamente, rechazará e invalidará sus emociones diciendo algo como: "Yo no sé de lo que estás hablando. Eres demasiado sensible". De esta forma el agresor logra que su pareja ponga en duda sus propias percepciones. Cabría preguntarse por qué las mujeres abusadas actúan de esta forma. Seguramente a muchas de ellas se les enseñó, desde la infancia, que sus sentimientos podían ser ignorados. Los sentimientos, sin embargo, son esenciales para nuestro bienestar, ya que sirven de parámetro para determinar si algo está mal o es dañino.

Cuando la pareja del abusador verbal es capaz de reconocer y validar sus sentimientos, podrá comenzar a identificar situaciones de abuso. En otras palabras, ella podrá decir:

- Me siento herida/Estoy siendo herida
- Me siento disminuida/Estoy siendo disminuida
- Siento que no soy reconocida/No estoy siendo reconocida
- Me siento ignorada/Estoy siendo ignorada
- Siento que se burlan de mí/Se están burlando de mí
- Me siento menospreciada/Estoy siendo menospreciada
- Me siento bloqueada/Estoy siendo bloqueada
- Me siento _____ /Estoy siendo _____
  (Es posible continuar con otras frases.)

Si compartes tus sentimientos con el agresor, puedes estar absolutamente segura que los invalidará. Por ejemplo, se burlará con un comentario sarcástico y luego, si protestas, te dirá que se trataba de una broma. De esta forma, te hará dudar de tus propias percepciones. Sin embargo, "la verdadera impresión de la realidad es probable que se perciba no desde la visión del otro, sino desde la propia" (Bach y Deutsch, 1980, p. 207).

Dos tipos de poder:
Una perspectiva general

El mundo sin espíritu es una tierra baldía.
—Joseph Campbell

Hay dos tipos de poder. Uno mata el espíritu; el otro, lo nutre. El primero es el Poder Sobre. El otro es el Poder Personal. El Poder Sobre se manifiesta como una forma de control y dominación. El Poder Personal se basa en la reciprocidad y en la creación conjunta. La reciprocidad es una manera de estar con otra persona que promueve el crecimiento y el bienestar de ambos por medio de una comunicación clara y una comprensión empática. La creación conjunta es la participación en una vida conscientemente compartida que posibilita a la pareja llegar a sus objetivos. (Estas ideas serán discutidas con mayor detalle en los Capítulos 3 y 4.) Dado que el abuso verbal es un síntoma de problemas personales, culturales y globales que se originan con el mal uso del poder, comenzaré con una amplia perspectiva y una visión integral del Poder Sobre.

El Poder Sobre es un modelo de cómo se cree que el mundo funciona. Como si se tratara de una lente a través de la cual se observa el mundo. Quien cree en este tipo de poder, considera que puede obtener lo que quiere a través del uso de un Poder Sobre el otro. Nuestra civilización occidental fue fundada en este tipo de Poder. Ahora, como civilización, tenemos un enorme poder sobre la tierra, sus habitantes y los recursos. Tenemos el poder de acabar con nuestro mundo. Tenemos el poder de la destrucción total. Este modelo, en mi opinión, ya no es sostenible. Algunos de los síntomas de vivir y actuar a través de este paradigma son la contaminación, la potencial aniquilación del planeta, el hambre y la falta de vivienda, los prejuicios y la tiranía.

Estas preocupaciones poner en un enfoque nítida nuestro respeto por la dignidad humana y por la calidad de la vida. El paradigma de Poder Sobre incide en el Poder Sobre la vida; un poder que, en realidad, puede negar el valor y la calidad de la vida. El modelo del Poder Sobre, basado en el control y el dominio, ha calado en la conciencia individual desde hace miles de años y nos ha llevado al borde del caos global.

La ciencia nos muestra que a partir del caos surge un nuevo orden. ¿De dónde vendrá, entonces, este nuevo orden que se avecina? Es imposible que se legisle o que se establezca por medio de guerras que continúan reproduciendo el Poder Sobre. Creo que este nuevo orden sólo podrá surgir de la conciencia individual. Por esta razón, el reconocimiento del abuso verbal como medio de control, dominación y manifestación de un Poder Sobre otra persona debe ser una verdadera preocupación para todos nosotros.

El microcosmos de las relaciones personales influye en el macrocosmos de la civilización, tal y como la civilización—sus costumbres y cultura—influye en las relaciones interpersonales. Es, por tanto, en el interior de nuestras relaciones interpersonales que puede efectuarse este cambio. Si es así, la oportunidad está presente hoy en día en nuestra vida cotidiana. Es la oportunidad que tenemos de valorarnos a nosotros mismos y de ser conscientes de la forma en que expresamos y protegemos ese valor en nuestras relaciones.

Si queremos reconocer y liberarnos de la influencia del modelo de Poder Sobre, debemos oírnos a nosotros mismos, las palabras que decimos y cómo las decimos. Del mismo modo, debemos prestar atención a las palabras que nos dirigen y cómo son dichas. Este conocimiento nos llevará a tener conciencia de lo que hacemos—y de lo que no hacemos—para dignificarnos, respetarnos, protegernos y estimarnos a nosotros mismos y, en definitiva, a la vida. Podemos comenzar por tener fe en nuestro propio valor y por confiar en nuestras propias percepciones.

Esto puede ser muy difícil para la pareja de un abusador verbal, porque el abuso verbal crea víctimas al igual que cualquier otro sistema opresivo. El abuso verbal, por su propia naturaleza, socava y disminuye las percepciones de la víctima. Pocas de las mujeres que entrevisté eran conscientes de lo que estaba ocurriendo en su relación; lo cierto es que no se veían a sí mismas como víctimas. Sólo sabían que algo andaba mal. Si una de ellas había dejado su relación, muy a menudo las razones estaban relacionadas con otras cuestiones. En una relación verbalmente abusiva, la maltratada aprende a tolerar el abuso y a perder la autoestima sin darse cuenta. Ella es culpada por el abusador y se convierte en un chivo expiatorio. Considera, entonces, que su compañero—el abusador—es la víctima.

Curiosamente, en el pensamiento cristiano, Cristo fue la *última* víctima y el *último* chivo expiatorio. El murió por toda la humanidad. Este mensaje parece haber sido oscurecido por la visión imperante del mundo basada en el Poder Sobre y en la "ley del más fuerte" que, por supuesto, produce víctimas y chivos expiatorios. Como veremos, las víctimas de abuso verbal deben rescatar el sentido de su propio valor y su autoestima, en el marco de la más incapacitante y confusa de las circunstancias. Pueden hacerlo mediante el desenmascaramiento del abuso verbal.

¿Cuál es el origen del modelo de Poder Sobre? Es el resultado y la perpetuación de la "pedagogía tóxica" discutida en el libro de Alice Miller *Por tu propio bien* (*For Your Own Good*) y en las obras de John Bradshaw. La pedagogía tóxica es un método incorrecto de enseñanza o crianza del un niño. Es un método que controla el comportamiento del niño mediante el abuso del Poder Sobre el niño. Este mal uso del poder causa dolor extremo. Si el niño se convierte en un adulto sin haber trabajado el daño y el dolor de la experiencia infantil, perpetuará el abuso del poder en la edad adulta. En consecuencia, el adulto puede llegar a ser tóxico para los demás. Esta toxicidad es lo que encontramos en las relaciones abusivas.

Hemos revisado brevemente el modelo del Poder Sobre y el hecho de que los individuos, así como las naciones, están motivados culturalmente para controlar y dominar a los demás. Su ilusión de poder sólo se mantiene siempre y cuando tenga un "otro" a quien subyugar o sobre quien ejercer el poder. Trágicamente, muchos se desesperan por mantener esta postura dominante, ya que es el único tipo de poder que conocen. De esta forma, si no existe un "otro" a quien subyugar, hay que crearlo.

El Poder Personal, sin embargo, es otra manera de experimentar el poder, una forma que no necesita de ganadores y perdedores, personas dominantes y subordinadas. No se requiere ejercer un Poder Sobre otro. El Poder Personal funciona a través de la reciprocidad y la creación conjunta, y puede ser considerado una nueva forma de ser y percibir el mundo.

Vamos a explorar estas ideas en el contexto de una relación abusiva, ya que es aquí donde encontramos, a menudo, dos personas que viven y perciben el mundo a través de los dos modelos diferentes de poder descritos: uno vive según el modelo de Poder Sobre (el abusador verbal) y el otro, según el modelo del Poder Personal (el abusado). Como cada uno de ellos enfoca la vida a través de dos lentes bien distintas, ninguno de los dos puede verse mutuamente ni apreciar la realidad de cada uno.

Al investigar las relaciones abusivas, una de las cosas más significativas y sorprendentes que descubrí fue que el abusador verbal y su pareja parecían vivir en dos realidades paralelas. El abusador estaba orientado hacia el control y la dominación y su pareja hacia la reciprocidad y la creación conjunta. Con el fin de simplificar estas ideas, vamos a suponer que cada uno vive en dos realidades separadas y, por simplicidad, vamos a llamar a estas realidades Realidad I y Realidad II.

Los que sienten poder a través de la dominación y del control (Poder Sobre) están viviendo en la Realidad I. Los que sienten poder a través de la reciprocidad y la creación conjunta (Poder Personal) están viviendo en la Realidad II. Parece que vivimos en un mundo que todavía no puede aceptar la Realidad II, mientras que los peligros de permanecer en la Realidad I se hacen más evidentes. En tanto no sea posible empezar a pensar de acuerdo a un nuevo modelo, vivimos bajo la amenaza de la aniquilación y aparentemente atrapados entre realidades conflictivas.

Podríamos salir de este conflicto si dos personas que responden a cada una de estas realidades forman una relación de pareja y aquellos que viven en la Realidad II se convierten en conocedores de las personas que están en la Realidad I y motivan el cambio. Por ejemplo, "todo se vale en el amor y en la guerra" es una percepción agresiva, propia de quienes viven en la Realidad I. Aquellos que viven en la Realidad II deben descubrir este tipo de percepciones nocivas que guían a los abusadores. Sin embargo, si la pareja del abusador creció bajo la influencia de la Realidad I (a través de la familia o de la educación) y luego pasó a la Realidad II (a través de su propia experiencia), puede que le sea extremadamente difícil distinguir entre las dos realidades. Es posible que viva en la Realidad II y busque reciprocidad en la pareja pero sin tener una autoestima suficientemente fuerte, con lo cual se sentirá más que como un anfibio entre dos mundos, como un pez fuera del agua.

Un hecho significativo que descubrí fue que muchas mujeres que vivían en la Realidad II aceptaban y respondían a las declaraciones de la Realidad I como si fueran válidas. El siguiente ejemplo, basado en una situación específica, explica cómo puede suceder esto e ilustra un problema central en las relaciones abusivas. Veamos la siguiente dinámica que se desarrolla entre Ann y Zee. Ann está en la Realidad II y cree que Zee está con ella. Pero sabemos que no es así. A medida que avanza el ejemplo se comprobará cómo Ann se desliza de la Realidad II donde vive, a la Realidad I donde vive Zee. Además, se verá cómo Ann asume, desde el principio, que Zee comparte su misma realidad.

Zee entra en la habitación, se tumba en una silla cerca de Ann, y dice casualmente, "¡Chica, que poco me ayudas!" Ann, perpleja, le responde: "¿Por qué dices eso?" (Ella actúa como si la declaración de Zee fuera válida. Ella piensa que Zee está en su realidad de reciprocidad, y que tendrá alguna razón objetiva para decir que ella es poco cooperativa.)

Después de esta frase, Zee ya está listo para comenzar la batalla por el dominio. Descubre que Ann parece estar dispuesta a escuchar por qué ella no lo ayuda lo suficiente. Él responde a la pregunta de Ann con un tono de ira y una nota apenas perceptible de triunfo: "¡Porque no me ayudaste a recoger frutas!"

Ann entonces siente que debe defenderse a sí misma: "¡Pero yo no sabía que estabas recogiendo frutas!" Zee vuelve con ira: "¡Pues sí que estaba!"

En su mente, él ha ganado. En realidad, solo se ha comportado acorde con el modelo de Poder Sobre. Ha atacado la percepción básica de Ann sobre sí misma (ella se considera una persona cooperativa), y ella ha dado crédito a lo que dijo preguntando por qué.

En este punto, Ann se siente herida y frustrada, mientras Zee está satisfecho y desentendido de los sentimientos de Ann. Ella no sabe cómo hacerle entender que ella sí es una persona cooperativa y se siente, además, confundida acerca de lo que esperaba su pareja de ella. No se da cuenta de que toda esta interacción no está relacionada directamente con el hecho puntual de la recogida de frutas. Como a menudo él le dice lo mucho que la ama, y para ella, el amor significa un poder mutuo y no un Poder Sobre, Ann no puede entender las intenciones subyacentes en la discusión. Si, por el contrario, Ann hubiera dicho, "Me sentí herida cuando me acusaste de que no te ayudaba", Zee, como todo abusador verbal, habría minimizado la angustia de Ann diciendo, por ejemplo, "¡Estás exagerando!" o con un sarcasmo como "¡Bueno, si lo tomas así, lo siento muuuucho!"

En cambio, si él compartiera el modelo de realidad de Ann (Realidad II) habría dicho: "Siento haberte herido. Supongo que hubiera preferido que supieras que estaba recogiendo frutas para no tener que pedirte ayuda". En tal caso, podríamos decir que Zee puede estar de mal humor, de acuerdo, pero que lamenta realmente su irritación.

Por otra parte, si Ann hubiese crecido en un entorno de Realidad II, habría dicho inmediatamente algo así como "¡No sigas!" Conociéndose a sí misma, no habría aceptado ningún menosprecio y no se quedaría con la frustración de preguntarse por qué no pudo conseguir que él la entendiera. Habría sabido, además, qué él no se interesaba por comprender sus argumentos sino que estaba más concentrado en pensar "¡Yo gané, tú perdiste!", porque, a fin de cuentas, así es como funciona el Poder Sobre en la Realidad I. Como ya advertimos este tipo de poder que no se basa en el Poder Personal; necesita de alguien para ejercer el dominio y si no se tiene ese "alguien" no se tiene ningún poder en absoluto.

Otra manera de entender la necesidad de Zee de tener Poder Sobre Ann es a la luz de lo que comúnmente se llama el "temor de ser asfixiado". Es, de hecho, un miedo a ser dominado. En la Realidad I se contemplan dos opciones con respecto al poder: se es dominador o dominado, porque en esta realidad no existe reciprocidad. De esta forma, Zee, o se siente poderoso o cree que será subyugado.

Algunas mujeres pueden vivir y aceptar los "golpes" verbales de alguien como Zee, e incluso su olvido o menosprecio de los efectos que provoca. Ninguna, sin embargo, puede vivir de verdad con esta hostilidad, porque el Poder Sobre es hostil. La persona abusiva no va a cambiar a menos que se lo proponga. Si la pareja del abusador se enfrenta al maltratador, si le pide que cambie y este se niega, si su actitud es, como dijo un abusador, "¡Yo puedo decir lo que quiera!", ella deberá darse cuenta de que, en efecto, él podrá decir lo que quiera. Pero, que no hay nada de heroico en permanecer a su lado para escucharlo.

CAPÍTULO III

Poder Personal:
Una mirada a la Realidad II

El amor es hijo de la libertad, no de la dominación.
—Erich Fromm

En este capítulo se explora la Realidad II, cómo se percibe la vida bajo esta realidad y cómo son las relaciones de amor en ella. Por el contrario, en el siguiente capítulo se examinará la Realidad I, donde la lucha del abusado por el Poder Sobre, la dominación y el control frenan las relaciones.

El Poder Personal funciona a través de la cooperación mutua y de la creación conjunta. Nace de la conexión de cada uno con sus sentimientos más íntimos y auténticos, y se incrementa a través de la cooperación y la participación en la vida. Cooperación y participación con otra persona que también se guía por sus propios sentimientos, lo cual genera una realidad compartida. Esta creación es la relación en sí misma. Si ambas partes conocen su Poder Personal, si se apoyan mutuamente y existe empatía entre ellos, entonces esta es una relación de la Realidad II, en la que viven ambos.

Una relación de la Realidad II es ciertamente deseable. Si tú estás experimentando dificultades en tu relación puede que te preguntes, "¿Cómo puedo lograr que mi relación sea de mutuo apoyo?" Es importante saber que uno solo no puede lograr este tipo de relación de manera aislada. Para construirla hacen falta dos. Y sin embargo, como se trata de una realidad compartida, basta que una persona intente frenar este tipo de relación cooperativa para que la destruya.

La cooperación y la participación en la vida incluyen la intervención de uno mismo en el poder creador de la vida. Esto genera una realidad personal fundada en la relación que cada uno tiene consigo mismo. A través de nuestra relación con nuestra esencia creativa experimentamos nuestro Poder Personal. No podemos acceder a nuestro Poder Personal cuando no somos conscientes de nuestros sentimientos. De esta forma, el Poder Personal es la capacidad de conocer, de elegir y crear a partir de nuestro propio ser, desde donde parten nuestros sentimientos. A su vez, son nuestros sentimientos los que nos ayudan a saber lo que queremos y aquello que nos da mayor satisfacción.

Cuando tenemos esta relación con nosotros mismos y con el mundo que nos rodea, no sólo experimentamos nuestra propia creatividad y Poder Personal, sino que también percibimos el mundo como un lugar de apoyo mutuo y creación conjunta. Por esto describimos la realidad de una manera diferente que aquellos que la describen como una estructura jerárquica donde cada nivel domina al inferior y los seres humanos se sitúan en la parte superior. A través de nuestra experiencia con el Poder Personal se genera una nueva visión del mundo basada en la reciprocidad y la cooperación. Las personas que viven en este paradigma están viviendo en la Realidad II y miran la vida a través de esta lente. La vida emerge en forma de misterio, esplendor y diversidad infinita. Lo viejo muere y lo nuevo nace. Crecemos y aprendemos de la misma manera. Lloramos nuestras pérdidas y nos renovamos en el duelo. El proceso natural de la vida es un sistema infinitamente delicado y complejo que sostiene, genera, equilibra, nutre y protege a la vida.

Uno puede comparar el proceso de vivir y de estar en una relación de pareja con la forma en que la tierra ofrece un hábitat para sus criaturas y, a cambio, sus criaturas hacen prosperar la tierra en que habitan. De la misma forma que un ecosistema prospera cuando todos sus elementos son interdependientes, se fortalecen unos a otros y derivan su poder a partir de la conexión con el poder de mutuo sostenimiento de la vida en sus aspectos creativos y de crianza. Vivir en esta realidad requiere una gran autoestima y confianza en el proceso de la vida en sí mismo. Se necesita especialmente conocer la forma y los medios a través de los cuales actúan de forma destructiva aquellos que no comparten esta realidad, es decir, aquellos que viven en la Realidad I. Si crecemos en el estado de bienestar y correspondencia que nos ofrece la Realidad I no podemos aceptar ni tolerar la devaluación de otra persona porque esto nos devalúa a nosotros mismos.

En las relaciones de la Realidad II ambas partes se involucran en la relación como un conjunto y también como personas separadas.

Cada cual se siente seguro y por esto nadie tiene la necesidad de ejercer el Poder Sobre el otro. En esta relación cada persona se da cuenta de que puede:

Ofrecer sus propias ideas y escuchar las ajenas,

Expresar su entusiasmo y alegría y disfrutar del entusiasmo y la alegría del otro,

Mostrarse tal cual se es y aceptar al otro,

Valorarse a sí mismo y valorar al otro,

Disfrutar la propia creatividad y apreciar la creatividad del otro,

Perseguir el crecimiento propio y fomentar el crecimiento del otro,

Valorar la soledad propia y respetar la soledad del otro,

Perseverar en los propios intereses y animar al otro a que consiga los suyos,

Actuar a un ritmo propio y aceptar el ritmo del otro,

Ser indulgente con uno mismo y con el otro,

Involucrarse en los asuntos propios y ayudar al otro,

Protegerse a sí mismo y consolar al otro,

Ser capaz de verse a sí mismo y de observar al otro,

Ser uno mismo y dejar que el otro lo sea,

Amarse a sí mismo y amar al otro.

Esto sería lo ideal. Sin embargo, en las relaciones personales el rango de acción e interacción entre las relaciones creativas y de apoyo mutuo y las relaciones destructivas incluye un vasto espectro de posibles interacciones, y cada interacción es de gran complejidad. A pesar de ello, dentro de ese rango podemos tener una visión amplia y marcar puntos de inflexión o instancias que indiquen que ha sido cruzado el umbral que distingue lo que puede ser una simple falta de comunicación de un abuso verbal. Este criterio limítrofe debe basarse, a mi juicio, en la intención del comunicador de informar y nutrir al otro (aun cuando esta comunicación pueda ser deficiente), frente a la intención de no querer informar y nutrir al otro. Si las palabras o actitudes quitan poder, faltan el respeto o devalúan al otro, entonces son abusivas. Aquí he utilizado los términos "informar y nutrir" en el sentido más amplio. Por ejemplo, cuando pido algo yo estoy informando a la otra persona de un deseo o necesidad. Cuando agasajo al otro, o lo aplaudo y le reconozco sus virtudes, lo estoy nutriendo, en un amplio sentido de la palabra. Para reconocer cuando uno está siendo devaluado se debe tener una autoestima extraordinaria. Una persona con una autoestima de la Realidad II sabe que en su relación tiene el derecho a:

- Que lo respeten
- Que lo reconozcan
- Que lo traten con dignidad
- Que le ofrezcan información precisa
- Que le demuestren estima
- Recibir palabras amables
- Tener una comunicación abierta
- Compartir sus sentimientos
- Tener aceptación
- Recibir atención
- Recibir afecto
- Recibir cuidado
- Disfrutar de una relación empática
- Disfrutar de una relación de igualdad

Con el fin de ilustrar la autoestima que se requiere en la Realidad II, vamos a comparar dos respuestas posibles frente a la situación abusiva antes ejemplificada.

"Cuando Zee me grita, es porque no se da cuenta de que realmente yo no tenía la intención de decir o hacer lo que a él le ha molestado. Así que tan pronto le explique lo que ha sucedido se calmará y yo también me sentiré mejor". Así piensa la pareja que no tiene una autoestima de la Realidad II.

"Cuando Zee me grita está volcando su ira tóxica sobre mí. Le diré que deje de hacerlo de inmediato porque su conducta no tiene justificación". Así piensa la pareja que tiene la autoestima de la Realidad II. Esta persona tiene la suficiente autoestima como para saber que no puede aceptar que su pareja le grite.

En una relación de la Realidad II ambas personas pueden cometer errores. Es algo normal y es probable que esto suceda. Sin embargo, como los dos están seguros de su Poder Personal podrán reconocer sus errores y resolver las incomodidades que surjan sobre la base de un apoyo mutuo. Usando los modelos descritos como piedra de toque, las parejas de los abusadores verbales pueden evaluar fácilmente sus propias relaciones. También pueden utilizar estos modelos como recordatorio de lo que es posible en una relación. En el próximo capítulo seguiré manteniendo la premisa de que el abusador y su pareja viven en realidades separadas. Pasaré a centrarme en la Realidad I, que es la que corresponde al abusador y a las relaciones de abuso verbal.

CAPÍTULO IV

El Abusador y la relación abusiva: Una mirada a la Realidad I

Al descubrir las reglas inconscientes del juego de poder y los métodos por los cuales se logra la legitimidad, sin duda estamos en condiciones de llevar a cabo cambios fundamentales.

—Alice Miller

A partir de la premisa de que el reconocimiento y la identificación del abuso verbal resulta ser extremadamente difícil para muchas personas, en este capítulo se explorará la realidad del abusador, así como la actitud que adopta hacia su pareja, las reglas del juego y la forma en que se legitima el abuso verbal. También serán reveladas algunas características que identifican a la mayoría de los abusadores y algunas condiciones comunes a las relaciones abusivas.

Parto de la certeza de que el abusador verbal creció en la Realidad I, al igual que su pareja. Sin embargo, mientras su pareja se ha movido hacia la Realidad II, él nunca ha trascendido la Realidad I. Para salir de la Realidad I habría tenido que reconocer y asumir las experiencias de la infancia que lo convirtieron en una persona insegura y necesitada de ejercer control. El abusador vive, entonces, en la Realidad I y se valora a sí mismo de acuerdo a esta realidad, que es la que asume el modelo del Poder Sobre. Por consiguiente, no conoce el Poder Personal, ni tampoco ha tenido la experiencia de la seguridad y la aceptación de sí mismo que ofrece este tipo de poder. Por esta razón, evita sus sentimientos de impotencia dominando y controlando a su pareja. A su vez, el abusador está decidido a no admitir su manipulación y control.

Si lo hiciera, tendría que enfrentarse, cara a cara, con sus propios sentimientos.

El abusador rechaza la calidez y franqueza de su pareja, ya que precisamente estas son las cualidades que más teme llegar a poseer. En la Realidad I estas cualidades significan vulnerabilidad, y la vulnerabilidad es sinónimo de muerte. En general, el abusador no está pensando en el dolor que causa por el abuso. Él puede "ganar" una batalla con una manipulación o con una forma terminante de desprecio sin que su pareja siquiera se percate de que ha sido librada una batalla. Si la pareja se da cuenta y se lo dice, él negará el abuso. Dirá, por ejemplo, que no sabe de qué está hablando su compañera. Y probablemente la pareja se pregunte si realmente lo sabe o no.

El agresor físico, por el contrario, generalmente confunde a su pareja admitiendo su maltrato, disculpándose y diciendo que no lo volverá a hacer, aunque lo haga una y otra vez. En este caso, la pareja sabe que lo que ha sucedido es real y no fruto de su imaginación o de su percepción errónea. Puede ver sus cicatrices. Aunque, en realidad, esto no siempre es así. Como ha señalado Susan Hiraki, MFCC, ex consejera de Alternativas para las Mujeres Maltratadas en Concord, California, en algunos casos la negación del abusador es tan profunda que puede llegar a minimizar los daños físicos como si fuesen casi nada. Esta intensa negación puede llegar a confundir a la pareja y a distorsionar la propia percepción de la víctima.

La pareja de un abusador verbal que se encontraba en el proceso de reconocer su situación declaró enfáticamente: "Si nunca has tenido una relación abusiva puede ser extremadamente difícil reconocerla. Y si estás en una relación de este tipo puede que nunca la reconozcas". Las declaraciones amorosas del abusador están en contraste directo con sus palabras hirientes. Sin embargo, como todo el mundo quiere ser amado, la pareja se inclinará a creer al abusador cuando este declara su afecto. Después de todo, ¿por qué iba a decir algo que no siente? No se puede dejar pasar por alto que, posiblemente, en la Realidad I "amar" significa algo completamente diferente de lo que significa en la Realidad II. (Por eso es posible que se llegue a homologar el amor y la guerra en frases como "todo se vale en el amor y en la guerra", percepción propia de quienes viven en la Realidad I.)

Todas las mujeres que entrevisté habían escuchado dos o más de las siguientes declaraciones de amor provenientes de hombres abusivos:

- Te amo.
- Nadie podría amarte tanto como yo.
- Yo nunca te dejaré.
- Nunca haría nada para lastimarte.
- Yo sólo quiero que seas feliz.

Es importante recordar que cada persona es diferente, así como cada abusador es diferente. Algunos abusadores pueden ser extremadamente autoritarios y exigentes, y algunos pueden ser, por el contrario, distantes, sólo ocasionalmente exigentes, pero muy manipuladores. Otros parecen estar enojados todo el tiempo. Algunos pueden tener muchos amigos y practicar deportes con ellos o irse de caza o de pesca. Otros pueden ser solitarios.

El abusador verbal puede mostrar algunas, muchas, o la totalidad de las siguientes características. Algunas de estas características, por su naturaleza, son muy difíciles de reconocer. Además, el abusador puede describirse a sí mismo de forma totalmente opuesta a como lo percibe su pareja. Por ejemplo, él puede abrumar a su pareja con airadas acusaciones y describirse a sí mismo como una persona tolerante.

El abusador verbal puede ser:

1. Irritable
2. Proclive a culpar a su pareja por sus defectos o acciones
3. Impredecible (nunca se sabe qué le enfadará)
4. Airado
5. Violento
6. Despreciativo de los sentimientos y puntos de vista de su pareja
7. Inexpresivo, sin calidez ni empatía
8. Controlador
9. Silencioso e introvertido o exigente y discutidor
10. Un "buen tipo" para los demás
11. Competitivo con su pareja
12. Huraño
13. Celoso
14. Rápido para replicar mordazmente o para humillar a su pareja
15. Hipercrítico
16. Manipulador
17. Explosivo
18. Hostil
19. Incapaz de expresar sus sentimientos

Por lo general, a la pareja de un abusador verbal le resulta difícil ver a su compañero de manera objetiva y clara. Esto es especialmente cierto si no se da cuenta de que él vive, por así decirlo, en una realidad diferente. Que no busca una relación de reciprocidad sino que, por el contrario, quiere controlar y dominar a su pareja. Por otra parte, el comportamiento del abusador puede ser tan variable que desequilibra a su pareja y esta se siente confundida sin saberlo.

En una relación verbalmente abusiva sólo existe la ilusión de una relación auténtica. Faltan ciertas condiciones positivas que son intrínsecas a una relación de pareja, mientras ciertas condiciones negativas están presentes. A continuación ofrezco una lista de ambas condiciones, con ejemplos que han sido tomados de la vida real. En una relación de la Realidad I encontraremos:

- Desigualdad
- Competencia
- Manipulación
- Hostilidad
- Control
- Negación

A cada una de las características negativas presentes en la Realidad I se le opone una característica positiva ausente:

- Igualdad
- Asociación
- Apoyo mutuo
- Buena voluntad
- Intimidad
- Seguridad

A continuación examinaremos cómo funcionan estas características negativas en relaciones de la Realidad I.

DESIGUALDAD VERSUS IGUALDAD

Dado que el abusador verbal necesita tener Poder Sobre su pareja, no puede aceptarla como su igual, aunque diga que lo hace. ¿Por qué no puede aceptarla como su igual? Debido a que esta igualdad sería experimentada por él como inferioridad. Tendría que pedir lo que quiere y estaría expuesto a la posibilidad de una negación. Tendría que ceder el control y la dominación, cualidades que le otorgan una sensación de poder, seguridad e identidad como hombre.

Una forma de identificar una relación de desigualdad es determinar si una pareja puede o no establecer objetivos mutuos y discutirlos juntos. En una relación abusiva, los miembros de la pareja no planifican nada de manera conjunta ya que esto requeriría reciprocidad e igualdad. La reciprocidad y la igualdad no existen en la Realidad I. En una relación abusiva la pareja puede descubrir que su compañero no está dispuesto a discutir metas a largo o a corto plazo, ni siquiera, en algunos casos, a planificar de manera conjunta los fines de semana. Ni las metas personales ni los planes de futuro son discutidos o acordados de manera mutua. Las siguientes situaciones ilustran la falta de voluntad del abusador verbal para planificar con su pareja. Veamos un ejemplo a través de la relación de Bella y Bert.

Bella pensó que sería divertido ir a un lago cercano el sábado por la tarde. Esa mañana le preguntó a su pareja: "Bert, ¿tienes algún plan para hoy?"

Bert se volvió con rabia hacia ella. "¿Acaso debería tener algún plan?"

"Bueno, es posible que lo tengas", respondió ella, "pero estaba pensando que podríamos hacer algo esta tarde".

"No veo por qué tendría que tener planes", dijo aún más enojado.

"¿Por qué te enfadas? Nunca dije que tenías que tener planes", respondió Bella.

"¡No estoy enfadado!" dijo Bert enfurecido. "¡Pero sí hablaste de planes y ahora lo quieres negar!"

Bella se quedó confundida, frustrada y molesta. Se preguntaba cómo podía sentirse tan mal y al mismo tiempo no ser capaz de expresar sus sentimientos. Sabía por experiencia que Bert continuaría diciendo que ella estaba "tratando de negarlo".

Bella estuvo un tiempo preguntándose qué había dicho para molestar a su pareja. ¿Había dado la impresión de que ella esperaba que él tuviera planes? O, ¿de alguna manera lo hizo sentir presionado a tener planes, aun cuando, precisamente, ella esperaba que él estuviera libre para poder ir al lago? Cada vez que se producía un malentendido de este tipo no había nadie cerca que la ayudara a entender lo ocurrido.

En otra ocasión Bert, entrando a la casa desde el patio trasero dijo, "Hay que cambiar el cobertizo. Nos costará X dólares".

Bella, que habitualmente paga las cuentas con los fondos de una cuenta de banco común, contestó complacida, "¡Oh, eso estaría bien! Es posible que no tengamos todo el dinero ahora mismo, pero podemos comprar la mitad de la madera y la otra mitad más adelante".

"¡Si no lo tenemos, no lo tenemos!" gritó Bert enfadado.

"Pero estoy seguro de que podemos costearlo. ¿Quieres que planifiquemos juntos el presupuesto?" preguntó Bella.

A lo que replicó Bert aún más enfadado, "No vamos a hacer ningún presupuesto juntos".

"¿Y qué pasará con el cobertizo?" preguntó Bella.

"No pienso discutirlo contigo", continuó Bert. "Tú gastas dinero en todo lo que quieres".

"No, no es así. Además me gustaría mucho hacer un presupuesto contigo".

Bert gritó con rabia, "¡Vas a seguir insistiendo! ¡Siempre quieres tener la última palabra!"

En este punto ya Bella se sentía muy mal. Me contó que se estuvo preguntando por qué Bert pensaba que ella quería quedarse con la última palabra y no entendía por qué él sugería que ella gastaba mucho dinero si no era así y más cuando ella siempre estaba dispuesta a revisar los gastos imprevistos. Si Bert estaba preocupado por los gastos, ¿por qué no quería que hicieran juntos el presupuesto? ¿Todavía pensaba cambiar el cobertizo? ¿Por qué ella no era capaz de comunicarse con él de manera que Bert no sintiera que estaba siendo insistente? ¿Cómo podía explicarle que ella quería ayudarlo en sus planes y que estaba tratando de cooperar? Por otra parte, sabía que, de cualquier modo, si ella intentaba retomar el tema, Bert la acusaría nuevamente de querer tener la última palabra. Ésa era una frase que él repetía constantemente. Bella sentía verdadera angustia porque Bert nunca hacía acusaciones de esa índole en presencia de terceros, sino a puertas cerradas.

Al igual que Bella, las parejas de los abusadores verbales pasan buena parte del tiempo tratando de comprender situaciones similares a las descritas. Cuando la mujer no sabe que el problema es la desigualdad, queda sumida en la confusión.

Otra mujer, Cora, me contó una historia sobre cómo ella y su pareja, Curt, no parecían capaces de hacer planes juntos. La mayor parte de los ingresos de Curt provenía de comisiones, participaciones y bonificaciones. Estas ganancias eran comunes. Sin embargo, Cora nunca sabía a cuánto ascendía el dinero que él ganaba y sólo veía una pequeña parte de él. Tampoco podía hacer planes para el futuro con Curt.

Cuando Cora firmó la declaración conjunta de impuestos y le preguntó a Curt por qué había usado $40,000 en gastos empresariales, él bloqueó todos sus intentos de comunicación con amenazas y acusaciones. (Véase el Capítulo 8 para otros ejemplos de bloqueo.) Curt tampoco hacía esas acusaciones cuando había alguien cerca.

Las historias de Bella y Cora ilustran la frustración causada por la desigualdad en relaciones verbalmente abusivas. Los abusadores verbales bloquean las discusiones porque no están dispuestos a hablar con sus parejas en igualdad de condiciones. El abusador impide la posibilidad del apoyo mutuo y de la planificación en conjunto, así se priva a sí mismo y, por ende, a su relación, de los muchos beneficios que esta asociación reportaría. Gran parte de la confusión que Bella y Cora experimentaron tratando de comprender a sus parejas se habría disipado si hubieran sabido que el problema real consistía en que sus compañeros no las querían aceptar como iguales.

COMPETENCIA VERSUS ASOCIACIÓN

La competencia es intrínseca de la Realidad I. Por el contrario, las contribuciones son inaceptables en esta realidad. Cualquier logro de la pareja es visto por el abusador como una amenaza. El mérito del abusador se deriva del sentido de superioridad y de la necesidad de sobresalir. Si su pareja alcanza una meta, el abusador ve ese éxito en términos de competencia. Revisemos la historia contada por Dora:

Un día, mientras Dean estaba de viaje de negocios y yo me había quedado en casa con los niños, decidí pintar de nuevo el cuarto de baño. Realmente hacía falta. Cuando Dean regresó a casa, yo estaba contenta por haber terminado a tiempo para darle una pequeña sorpresa. Hubiera querido decírselo de inmediato, pero esperé hasta después de la cena. Entonces, cuando le dije, "Mira, pinté el cuarto de baño. ¿No se ve bonito?" Dean se puso muy enojado y me gritó, "¿Crees que tú eres la única que trabaja? ¡Yo trabajo también!" Le dije que no lo creía en lo absoluto.

Después de esto siguió enojado y molesto; yo no podía conseguir que él entendiera mis intenciones. Me sentí muy decepcionada y con un gran dolor y frustración. ¿Cómo había dado la impresión de que yo pensaba que era la única que hacía algo?

Esta discusión ocurrió a "puertas cerradas". Es decir, Dean nunca se habría enfadado de esta forma si hubiera habido alguien cerca para oírlo. Si la pareja no reconoce que su compañero está enfadado a causa del enfoque competitivo de la relación, puede llegar a creer, como le pasó a Dora, que había dicho o hecho algo que produjo una impresión errónea e hiriente. Una explosión de ira tal como "¡Crees que tú eres la única que trabaja!" es acusatoria y crea confusión, especialmente porque los sentimientos que motivaron a Dora a hacer el trabajo estaban basados en la reciprocidad y en el deseo de contribución. Es decir, eran lo opuesto de lo que él interpretó. Con el tiempo este tipo de abuso aniquila el espíritu.

MANIPULACIÓN VERSUS APOYO MUTUO

Como hemos explicado, el abusador verbal obtiene su sentido de poder a través del Poder Sobre. Sin él, se siente impotente, y cuando esto ocurre, trata de obtener lo que quiere a través de medios indirectos y tortuosos. Es decir, a través de la manipulación. Una manera de manipular y cerrar la comunicación es responder a los intentos de su pareja de discutir un problema con la frase "¡Parece que nunca digo nada bien!" Esta es una forma encubierta de decir, "No puedo cambiar y no voy a discutir el tema".

En otras ocasiones, el abusador verbal puede fingir que no comprende o que ha olvidado de lo que está hablando su pareja cuando ella trae a colación algún tema que le preocupa. Hay muchas maneras de manipular a otra persona. Se puede ser "amistoso" sólo cuando se espera obtener algo del otro, vaticinar resultados desastrosos para los planes de la pareja o actuar como si algo que ha sido decidido y acordado de antemano no hubiera sido pactado. Lo que sigue es un ejemplo de abuso verbal manipulador. Veamos la historia de Ellen y Ernie.

Ellen había reanudado sus estudios para graduarse de máster. Se dio cuenta de que siempre que estudiaba para los exámenes finales, Ernie parecía necesitar que ella hiciera cosas muy importantes. Además notó que con mucha frecuencia él se aproximaba y decía de manera solícita, expresando gran preocupación, "¿Estás bien, cariño?" Ellen respondía, "Sí, estoy muy bien. ¿Por qué?" Ernie contestaba, "Sólo me preguntaba si estabas bien".

Esto ocurrió muchas veces a lo largo de varios meses hasta que Ellen se dio cuenta de lo incómoda que comenzaba a sentirse con respecto al estudio y de cómo las inferencias de Ernie de que algo malo le ocurría cuando estudiaba habían ido minando su determinación. Una vez más podemos afirmar que Ernie minó la voluntad de Ernie "a puertas cerradas", es decir, nunca habría hecho estos comentarios si hubiera habido otra persona cerca.

HOSTILIDAD VERSUS BUENA VOLUNTAD

Todo abuso verbal es hostil. Las parejas de los abusadores quedan consternadas al darse cuenta de esto. "¿Por qué razón iba a ser hostil conmigo?" se preguntan angustiadas. Esto será aclarado más adelante. Por ahora, es importante que la abusada se de cuenta de que no ha hecho nada para propiciar la hostilidad.

La hostilidad del abusador puede expresarse de manera abierta o encubierta. Él puede descargar su ira con frecuencia o no revelarla nunca, prefiriendo, en cambio, manipular y controlar sutilmente a su pareja.

Una de las mujeres que entrevisté, ex pareja de un manipulador, me contó que después de que su pareja había roto varias órdenes judiciales y de que se dedicó por largo tiempo a hacerle la vida lo más miserable posible, la llamó un día para decirle que si ella volvía con él todos sus problemas terminarían. Él, de hecho, continuaba sin reconocer que él era la principal fuente de sus problemas.

Una de las últimas cosas que la pareja de un abusador verbal tal vez comprende es que su compañero ha sido hostil hacia ella. Por ejemplo, una expresión aparentemente de preocupación, como "¿Estás bien, querida?", puede ser en realidad—como hemos visto más arriba—un intento de impedir que su compañera se empeñe en una búsqueda personal, lo que, sin dudas, es una actitud muy hostil.

La hostilidad se expresa directamente cuando el abusador estalla ante su pareja. Sin embargo, cada expresión de hostilidad viene a menudo acompañada de tantas acusaciones que la pareja puede llegar a creer que la ira de su compañero es, en realidad, culpa suya. Si acepta ser culpable de lo que se le acusa, como hizo Dora, con toda probabilidad la víctima se sentiría muy sorprendida al darse cuenta de que su pareja ha sido realmente hostil con ella. Al asumir desde el principio que había buena voluntad en la relación, Dora achacaba los problemas al hecho de no lograr hacerse comprender por su pareja.

Cuando hay buena voluntad en una relación, hay una preocupación constante por el bienestar del otro. De la misma manera que la mujer pregunta, "¿Por qué estás enfadado?", su compañero debería preguntar, ¿Qué es lo que te está preocupando?"

CONTROL FRENTE A INTIMIDAD

Cuando el abusador verbal se niega a discutir un problema cancela toda posibilidad de resolución. De este modo, ejerce control sobre la realidad interpersonal. Las parejas quedan con una sensación de malestar y dolor provocada por la idea de que hay cosas que nunca se van a resolver. No hay sensación de cierre, de conclusión del conflicto. Los incidentes dolorosos pueden regresar a modo de *flashback* porque no han sido comprendidos plenamente o resueltos. Todo abuso verbal es dominante y controlador. Además, el abuso ejercido de manera encubierta para controlar a la pareja es, como ya dijimos, "creador de locura". En palabras de Bach y Deutsch: "El factor clave para la conducta encubierta es la necesidad que tiene el abusador de mantener el poder de manera que pueda lograr la dominación al tiempo que niega su existencia o su deseo de dominar al otro" (Bach y Deutsch, 1980, p. 270).

El abuso verbal cierra la puerta a la verdadera comunicación y a la intimidad. La intimidad en una relación requiere reciprocidad, y esta, a su vez, necesita de la buena voluntad, de la franqueza y del placer de compartir. El abusador no puede controlar a su pareja y tener intimidad con ella al mismo tiempo. La intimidad es deficiente si no hay igualdad, asociación, reciprocidad y buena voluntad. "El amor íntimo es divertido, sensual, romántico, inspirador. Tiene poco que ver con los años que lleve junto a su pareja; depende en cambio de la frecuencia y profundidad de las experiencias compartidas" (Paul, 1983, p. 124).

NEGACIÓN VERSUS SEGURIDAD

Debido a su necesidad de dominio y a su falta de voluntad para aceptar a su pareja como a una igual, el abusador verbal se ve obligado a negar las percepciones, experiencias, valores, logros y planes de su pareja. En consecuencia, ella puede no saber siquiera qué significa sentirse apoyada y validada en su relación. Puede tomar la negación como una falta de interés o como un malentendido. En verdad, la relación de abuso verbal es una constante invalidación de la realidad de la pareja. La validación es una afirmación positiva del otro, algo así como "Sí, comprendo cómo te sientes", "¿Esto es lo que quieres decir?", o "Te escucho".

La angustia y la confusión que la pareja experimenta a raíz del abuso verbal se ven agravadas con la negación y la invalidación que hace el abusador tanto de la agresión como de sus efectos. En el capítulo siguiente exploremos esos efectos originados a consecuencia del abuso verbal.

CAPÍTULO V

Las consecuencias del abuso verbal

Sí, señor, me sonreía, sin ninguna duda,
Cuando pasaba por su lado; aunque, ¿quién por allí pasaba
sin una sonrisa parecida? Fue la cosa a más, di órdenes;
Luego cesó toda sonrisa. Ahí la tiene
Igual que si estuviera viva.

—Robert Browning

Una de nuestras mayores necesidades es la de entender y ser entendidos. En una relación de abuso verbal estas necesidades primordiales no están cubiertas. Por otra parte, la creencia de que su compañero es racional y de que podrían llegar a comprenderse, mantienen a la víctima sujeta a la relación. El hecho de que ella no se entienda plenamente con su compañero, simplemente porque él es abusivo e intenta derrotarla en todo momento a base de juegos de poder, resulta casi incomprensible para la pareja. Al no darse cuenta de esta situación, vive en una realidad que no entiende, en la que es culpada por los embates de su propio espíritu.

Mujeres como Bella, Cora y Dora, a quienes conocimos en el capítulo anterior, pierden gradualmente su autoconfianza y autoestima, con frecuencia sin darse cuenta. Perciben cambios en la percepción de sí mismas—la pérdida de confianza, por ejemplo— pero no son conscientes de la causa.

Este capítulo analiza las consecuencias del abuso verbal, particularmente las que afectan a la percepción que tienen de sí mismas las parejas de los abusadores, y a su vitalidad espiritual. A continuación se presenta una lista de las principales consecuencias del abuso verbal para quienes lo sufren:

1. Desconfianza de su propia espontaneidad
2. Pérdida del entusiasmo
3. Actitud defensiva
4. Sensación de incertidumbre sobre cómo seguir adelante
5. Preocupación de que algo anda mal en su persona
6. Inclinación al examen de conciencia y a revivir los incidentes con la esperanza de descubrir lo que estuvo mal
7. Pérdida de confianza
8. Una creciente inseguridad
9. "Voz crítica" interior
10. Preocupación por no ser feliz cuando debería serlo
11. Ansiedad o temor a enloquecer
12. Sensación de que el tiempo pasa y de que se está perdiendo algo importante
13. Deseo de no ser como se es ("demasiado susceptible", etc.)
14. Indecisión para aceptar sus percepciones
15. Renuencia a llegar a conclusiones
16. Deseo de escapar o huir
17. Creencia de que lo que mejor hace puede ser lo que peor esté haciendo
18. Tendencia a vivir en el futuro ("Todo estará bien cuando/ después . . .")
19. Desconfianza frente a la posibilidad de futuras relaciones

El abuso verbal es dañino para el espíritu. Roba la alegría y la vitalidad. Distorsiona la realidad porque la respuesta del abusador no se correlaciona con la comunicación de su pareja. La mujer suele creer que el abusador está siendo honesto y sincero con ella y que tiene alguna razón lógica para decir lo que dice, "¡Si tan sólo pudiera averiguar de qué se trata!"

Cuando la respuesta del abusador no tiene correlación con la comunicación de la pareja, habitualmente ella trata de volver a expresarse más adecuadamente para que él pueda comprenderla. Como la mujer no entiende los motivos reales de su compañero, "vive de esperanzas". Se aferra a esos momentos en que todo parece normal y cree que, con el tiempo, no habrá tantos conflictos. Y tendrá más esperanzas si su compañero dice que la ama o tiene gestos amorosos para con ella.

Muchas mujeres han contado que sus compañeros les hacían regalos periódicamente, que compartían algunas de sus preocupaciones personales o se mostraban atentos con cosas relacionadas, por ejemplo, con la apariencia personal de la pareja o con una comida bien preparada. En esas ocasiones sus expectativas crecían; olvidaban el pasado y renovaban sus esperanzas para el futuro. Esta esperanza es la que, precisamente, las mantenía en la relación abusiva.

A continuación presentaré tres situaciones que ilustran las discrepancias entre la comunicación y su respuesta, lo que propicia la confusión en la pareja. He recreado estos incidentes tal como me fueron relatados, cambiando sólo los nombres y las circunstancias identificadoras. Los pensamientos de la víctima ilustran los efectos o consecuencias del abuso verbal.

SITUACIÓN 1
Cora llevaba casada con Curt veintidós años y tenía dos hijos ya grandes. El incidente que relatamos a continuación es típico de los muchos que había padecido.

Me sentí un poco preocupada cuando percibí que el tiempo iba a cambiar. Curt acababa de salir de la casa y estaba a mi lado. Yo había visto que las nubes se movían y notaba que había una humedad fría en el aire. Me dije, "Tendremos tormenta. Quizás llueva". Pensé en el frente frío que avanzaba y me volví hacia Curt agregando, "Creo que cuando el tiempo cambia tan rápidamente de calor a frío hay mayores probabilidades de que ocurra una tormenta".

Él me interrumpió diciendo con enojo, "¡No hace frío! ¡Está fresco!"

"Bueno, dije, no quise decir que hacía frío . . ."

"¡Dijiste frío!" replicó Curt.

Traté de explicarme: "Ya sé que no hace frío. Yo estaba pensando en el tiempo en general y en los cambios en la atmósfera".

"¡Pero tú no dijiste atmósfera!" dijo con rabia, escupiendo las palabras.

Intenté nuevamente: "Yo quería decir . . ."

"No sigas", interrumpió otra vez. "¡Es imposible hablar contigo!"

Yo sentía ya un dolor en la boca del estómago. (Esto es una señal definitiva de abuso.) Me preguntaba, "¿Cómo no consigo que Curt comprenda lo que digo? ¿Por qué es tan difícil?" Tal vez si yo hubiera dicho que era probable que viniera una tormenta eléctrica, él habría comprendido.

Este tipo de situación no habría ocurrido si alguien hubiera estado cerca para presenciarla.

Si Cora hubiese sabido que esta situación tenía que ver con el Poder Sobre, hubiera dicho, "¡Deja ya de interrumpirme!" Sin embargo, Cora creía que Curt la estaba interpretando erróneamente y que intentaba comprender lo que ella decía, por lo que ella continuó insistiendo en su explicación.

Veamos los efectos de este tipo de abuso verbal, con el que, de diferentes maneras e intensidades, Cora había convivido durante muchos años.

1. Cora había descubierto que si era espontánea y franca se volvía vulnerable a la agresión. El abuso verbal se presentaba de manera cíclica por lo que Cora apenas tenía tiempo para recuperarse y olvidar el abuso, cuando inmediatamente se producía otro.
2. Ella había perdido su entusiasmo.
3. La inesperada ira de Curt la condicionaba a estar siempre en guardia.
4. Sentía incertidumbre acerca de lo que podía suceder.
5. Cuando ella oía a Curt decir "¡Es imposible hablar contigo!", se preguntaba qué estaba haciendo mal.
6. Revivía el incidente en varias ocasiones buscando respuestas.
7. La confianza de Cora había sido socavada y habían aumentado las dudas sobre sí misma.

SITUACIÓN 2

Lea llevaba doce años casada con Luke y tenían un niño de seis meses. Ella era una artista premiada y él, un exitoso hombre de negocios.

En una ocasión Luke se va de viaje de negocios y sugiere a Lea dejarle su coche nuevo y llevar el viejo cuando vaya al aeropuerto para dejarlo aparcado allí. "No sería sensato", le dice él, "dejar el nuevo en el parking del aeropuerto". Lea está de acuerdo. Limpia su coche viejo (un Ford) para dejárselo a Luke y conduce el coche nuevo (un Dodge) durante toda la semana. Al cabo de un tiempo, Luke debe salir a otro viaje de negocios y Lea, dispuesta a limpiar su viejo carro otra vez para dejárselo a Luke, le pregunta: "¿Vas a tomar el Ford?" Luke se vuelve hacia ella con expresión de asombro y le pregunta incrédulo, "¿Qué te hace pensar que voy a llevar el Ford?" Lea, sorprendida, trata de contestar: "La última vez . . ." Luke la interrumpe de inmediato y le grita subrayando bien las palabras, "Si quieres . . . conducir . . . el coche nuevo . . . todo . . . lo que tienes . . . que hacer . . . es pedirlo".

La interrupción descoloca a Lea, la desequilibra (una señal definitiva de abuso). Intenta explicar una vez más su pregunta y, aunque por un lado recuerda la conversación y el pacto del viaje anterior, por otra parte intenta responder a la pregunta de Luke. Entonces decide explicar: "Luke, estoy tratando de decirte . . ." Él la interrumpe de nuevo con la misma frase como si ella no lo hubiera oído: "Si quieres . . . conducir . . ."

Lea siente como si hubiera una pared de ladrillos entre los dos (otra señal de abuso). Ella comienza a pensar nuevamente y se da cuenta de que, en realidad, no quiere conducir el coche nuevo. Luke le había dado instrucciones precisas sobre cómo cuidarlo, dónde aparcarlo y otras cosas más. Como no quería responsabilidades de este tipo, ni tampoco la posibilidad de otra discusión, dice, "Prefiero conducir mi coche si tú crees que está bien dejar el nuevo en el parking del aeropuerto". Luke la mira con total incredulidad y le dice, "¡Claro, allí estará muy seguro! Como sabes, el parking tiene vigilancia policial".

En este punto Lea habría querido recordarle a su pareja que en principio él había dicho que era peligroso dejar el coche en el parking durante una semana, pero se contuvo. Él no parecía recordar la conversación anterior y ella se preguntaba si de verdad habría oído lo que creía haber oído. Lea se sintió angustiada, aunque pensaba que tal vez no debería estarlo. Después de todo, podría ser que Luke no recordara la conversación anterior sobre el coche. "Quizás soy demasiado susceptible", pensó. Más tarde empezó a tener un fuerte deseo de huir. La vida le parecía demasiado complicada. Este tipo de situación no hubiese ocurrido si hubiera habido alguien cerca. Algunos de los efectos del abuso verbal que Lea sufrió en su relación fueron:

1. Se sentía preocupada por no ser tan feliz como creía merecerlo.
2. Había llegado a creer que era demasiado susceptible, tal y como su pareja le decía a menudo.

3. Dudaba de sus propias percepciones (no estaba segura de recordar bien la primera conversación).
4. Sentía deseos de huir.

Todas las mujeres que entrevisté se esforzaban por comprender por qué les resultaba tan difícil mantener una buena comunicación con sus parejas.

SITUACIÓN 3

May y Mel tienen tres hijos. Dos de ellos están en la universidad. Según las apariencias, son un buen matrimonio. Mel, sin embargo, se había vuelto cada vez más abusivo en el transcurso de la relación. May describió lo siguiente:

> Mel llamó un día y dijo que quería hablar con nuestra hija. Le dije que estaba en la ducha y le pregunté si quería que ella le devolviera la llamada.
>
> "Sí", dijo. Y agregó, "Ella me llamó por lo de la radio del coche. Dile que no sé cuál es el problema".
>
> "Está bien", dije, "se lo diré".
>
> "Yo volveré a llamarla más tarde o que ella me llame", respondió él.
>
> "Bueno", dije, mientras tomaba un lápiz, "aquí tengo papel y lápiz. ¿Quieres que anote algún mensaje para ella?"
>
> "¡Yo no te pedí que escribieras ningún mensaje!" estalló con una verdadera furia.
>
> Todos en la casa escribíamos mensajes para los otros. Me sentí tambalear, muy dolida (una señal típica del abuso verbal). Al mismo tiempo, trataba de comprender por qué él había pensado que yo le demandaba que dejara un mensaje. Todos esos sentimientos y pensamientos pasaron por mi mente a la vez. Apenas podía hablar.
>
> "Le diré que te llame. Hasta luego", le dije, y colgué.
>
> No dejaba de pensar: "Si no le hubiera preguntado por el mensaje no me sentiría tan mal". De alguna manera debo haber implicado un sentido de obligación hacia él. Me expresé mal. Me sentía morir (otra señal definitiva de abuso verbal). Pensé que si ni siquiera podía relacionarme con mi marido, ¿cómo podría llevarme bien con el resto del mundo? Y yo que había estado pensando en volver a trabajar.

Este tipo de situación no hubiera ocurrido si hubiera habido alguien cerca.

Aunque Cora, Lea y May trataron de discutir estos y otros dolorosos incidentes con sus maridos, ellos siempre rehusaron hacerlo, negando, desmereciendo, acusando o desviando la atención (véase Capítulo 8). En una interacción basada en el abuso verbal, la resistencia del abusador a discutir el tema, su negación de que algo desagradable ha ocurrido y su convicción de que la pareja ha sido quien ha causado el incidente porque ha dicho "algo que estaba mal", son elementos que hacen que el bienestar de una pareja se convierta en un permanente malestar.

Mientras la mujer siga creyendo que el abusador ha sido honesto y sincero, seguirá siendo víctima del abuso verbal. Por otro lado, mientras no haya alguien que sea testigo del abuso y valide la realidad de la víctima, ella seguirá dudando de sí misma, temiendo siempre decir o hacer cosas incorrectas, titubeando, tratando de no ser espontánea y preocupándose porque tiene algo malo en su personalidad que ocasiona los conflictos. La pareja que no es capaz de reconocer la hostilidad de su compañero simplemente asume que él sólo ve las cosas de forma muy diferente de ella.

ALGUNAS CREENCIAS FRECUENTES

Las consecuencias del abuso verbal que se enumeran al principio de este capítulo tienen efectos desde el punto de vista intelectual y comportamental. Dan lugar a ciertas creencias que la persona abusada puede aplicar a sí misma y a su relación. A pesar de que las mujeres que entrevisté no siempre eran capaces de articularlas, estas creencias estaban con frecuencia tan profundamente arraigadas que eran consideradas como la realidad misma y no como creencias sobre la realidad. Antes de reconocer que vivían en una relación de abuso verbal, la mayoría de las mujeres aceptaban algunas de las creencias que enumeraremos a continuación. *La pareja del abusador cree:*

- Que si ella fuera capaz de expresarse mejor o de explicar más claramente lo que quiere decir, su compañero no se enfadaría por sus preguntas o ideas.
- Que si ella no tuviera algún inexplicable problema de percepción, no tomaría las cosas "por el camino equivocado", como se le dice que hace.

- Que si ella no actuara de manera inadecuada ("tomando todo de la manera equivocada y haciendo un drama por cualquier cosa") no se sentiría tan dolida y herida.
- Que como ella es sincera y preocupada, el hombre que dice amarla también lo es.
- Que su compañero se comporta igual en el trabajo y/o con los amigos, y como él no se enfada con ellos, ni ellos tienen quejas de él, entonces, la que hace las cosas mal es ella.
- Que sufre sin necesidad a causa de alguna falla o defecto suyo. Esta falla no podía ser particularmente definida, sino que se trataba de una sensación general de inadecuación cuyo origen se remontaba a las incontables acusaciones que había recibido a lo largo de la relación abusiva. Resulta interesante observar que cuando un hombre está reprendiendo a su pareja, puede estar realmente describiéndose a sí mismo. Una mujer contó que las acusaciones de su marido eran: "Tomas las cosas demasiado en serio. Llegas a conclusiones apresuradas. Y ves todo de la peor manera posible". En realidad, la mayoría de las veces sucede lo contrario. Las parejas de los abusadores verbales suelen pasar por alto la seriedad de su sufrimiento; titubean antes de llegar a conclusiones y, generalmente, son optimistas, ven todo de la mejor manera posible.
- Que tan pronto como su compañero comprenda que sus explosiones de ira o sus comentarios sarcásticos la hieren, dejará de hacerlo. Ella piensa que todavía no había encontrado la manera de explicarle cuánto le molestan algunas de las cosas que él dice.
- Que su compañero es como todos los hombres y que ella no es capaz de comprenderlo como otras mujeres comprenden a sus esposos.

Mientras la mujer no sea capaz de entender la dinámica de las relaciones abusivas, no sabrá qué hacer ni qué le está sucediendo.

Muchas mujeres tratan de mejorar la comunicación. Pero estos intentos en busca de alcanzar una relación más aceptable y encontrar algo de felicidad, sólo crean mayores dificultades:

- *Cuanto más la pareja del abusador* comparta sus esperanzas y temores con el abusador, esperando su aceptación e intimidad, tanto más interpretará el abusador su franqueza como debilidad. Por consiguiente, se mostrará más frío y se sentirá más superior y más afianzado en su Poder Sobre.

- *Cuanto más la pareja del abusador* comparta sus intereses y objetivos, tanto más aprovechará el abusador para desvalorizarla o para introducir opiniones que la hagan vacilar, desviarla de sus proyectos y recuperar el control.

- *Cuanto más la pareja del abusador* intente sacar ciertos temas y propiciar una conversación con el abusador, tanto más él se abstendrá de compartir, complacido por la atención que ella le da y disfrutando del poder que obtiene de la situación.

- *Cuanto más la pareja del abusador* comparta sus logros, creyendo que el abusador se sentirá feliz por ella, tanto más el abusador trivializará y minimizará sus esfuerzos, para seguir prevaleciendo y dominando.

- *Cuanto más la pareja del abusador* abandone su esperanza de aceptación e intimidad con el abusador y recurra a sus amigos en busca de compañía y comprensión, tanto más enojado y hostil se volverá el abusador.

Estas paradojas muestran cómo todos los intentos de la mujer para que su relación de pareja crezca, mejore y se haga más colaboradora sólo traen consigo dolor y confusión. En resumen, este capítulo ha explicado los efectos del abuso verbal sobre la víctima desde el punto de vista de su percepción, sus creencias y sus intentos por comunicarse con el abusador. El siguiente capítulo explorará los sentimientos de la víctima.

CAPÍTULO VI

Los sentimientos
de la víctima

Si sacas lo que hay dentro de ti, lo que saques te salvará.
Si no sacas lo que hay dentro de ti, lo que no saques te
destruirá.
—El Evangelio de Santo Tomás

Este capítulo explora los sentimientos de la pareja del abusador. Si logra reconocer sus sentimientos y sabe qué le están diciendo, seguramente podrá reconocer el abuso verbal cuando éste se produzca.

En general las parejas de los abusadores verbales son conscientes de sus sentimientos. Sin embargo, están más inclinadas a creer lo que sus compañeros les dicen sobre ellas y sobre la relación, que lo que le dictan sus propios sentimientos. Hemos explorado la realidad del abusador; ahora podemos asumir que precisamente porque él vive en una realidad diferente a la de su compañera (Realidad I), es la persona menos indicada para definir la realidad de su pareja (Realidad II). Por eso, fiarse de los propios sentimientos se convierte en la mejor guía para que cada cual comprenda su realidad.

Por ejemplo, cuando la víctima del abuso está molesta a causa de la agresión y la pareja le dice, "Estás haciendo un drama por nada" o "Tomas todo de la manera equivocada", en este caso el abusado está definiendo la experiencia de su pareja. Si ella le cree, sentirá una confusión cada vez mayor. Ésta es la esencia de situaciones "creadoras de locura" y del abuso psicológico.

Reconocer que estamos siendo agredidos y respetar nuestros sentimientos es la mejor forma de reconocernos y respetarnos a nosotros mismos y a nuestro espíritu. Por ejemplo, "Me siento herida" y "Estoy siendo herida" estas formas de reconocimiento de nuestros sentimientos. ¿Pero qué significa respetar nuestros sentimientos? Es darles tal importancia que seamos capaces de actuar de manera consciente y creativa de acuerdo con ellos, para ser capaces de protegernos.

A veces, nuestros sentimientos son muy complejos. No siempre son fáciles de reconocer y de articular. Están moldeados por nuestras creencias sobre nosotros mismos y sobre la realidad, y pueden ser reprimidos o suprimidos. La energía que acompaña a nuestros sentimientos puede ser orientada destructivamente o liberada de manera consciente y constructiva.

Los sentimientos pueden surgir en el presente, al mismo tiempo que sucede un acontecimiento abusivo, cuando recordamos hechos pasados o cuando deseamos y anticipamos hechos futuros. Podemos experimentar miedo, esperanza, felicidad, frustración, excitación, paz, éxtasis, ira, indignación, entre otros sentimientos posibles, cada uno con diversos grados de intensidad y en diferentes combinaciones. Con el fin de simplificar mi exposición sobre los sentimientos de la parte abusada de la pareja, he seleccionado un poco más de una docena de sentimientos primarios para poner de relieve dos aspectos fundamentales: el significado y la función de estos sentimientos.

Imaginemos que existe un estado de bienestar óptimo en el que se siente claridad, serenidad, integridad y autonomía. Este estado nos aporta seguridad interior, propósito y significado para nuestra vida. Este estado lo he llamado el Estado de Poder Personal, y la conciencia de vivir en este estado la he denominada conocimiento de estar centrado. Cuando dos personas están en este estado de bienestar y tienen una relación entre sí, ambos se empoderan mutuamente y se nutre el espíritu de los dos miembros de la pareja. Ésta es la relación de la Realidad II que he descrito anteriormente.

Por el contrario, si uno de los integrantes de la relación no está en el Estado de Poder Personal, buscará la experiencia de poder mediante el Poder Sobre el otro. Al hacerlo, puede dañar la conexión de la otra parte con su propio Poder Personal. En esta relación se pierde algo. El espíritu queda disminuido. Desde este punto de vista, estar en el Estado de Poder Personal es una necesidad pero también un derecho. Cuando estamos en este estado, estamos centrados y sentimos serenidad. La potenciación de este estado evoca sentimientos de admiración, alegría y entusiasmo, mientras que su disminución evoca sentimientos de tristeza, frustración y desesperanza.

Cuando vivimos en el Estado de Poder Personal estamos seguros. Esta seguridad nos viene de adentro, de nuestra conexión con el espíritu de vida que está en nuestro centro. Desde esta perspectiva, los diversos sentimientos que somos capaces de experimentar nos dicen algo acerca de nuestro Estado de Poder Personal y del espíritu de vida en nuestro centro. Así como las cicatrices muestran que el cuerpo ha sido dañado, algunos sentimientos nos indican que el espíritu está sufriendo. De igual forma, algunos sentimientos nos revelan las necesidades del espíritu, así como el hambre y la sed nos muestran las necesidades del cuerpo, y otros apuntan hacia la actividad del espíritu, así como los movimientos indican la actividad del cuerpo. Es decir, que los sentimientos son indicadores. Estos indicadores crean conciencia y nos permiten reconocer el estado, las necesidades y las actividades del espíritu de vida en nuestro centro.

A continuación se enumera una lista de los sentimientos primarios (positivos y negativos) que he elegido para analizar algunas experiencias de parejas de abusadores verbales.

- Responsabilidad e incapacidad
- Determinación y frustración
- Afecto y rechazo
- Esperanza y decepción
- Felicidad y tristeza
- Serenidad y conmoción
- Seguridad y miedo
- Confusión

La pareja también puede sentir vergüenza, especialmente si el abuso se produce en presencia de los demás. En una relación verbalmente abusiva los sentimientos de la persona abusada por lo general se alternan, se mezclan y dan lugar a confusión. Ahora vamos a ver lo que estos sentimientos indican en relación con el Estado de Poder Personal, un estado deseable de bienestar.

RESPONSABILIDAD E INCAPACIDAD

El sentimiento de responsabilidad crea la conciencia de la propia capacidad para alcanzar el estado deseable de bienestar, mientras que el sentimiento de incapacidad crea la conciencia de la propia carencia de talento para alcanzar este estado. Con la responsabilidad, el espíritu se nutre; con la incapacidad, el espíritu resulta disminuido.

En general, las mujeres de los abusadores verbales se sienten responsables de sí mismas. Tratan de desarrollarse, de aprender y de crecer. Suelen alcanzar grandes logros, ya sea en el hogar, en el trabajo o en sus estudios. También pueden sentir, sin darse cuenta, que son responsables de la calidad de la relación. Por ejemplo, la pareja puede sentirse responsable por la falta de comprensión de su compañero o por haberlo hecho enfadar sin advertirlo. Puede creer que es responsable de la calidad de su comunicación o de la forma en que ésta es entendida. Si el abusador está irritado, ella intentará descubrir qué cosas le han molestado y tratará de evitarlas. Se siente responsable de su ira porque él la expresa con explosiones acusatorias. El sentimiento de responsabilidad por la conducta de otros puede ser muy difícil de reconocer. Lo que sigue es una anécdota personal que ilustra esto:

Poco tiempo después de que yo terminara mi investigación para este libro, asistí a una reunión social y me encontré conversando con un conocido, un cordial hombre de negocios de unos cincuenta años. Estábamos hablando sobre los debates en equipo y yo dije, "Yo no me sentiría inclinada a unirme a un equipo de debate hasta no cerciorarme cómo está siendo conducido, porque no quisiera verme expuesta a una situación que podría terminar en ataques personales". Expliqué, "Una vez participé en un grupo de discusión que no había sido adecuadamente conducido y oí a un hombre decir, 'Todo lo que las mujeres quieren es . . .' Aquello que podría haber sido una interesante discusión degeneró en generalizaciones denigratorias".

"Ah sí, he visto que eso le sucede a las mujeres", respondió mi interlocutor. Estuve de acuerdo con él y agregué que muchas mujeres que tienen una relación no se dan cuenta de que son víctimas de abuso porque se sienten responsables por el abusador.

"¿Esto es así realmente?" preguntó interesado.

Busqué una forma de ilustrar mi punto de vista. En ese momento él miró a la mesa donde se habían servido los aperitivos. Aproveché la ocasión: "Puedo darte un ejemplo. ¿Por qué miras a la mesa cuando estoy hablando contigo?" Dije esto con el tono agrio, irritado y acusatorio que usa el abusador verbal.

En mi deseo de presentar un ejemplo apropiado, debo haber usado un talento artístico latente, porque él se volvió hacia mí y, para mi consternación, dijo disculpándose, "Oh, oh, lo siento, sólo estaba, bueno . . . mirando los bocadillos".

Me excusé por no haber aclarado que mi "molestia" se trataba sólo de un ejemplo. Él por su parte se sintió muy sorprendido por haberse visto tan fácilmente obligado a aceptar una responsabilidad y disculparse al ser regañado.

A la mañana siguiente, mientras caminaba, iba reflexionando sobre esta situación y me di cuenta de improviso cómo muchos de nosotros aceptamos la responsabilidad de la ira de otra persona, especialmente cuando esta se presenta de forma inesperada e injustificada. También me di cuenta de que las parejas de los abusadores verbales se disculpan a menudo: "Yo sólo estaba . . ." Y si han sido regañadas de manera constante, pueden comentar sus acciones aunque no haya nadie a su alrededor para oírlas. Por ejemplo: "Voy a pasar la aspiradora por el cuarto porque me queda un poco de tiempo antes de ir a recoger a los niños". El hábito femenino de decir "Yo sólo iba a . . .", así como el hombre de negocios dijo "Yo sólo estaba . . .", puede ser una forma de decir, "Espero que no moleste a nadie, o que nadie me regañe o descargue su ira sobre mí, o piense que soy negligente o perversa por mis acciones".

La mujer no sólo se siente responsable de la ira de su compañero, sino también de su felicidad. Estos sentimientos de responsabilidad pueden ser muy difíciles de erradicar si el abusador manipula a su pareja con una actitud de desvalimiento a la manera de "pobre de mí". Si ella ha sido coaccionada de manera encubierta es probable que sienta que debe de estar de acuerdo con todo lo que él quiera para demostrar su amor. Los sentimientos de responsabilidad de la víctima se alternan con sentimientos de incapacidad cuando esta no puede lograr que el abusador la entienda o cuando no puede comprender lo que realmente quiere de ella, o no puede imaginarse por qué él se enfada tan frecuentemente con ella.

Cuando la mujer reconoce que es víctima de abuso verbal, deja de aceptar ser responsable del comportamiento de su compañero. Entonces, cuando exige cambios y elige libremente el tipo de vida que desea, cuando asume la responsabilidad de sí misma y actúa según su propios intereses, alivia sus sentimientos de incapacidad y recupera su natural Estado de Poder Personal. En estas circunstancias, su espíritu se nutre.

DETERMINACIÓN Y FRUSTRACIÓN

El sentimiento de determinación crea la conciencia de que es posible intentar alcanzar el estado deseable. El sentimiento de frustración, en cambio, crea la conciencia de que es imposible alcanzar este estado. En el primer caso, el espíritu se fortifica; en el segundo, se ve disminuido. Con frecuencia las parejas de los abusadores verbales tienen la determinación de comprender y de expresarse de forma más adecuada a fin de lograr una mayor comprensión en su relación. En consecuencia, tratan de explicar al abusador que, por ejemplo, ellas no están pensando lo que él dice que piensan, ni diciendo lo que él dice que dicen, ni actuando del modo en que él dice que actúan, que no querían decir lo que él dice que querían decir o que no se proponían lo que él dice que se proponían. Y cada vez que explican lo que realmente piensan, hacen o dicen, lo que quieren decir o lo que se proponen, el abusador niega de alguna manera estas explicaciones. Las parejas experimentan entonces un profundo sentimiento de frustración.

Habitualmente las compañeras de los abusadores verbales no saben lo qué está pasando en su relación. No reconocen el abuso verbal. Aunque traten de ser ellas mismas o sean como creen que les gustaría a sus compañeros, siempre se sentirán frustradas. Estos sentimientos de frustración pueden ser difíciles de identificar. Ellas no se enfadan, gritan, ni sermonean, porque no sienten su frustración como ira. Simplemente renuevan su determinación de comprender y de ser comprendidas.

Cuando la mujer reconoce que su compañero no tiene la determinación de comprenderla, es entonces que comienza verdaderamente a comprenderlo. Y aunque esté enfadada por el descubrimiento, ya no se sentirá frustrada. Aliviada de su frustración, la mujer tiene más energía para el espíritu de vida que está en su centro.

AFECTO Y RECHAZO

El sentimiento de afecto crea la conciencia de una inclinación a compartir el estado deseable de bienestar, mientras el sentimiento de rechazo crea la conciencia de que este estado no puede ser compartido. En el primer caso el espíritu se nutre; en el segundo, resulta disminuido. Una de las formas en que la pareja puede expresar su afecto y su amor es compartir sus alegrías y placeres. En una relación abusiva estas propuestas rara vez tienen éxito. De hecho, el abusador puede sentirse enfadado cuando su pareja piensa que debería estar complacido por algo que ella le ha comunicado. En consecuencia, las mujeres se quedan siempre con la sensación de haber dicho algo que fue malinterpretado, inaceptable o trivial.

La indiferencia, la crítica y el desprecio del abusador son sentidos como una forma de rechazo, como si la pareja no estuviera a la altura de las expectativas del abusador. Este rechazo implica que la pareja es inaceptable o indigna de él. El rechazo continuo engendra confusión e incertidumbre. Cuando la víctima del abuso verbal finalmente se da cuenta del rechazo de su compañero, comprende que no vale la pena compartir su alegría y su vitalidad con alguien que la menosprecia.

ESPERANZA Y DECEPCIÓN

El sentimiento de esperanza crea la conciencia de que es posible alcanzar el estado deseable de bienestar, mientras que el sentimiento de decepción crea la conciencia de que es imposible alcanzar este estado. En el primer caso, el espíritu se nutre; en el segundo, se ve disminuido. La pareja del abusador tiene la esperanza de que su relación mejorará con el tiempo. Puede darse cuenta de que la comunicación con su compañero es difícil, pero también espera que una vez que lo entienda o que él la entienda a ella, ambos serán más felices. Con la esperanza de prevenir futuros abusos, por ejemplo, ella puede pedirle a su pareja que le pregunte, antes de molestarse por algún comentario, a qué se refería. También puede tener la esperanza de que una vez que él comprenda que para ella es importante alcanzar ciertas metas o tener tiempo para ella misma, él le ofrecerá su apoyo; o que una vez que su compañero sepa que algunos de sus comentarios o su conducta la hieren o la intimidan, se disculpará o dejará de hacerlo. Después de todo, él dice que la ama.

A la pareja abusada siempre le parece muy sencillo mejorar la relación: basta que él la entienda para tener una relación más feliz y plena. Como la mujer tiene esperanzas basadas en la conexión, la comprensión y la intimidad, a menudo sufre decepciones. Puede que reciba demostraciones de interés, como regalos o cenas caras. Puede que también le digan lo mucho que la aman. Pero la incapacidad del abusador para aceptarla, su indiferencia o su temperamento errático, la conducirán rápidamente de la esperanza a la decepción.

FELICIDAD Y TRISTEZA

El sentimiento de felicidad crea la conciencia de que el estado deseable es accesible, mientras el sentimiento de tristeza crea la conciencia de que se ha perdido el estado deseable. En el primero de los casos el espíritu se nutre; en el segundo, resulta disminuido.

La pareja se siente feliz cuando persigue sus propios objetivos y desarrolla sus propias actividades. También se siente feliz cuando su compañero parece entenderla, hablarle o escucharle. Su felicidad se convierte en tristeza cuando se da cuenta de que él no la ha entendido en absoluto, cuando se niega a hablarle, le grita o la acusa. La tristeza en la pareja de un abusador es, a menudo, un profundo dolor emocional. Las víctimas describen la tristeza como "una sensación de malestar en la boca del estómago", "un nudo en la garganta" o "una puñalada en el corazón".

Estos sentimientos de tristeza indican que el espíritu interior ha sufrido un daño profundo. Si la mujer se da cuenta de esto, podrá reconocer que sus propios sentimientos le están diciendo algo real y totalmente diferente de lo que le dice el abusador. También podrá reconocer que declaraciones como "Estás haciendo un drama por nada" no sólo son mentiras sino también son expresiones de abuso verbal. Al reconocer la validez de sus propios sentimientos se dará cuenta de que su felicidad se encuentra en su interior, donde su espíritu busca relaciones que lo alimenten y no relaciones que lo desprecien.

SERENIDAD Y CONMOCIÓN

El sentimiento de serenidad crea la conciencia de estar en el estado deseable de bienestar. El sentimiento de conmoción o *shock* crea la conciencia de que el estado deseable se ha perdido. En el primero de los casos el espíritu se nutre, en el segundo, se disminuye.

La pareja de un abusador verbal suele sentirse sorprendida o sobresaltada cuando su compañero se muestra irritable o molesto súbitamente, cuando la menosprecia o la hace objeto de su sarcasmo. Dado que el abuso verbal es en esencia inesperado, la mujer puede encontrarse relajada, serena, feliz o entusiasmada por algo, cuando de pronto es sorprendida por su compañero y pierde su equilibrio a causa de la agresión. Si el abusador no expresa su enojo abiertamente sino de manera encubierta, la mujer se sentirá entonces confundida por la incomprensión aparente, lo que ha dicho o cómo lo ha dicho. Justo cuando ella piensa que él ha comprendido, él expresará de pronto un concepto completamente diferente.

Lo inesperado del abuso verbal parece aislar cada incidente en la mente de la pareja, como si no tuviera relación con otros incidentes anteriores. Cada situación parece tener una causa diferente y las parejas de abusadores suelen recuperar la serenidad entre un incidente y el otro. Y como cada instancia de abuso puede ser un acontecimiento único y separado, la mujer no sólo puede olvidar la agresión anterior sino que también se le hará difícil reconocer cualquier patrón de abuso.

SEGURIDAD Y MIEDO

El sentimiento de seguridad crea la conciencia de que el estado deseable de bienestar no se verá amenazado; mientras el sentimiento de miedo crea la conciencia de que el estado deseable está siendo amenazado. En el primero de los casos el espíritu se fortifica; en el segundo, el espíritu está en peligro.

En una relación de abuso verbal la mujer puede reconocer algunos problemas y cree que es posible solucionarlos. Sin embargo, con el tiempo, como el abuso se intensifica o cambia de forma, la pareja comenzará a temer al abusador y a darse cuenta de que está siendo abusada. Si lo enfrenta y él no quiere cambiar, si ella le pide que no lo vuelva a hacer y él se rehúsa a parar o niega el abuso, si él acrecienta su ira o se vuelve más manipulador e impredecible, crecerá el temor de la pareja. Al mismo tiempo se temerá por la pérdida del amor y por la seguridad que ella creía tener en su relación. Cuando la mujer reconoce el abuso, se disipa en ella la ilusión de seguridad que tenía. Cuando la mujer está en peligro psicológico o físico a causa del abusador, su miedo es real. Al actuar para protegerse a sí misma, protege su propio espíritu y recupera la seguridad de su natural estado de Poder Personal.

CONFUSIÓN

El sentimiento de confusión crea la conciencia de que no existe la forma de solucionar los conflictos internos. Al sentir que no puede resolverlos de ninguna manera, los sentimientos contradictorios que tiene la confunden. Solo cuando la mujer reconozca la situación de abuso verbal podrá alcanzar la solución de sus conflictos internos. Para comprender el dilema de la mujer, revisemos nuevamente su realidad (Realidad II). Como explicamos, ella ve el mundo a través de la reciprocidad y la creación conjunta. Sin embargo, no tiene la extraordinaria autoestima que se requiere para vivir en la Realidad II. Precisamente esta autoestima es la que le permitiría reconocer que su compañero está en otra realidad y que ve el mundo a través del modelo del Poder Sobre.

Lamentablemente, la autoestima de la mujer resulta socavada progresivamente al vivir con un abusador verbal. Esto hace que el reconocimiento sea cada vez más difícil. Definitivamente se necesita una tremenda autoestima para validar la propia realidad cuando aparentemente nadie lo ha hecho. A veces basta que un libro nos haga entender lo que vivimos, o que conozcamos casualmente a una persona que valide nuestras experiencias para que todo parezca diferente. Nuestros sueños también pueden, a veces, esclarecernos o validarnos. En el siguiente capítulo estudiaremos los obstáculos que dificultan el reconocimiento de agresiones, así como indicadores de abuso verbal. Estos indicadores incluyen pautas de abuso, sueños y otras señales.

CAPÍTULO VII

Obstáculos e indicadores

Ver o perecer es la condición que descansa sobre todo lo que conforma el universo.

—Teilhard de Chardin

Muchos factores contribuyen a la dificultad de reconocer el abuso verbal y la realidad del abusador. Estos obstáculos que se interponen en el camino del reconocimiento aparecen en la mayoría de las relaciones abusivas. Una vez que son detectados, pierden su poder de frenar la conciencia del abuso y se convierten, en cambio, en escalones que conducen hacia esa conciencia, en la medida en que cada uno implica una acción o un cambio necesario en la forma de pensar de la víctima. He aquí algunos de los obstáculos que se encuentran más frecuentemente:

1. La pareja del abusador ha aprendido a pasar por alto la falta de amabilidad y de respeto, el desdén y la indiferencia, porque cree que no son lo suficientemente importantes para enfrentarlos.
2. Los incidentes enojosos son negados por el abusador, y la víctima del abuso piensa que ella está equivocada.
3. El abuso verbal, el control y la manipulación no han sido articulados o definidos por la pareja del abusador, por lo que se siente confundida.
4. La abusada piensa que sus sentimientos están equivocados.
5. La abusada olvida su malestar cuando el abusador se muestra amable o cariñoso.
6. La conducta del abusador no es constante: a veces es abusivo y a veces no, de modo que la pareja nunca está segura si la relación funciona o no.
7. El abuso verbal puede ser muy sutil y el control va aumentando gradualmente con el tiempo, de modo que poco a poco la víctima se adapta al abuso.

8. El abusador controla la comunicación y la realidad interpersonal. Por esto tiene el poder de rehusarse a discutir sobre las situaciones abusivas.

9. El abusador culpa a su pareja por los episodios enojosos; ella le cree y piensa que suceden por su culpa.

10. La abusada cree que la conducta de su compañero es racional, así que supone que debe haber "alguna razón" para su enfado.

11. La abusada cree que sus percepciones están equivocadas.

12. La abusada cree que algo anda mal en ella.

13. La abusada piensa que cuando su compañero está enfadado es porque ella ha hecho algo que lo ha molestado.

14. La abusada considera que si su compañero no se ha separado de ella es porque realmente la ama.

15. La abusada no tiene base de comparación, pues las experiencias anteriores de pareja han sido también relaciones abusivas.

16. Puede que la abusada no haya visto nunca un modelo de relación sana y con buena comunicación.

17. A pesar del abuso verbal, ambos miembros de la pareja pueden funcionar muy bien en sus respectivos papeles (formar un hogar, criar a los hijos y prosperar en sus carreras). De esta forma, se pasa por alto, a menudo, la naturaleza abusiva de la relación.

18. La abusada puede estar tan absorta en formar una familia o en su carrera que rebaja los problemas de la relación, y piensa que, de todos modos, nadie ni nada es perfecto.

19. La abusada cree que su compañero es como son todos los hombres, salvo contadas excepciones.

20. La abusada está tan aturdida o desequilibrada que no es capaz de ver claramente lo que está sucediendo.

21. La abusada se da cuenta de lo que sucede, pero carece de autoestima como para exigir ser tratada con cortesía y dignidad.

22. La realidad de la abusada no ha sido nunca validada. Nadie ha sido testigo del abuso, así que a ella no le parece algo real.

23. La abusada no sabe que existe algo llamado "abuso verbal" ni conoce modelos de mejores relaciones con los cuales comparar su propia relación.

24. La abusada nunca ha considerado la pregunta, "¿Soy víctima de abuso verbal?"

En resumen, la persona abusada no se da cuenta de que una personalidad abusiva busca el Poder Sobre el otro y no es capaz de propiciar la comprensión empática que el amor y la relación de pareja requieren. A menudo, la pareja del abusador no reconoce el abuso verbal hasta que éste no cambia de forma o de intensidad. Si lo hace y enfrenta a su compañero, el abusador, que no está dispuesto a cambiar, suele intensificar su agresión en un intento por recuperar el control. Puede intimidarla con explosiones de ira o manipular sus sentimientos diciéndole, por ejemplo, que ella está "arruinando la relación".

Si tú sospechas de que existe la posibilidad de que estés viviendo una relación verbalmente abusiva, puedes reconocer los patrones abusivos que explicaremos a continuación. Algunos, o todos ellos, pueden estar presentes en una relación verbalmente abusiva. Con el fin de descubrir estos patrones es útil llevar un diario que permita mantener los pensamientos claros, analizar las propias experiencias y registrar los sentimientos.

Puedes hacerte algunas preguntas como:

- ¿Con qué frecuencia te sientes molesta por lo que se dice o no se dice de ti?
- ¿Qué está pasando en tu vida en este momento?
- ¿Estás generalmente a solas con tu compañero cuando discuten o suele haber otras personas presentes?
- ¿Qué es lo que realmente sientes cuando hay un incidente molesto con tu pareja?
- ¿Te sientes confundida, sorprendida, herida, frustrada, disminuida o amenazada?
- ¿Cómo respondes ante un incidente molesto?

A continuación presento diez patrones de abuso. Algunos de estos patrones o todos pueden estar presentes en una relación verbalmente abusiva.

PATRÓN 1

El primer patrón para el reconocimiento del abuso verbal es que rara vez las agresiones verbales ocurren en público. El abuso verbal, como el abuso físico, se produce generalmente a puertas cerradas. Aun cuando la casa esté llena de gente, el abuso verbal se produce cuando los demás se han retirado de la habitación y la pareja se queda a solas con el abusador. El secreto es clave para alimentar el Poder Sobre del abusador y también permite intensificar la confusión de la abusada.

El abuso puede, en cambio, ocurrir en presencia de un niño. Si ocurre en público, se disfraza de modo que los demás piensen que está justificado de alguna manera, o se enuncia de tal manera que solo la mujer conoce su significado. Cuando se hace público es generalmente una señal de que se avecina una escalada que puede desembocar en un abuso físico inminente.

Nan, casada con Ned, un exitoso ejecutivo, comparte esta opinión:

> Me preguntaba por qué me sentía desdichada con Ned si los amigos decían que él era un tipo estupendo y que yo debía considerarme muy afortunada de ser su pareja. Reflexionando con cuidado me di cuenta de que Ned nunca me agredía frente a sus amigos. Me quedé realmente asombrada al deducir que él sabía muy bien que su actitud conmigo era incorrecta, porque de otra manera no la habría mantenido en secreto.

A muchas de las mujeres que entrevisté, sus amigos o parientes les decían que sus compañeros eran personas formidables. En un caso, la agresión fue tan fuerte y amenazante que dos terapeutas definieron la experiencia de la víctima como la de un prisionero de guerra. Aun después del divorcio, los miembros de su familia no podían aceptar la realidad porque habían creído firmemente que el marido era "un tipo verdaderamente agradable". Evidentemente el abusador actuaba de una forma frente a la familia y de otra cuando estaba a solas con su pareja.

PATRÓN 2

El segundo patrón para reconocer el abuso verbal es que la agresión a menudo se presenta de manera inesperada. El incidente ocurre cuando la pareja piensa que todo está bien; no ha habido discusiones previas ni indicios de que la relación no fuera armoniosa. Veamos un ejemplo narrado por Cora.

> Comencé a notar que cuando estábamos juntos, disfrutando de lo que yo consideraba un momento agradable, siempre surgía algo que estropeaba el instante y que me hacía

sentir mal. Recuerdo que una vez estacioné el coche en los terrenos de una feria rural de artesanías. Curt me preguntó, ¿Vas a dejar el recibo del estacionamiento en el salpicadero del coche? Estábamos ya fuera del coche. Miré a mi alrededor y le respondí, "Bueno, creo que no; parece que nadie lo hace". Curt se puso furioso y gritó, "¡Deja de criticarme todo el tiempo!" Me sentí en shock, entre otras cosas porque se había puesto violento de manera inesperada. Yo estaba atónita y sentía tanto dolor que apenas pude recuperar el aliento para contestarle. Tuve miedo. Pensé, "Algo anda muy mal".

PATRÓN 3

El tercer patrón para reconocer el abuso verbal es que la agresión ocurre cuando la pareja del abusador se siente feliz, entusiasmada o afortunada. Ellen refirió su lucha interior al descubrir que solía sentirse disgustada cuando Ernie estaba en casa. Su voz temblaba cuando me contó lo siguiente:

Al principio no me di cuenta en lo absoluto de lo que estaba pasando. Pero después descubrí que había un patrón de comportamiento que regulaba los incidentes abusivos. Me di cuenta de que cada vez que me sentía de buen ánimo, Ernie decía algo que me hería o despreciaba, siempre con la excusa de que se trataba de una broma. Cuando identifiqué esta pauta—cada vez que me mostraba optimista me ofendía de algún modo—me sentí conmocionada y destruida. Tuve que esforzarme para recuperarme sin alcanzar a comprender cómo podía estar sucediendo eso. [Después de unos momentos continúo.] Llegué a temer que se percatara de que me sentía feliz. Entonces, tal vez, en el fondo, llegué a temer ser feliz.

PATRÓN 4

El cuarto patrón para reconocer el abuso verbal es que la agresión tiende a volverse familiar. El abuso puede parecer un incidente recurrente manifestado de distintas maneras. En esencia, el abusador verbal expresa concepciones muy diferentes a las de su pareja, además de tener un juicio sobre ella divergente del que ella tiene sobre sí misma. Por esta razón, a la pareja le cuesta identificarse con las formas de comunicación del abusador.

Como expresan muchas parejas y ex parejas de abusadores verbales: "No importa lo que haga, siempre me trata como si yo fuera su enemiga". Bella lo explica de esta forma:

Me di cuenta de que cuando expresaba un pensamiento, Bert me contradecía. Si yo estaba esperando un mensaje importante, él se olvidaba de dármelo. Si le decía que algo me disgustaba, se enfadaba. Parecía ser que él pensaba que yo era su enemiga.

PATRÓN 5

El quinto patrón para reconocer el abuso verbal es que el abusador generalmente comunica desdén por los intereses de su pareja. Dora lo explicó de esta manera:

Cuando estábamos juntos, por ejemplo a la hora de cenar, si yo me refería a algo que me interesaba realmente, como un curso nuevo en la universidad, Dean ponía los ojos en blanco, suspiraba y me miraba con infinito fastidio. Si yo le preguntaba, "¿Qué pasa?", él decía, "Nada". Yo insistía, "Me parecía que estabas aburrido o algo así". Su respuesta era, "¿Quieres dejarme en paz?" Este tipo de conversación tenía cientos de variaciones. Era muy molesto. Entonces me di cuenta de que él sólo quería menospreciar mis intereses. Me hizo sentir muy mal el descubrir que él me hiciera esto.

PATRÓN 6

El sexto patrón para reconocer el abuso verbal es que, tras la agresión, el abusador no parece interesarse por la reconciliación y ni siquiera demuestra estar molesto por el incidente. Escuchemos a Cora:

Siempre que me sentía realmente disgustada porque Curt me había gritado o tratado con sarcasmo yo quería conversar sobre el tema. Pero cuando me acercaba a él, me decía que no teníamos nada de qué conversar, que no había ningún problema y que no estaba enfadado. Nunca se aproximó a mí en busca de comprensión.

PATRÓN 7

El séptimo patrón para reconocer el abuso verbal es que, después de que se producen las situaciones agresivas, la relación parece funcionar bien. Muchas parejas de abusadores manifestaban que podían salir a divertirse juntos, hacer compras o dedicarse a las tareas del hogar sin que ocurriera ninguna situación molesta. En consecuencia, se olvidaban del suceso abusivo aunque hubiese ocurrido solo unos días antes.

Esto provoca que algunas parejas de abusadores imaginen que su relación es realmente mejor de lo que en realidad es, especialmente si la ocupación de sus compañeros los mantiene fuera de casa mucho tiempo.

PATRÓN 8

El octavo patrón para reconocer el abuso verbal es que, de alguna manera, la pareja del abusador se siente aislada. Muchas parejas experimentan una creciente sensación de aislamiento, especialmente de sus propias familias o de amigos con ideas afines.

PATRÓN 9

El noveno patrón para reconocer el abuso verbal es que el abusador suele definir a su pareja, a la relación, a sí mismo y, con mucha frecuencia, a las propias situaciones agresivas. Como explicamos, los abusadores sienten la necesidad de definir el mundo según sus propias perspectivas: definen los motivos, las necesidades, los sentimientos y la naturaleza de sus parejas a partir de sus propios términos. Las definiciones que ofrecen, sin embargo, son muy diferentes a las experiencias que tiene su pareja. Por ejemplo, un abusador explosivo puede describirse a sí mismo como una persona tranquila. Un abusador frío e indiferente puede decir que él y su pareja tienen una relación muy buena. Un abusador discutidor y conflictivo puede decir que su pareja está siempre tratando de iniciar una disputa

PATRÓN 10

El décimo patrón para reconocer el abuso verbal es que la abusada nunca le dice al abusador aquello que él le atribuye a ella. Las declaraciones abusivas se enumeran en el Capítulo 8. Puede que la abusada se pregunte, "¿Yo he dicho esto?" o "¿Eso me has dicho?" Muchas mujeres constantemente acusadas y confundidas por el abuso verbal se sorprenden al darse cuenta de que nunca dijeron, ni siquiera pensaron decir lo que con frecuencia se les atribuye.

Después de presentar estos diez patrones podemos agregar que si tú estás siendo o has sido objeto del abuso verbal, es posible que hayas identificado uno o más de los anteriores patrones de abuso verbal en tu relación. Si tú apenas estás comenzando a reconocer el abuso verbal, los patrones de abuso en tu relación por lo general se irán aclarando con el tiempo.

SUEÑOS QUE INDICAN ABUSO VERBAL

Algunas parejas se han vuelto más conscientes de sus propios sentimientos y del estado de su relación a través de la visión de sus sueños. A pesar de que algunos sueños son muy simbólicos y parecen confusos, otros pueden ser muy directos. Estos sueños parecen pasar por alto nuestras creencias acerca de la realidad. En consecuencia, pueden aportar claridad a la confusión. A continuación expondremos algunos sueños directos que no necesitan explicación.

El sueño de Dora:

> Cuando desperté de mi sueño me sentía asustada. En el sueño, cada vez que me movía, Dean me bloqueaba. Yo me sentía terriblemente oprimida. Si me movía hacia la derecha, él me empujaba hacia la posición inicial. Si movía el brazo, él lo volvía a poner en su lugar. Si me movía hacia la izquierda, él me volvía a mi posición anterior. Me sentía cada vez más frustrada y tenía cada vez más miedo. Tuve que quedarme en mi posición original sin poderme mover.

El sueño de Bella:

> Estaba sentada en el coche con Bert. Él conducía. Salió de la carretera hacia un acantilado. Me volví hacia él y le pregunté, "¿Hemos tenido una buena vida?"

El sueño de Cora:

> Vi a una mujer de piel oscura parada frente a mí. Curt estaba hablando con ella. Me di cuenta que él pensaba que estaba hablando conmigo. Oí una voz que decía,

"Deben separarse". Supe, en el sueño, que ella era una parte de él mismo y dije, "Oh, es su sombra".

El sueño de Ellen:

Estaba con mi coche aparcado en una colina. En mi sueño, yo sabía que se habían cometido tres asesinatos. De repente me di cuenta de que el asesino estaba cerca. Entonces, sentí que me estrangulaban por detrás. Pensé, "Soy la cuarta víctima". Lo alcancé con mi mano y logré zafarme del agarre; estaba preocupada porque mis uñas podían haber herido sus brazos. Me di la vuelta, "¡Era Ernie!" Me sentí muy impresionada al descubrir quién era el asesino. Incluso en el sueño no había querido hacerle daño. (Varias mujeres han soñado que sus compañeros las estrangulaban.)

El sueño de Ann:

Estaba en una habitación. Era una pequeña celda. De pronto se abrió la puerta. Me di cuenta de que podía marcharme. Salí por la puerta y corrí por el campo hacia el mar. Salté y me encontré dentro de un bote donde había un cuarto y una cama preparada para mí.

El sueño de Dora:

Yo estaba parada en una cornisa al borde de un acantilado. De pronto, el camino se derrumbó detrás de mí y vi que, hacia delante, la cornisa se estrechaba. No podía dar un paso ni hacia delante ni hacia atrás. Me sentí realmente asustada porque me percaté que tendría que saltar o quedarme de pie allí para siempre. Salté. Un silbido de miedo me atravesó. De pronto me encontré de pie sobre el terreno. Dije, "¡Oh, he aterrizado sobre mis pies!"

El sueño de Lea:

Una osa madre bajó desde la colina hasta mi patio trasero. Yo la oí, así que salí a verla. Entonces vi que un árbol alto y delgado caía como si no tuviera raíces. Después vi que la osa yacía en el suelo. El árbol había golpeado y roto su cráneo. Observé cómo la sangre fluía del cráneo roto.

IMÁGENES QUE INDICAN ABUSO VERBAL

Algunas mujeres que sufren abuso verbal simbolizan su experiencia con una imagen visual espontánea. A veces una víctima de abuso verbal expresa más fácilmente lo que siente a través de una imagen que por medio de palabras. Veamos algunos ejemplos ofrecidos por mujeres entrevistadas:

- Una mujer se vio a sí misma como un niño pequeño que se caía al suelo cada vez que se incorporaba o daba pasos vacilantes.
- Dos mujeres que experimentaron abuso verbal visualizaban su relación como un gato jugando con un ratón antes de matarlo.
- Una mujer vio un muro de cristal grueso e impenetrable entre ella y su compañero cuando pensó en su relación.

SEÑALES FÍSICAS DEL ABUSO VERBAL

Finalmente el estrés de vivir con un abusador verbal se manifiesta en una variedad de síntomas físicos. A continuación aparecen comentarios de algunas de las mujeres que entrevisté:

- "Uno se siente exhausto. Es abrumador ser yo misma".
- "Me duele la espalda, me siento rígida como si estuviera protegiéndome de algún golpe, pero no puedo relajarme".
- "No logro comprender a mi compañero. Por eso me siento mal y cuando despierto estoy cansada".
- "Me duele todo el cuerpo, como si estuviera encerrada en una caja".
- "Me doy cuenta que después de estar junto a mi pareja todo el fin de semana me duele la cabeza como si fuera a explotar".

PARTE II

En la primera parte de este libro se han contrastado, desde una perspectiva amplia, dos tipos de poder, el Poder Sobre y el Poder Personal, y se han explorado las dos realidades que generan estos poderes: la Realidad I, en la que la pareja se ve como un adversario que hay que dominar y controlar; y la Realidad II, en la que cada miembro de la pareja es considerado como un compañero que colabora en la creación conjunta de una vida satisfactoria para ambos. Se han examinado las relaciones en ambos contextos y, por último, nos familiarizamos con las experiencias subjetivas de las parejas de los abusadores.

En la segunda parte se explorará más específicamente el abuso verbal, sus características y sus categorías, así como medidas prácticas para el cambio y la recuperación. Se explicarán algunas dinámicas subyacentes en las relaciones verbalmente abusivas, y se discutirán cuestiones importantes en torno al apoyo terapéutico. También serán observados de cerca algunos de los problemas de padres e hijos cuando confrontan el abuso verbal.

CAPÍTULO VIII

Características y categorías del abuso verbal

Nuestro sentido de poder es más vivo cuando rompemos
el espíritu de un hombre que cuando ganamos su corazón.
—Eric Hoffer

Abuso verbal: Palabras que atacan o injurian, que hacen que una persona crea cosas que son falsas, o que hablan falsamente de una persona. El abuso verbal constituye una violencia psicológica.

LAS CARACTERÍSTICAS GENERALES DEL ABUSO VERBAL

El abuso verbal es hiriente
Es especialmente dañino cuando es negado por el abusador. Cuando la percepción que tiene la víctima sobre el abuso es menospreciada y no hay ninguna validación de su realidad, la confusión que esto genera forma parte del daño.

El abuso verbal ataca la naturaleza y capacidades de la pareja
La pareja puede comenzar a creer que hay algo mal con ella o que sus capacidades están fallando. Como señaló Bella:

Había oído tantas veces que yo era una pésima conductora que realmente empecé a pensar que tenía un problema de conducción. Creo que me lavaron el cerebro. ¿Y sabes qué?, he estado conduciendo por veinte y siete años sin haber tenido un accidente ni una multa.

El abuso verbal puede ser abierto (ataques de ira e insultos) o encubierto (muy sutil, como el lavado de cerebro)
El abuso verbal abierto suele ser inculpatorio y acusatorio, y por lo tanto, confunde a la pareja. El abuso verbal encubierto, por su parte, como es una agresión oculta, confunde aún más a la pareja. El objetivo de este tipo de abuso es el control de la pareja sin que esta lo sepa.

En las relaciones de abuso verbal el menosprecio puede ser expresado de una manera que parece extremadamente sincera y preocupada. Veamos el ejemplo que ofrece Ellen:

Él dijo en voz baja y atentamente, "La verdadera razón por la que nunca he sido capaz de discutir un libro contigo es porque hay frases comunes cuyo significado tú no entiendes, aun cuando un norteamericano promedio las comprenda". Cuando oí esto pensé, "Quizá sea por eso que tenemos tantos problemas en nuestra comunicación". Sentí un tremendo dolor y gran desesperación; al fin y al cabo, entonces, todo mi dolor era por mi culpa.

El abuso verbal es manipulador y controlador
Por lo general, la pareja no sabe que está siendo manipulada y controlada. Puede notar, sin embargo, que está viviendo su vida de manera muy diferente de lo que había previsto o, ciertamente, menos feliz.

El abuso verbal es insidioso
El abuso verbal es despreciativo, irrespetuoso y desvaloriza a la pareja de una manera tal que:

1. La autoestima de la pareja disminuye gradualmente, por lo general, sin que esta se dé cuenta.
2. La pareja pierde confianza en sí misma sin percatarse.
3. Es posible que consciente o inconscientemente trate de cambiar su comportamiento con el fin de no disgustar al abusador y de no volver a ser dañada.
4. Puede que le hayan estado "lavando el cerebro" sutilmente sin que se hubiese dado cuenta. Como me aconsejó Dora:

La abusada nunca serás capaz de saber si está en una relación abusiva verbalmente si se fía de lo que sus amigos ven y le dicen, o de lo que su marido dice acerca de sí mismo y de la relación. Por favor haga hincapié en su libro sobre cuán vago, sutil e insidioso es el abuso verbal. Uno se va acostumbrando al abuso y llega a un punto en que ya no sabe lo que le está pasando.

El abuso verbal es impredecible

Esta es una de las características más significativas del abuso verbal. Como expliqué anteriormente, la víctima se siente aturdida, sorprendida y vacilante ante el sarcasmo de su compañero, sus indirectas y sus comentarios hirientes. No importa lo inteligente, perspicaz o reflexiva que sea, nunca logrará saber con certeza cuándo se producirá el abuso y, en la mayoría de los casos, no comprenderá las razones por las que ocurren los incidentes abusivos, ni la manera de evitarlos.

El abuso verbal es el mayor problema en una relación de pareja

Cuando una pareja tiene una discusión sobre un problema real, como la forma de disciplinar a sus hijos o cuánto tiempo deben pasar juntos o separados, ambas partes pueden enfadarse, pero también pueden decir, "Me molesta esto . . ." o "Esto es lo que yo quiero . . ." Finalmente, si hay buena voluntad por ambas partes, el problema se resuelve.

Por el contrario, en una relación verbalmente abusiva no hay un conflicto específico. El problema es el abuso en sí mismo, y este problema no se resuelve nunca. Otra forma de decir esto es que no hay un cierre.

El abuso verbal expresa un doble mensaje

Hay una incongruencia entre la forma en que el abusador habla y sus sentimientos reales. Por ejemplo, puede sonar muy sincero y honesto mientras está criticando a su pareja, o puede decir "No estoy enojado", aun cuando suena realmente enojado, o puede, por ejemplo, invitarla a cenar y durante la cena mantener una actitud de distancia, de fría indiferencia. Las parejas explican:

1. "Me dice que me ama, y a la vez, me grita que puede decir lo que le dé la gana".
2. "Me dice que acepta a todo el mundo, pero él me critica y no reconoce mis opiniones o sentimientos".

3. "Me dice que es una persona relajada y fácil de tratar, pero todos los días parece irritado y enfadado".
4. "Me dice que es un apoyo para mí, pero yo me siento aislada y sola con él".

El abuso verbal por lo general se intensifica

Por ejemplo, al principio de la relación, el abusador verbal puede humillar a su pareja con insultos disfrazados de bromas o desprecios; gradualmente se añaden otras formas de abuso verbal. (Estas formas se describen a continuación como categorías de abuso verbal.)

En muchísimos casos, el abuso verbal desemboca en el abuso físico. Este, a su vez, manifiesta una escalada; puede comenzar por sutiles empujones o choques "accidentales" y derivar en un maltrato físico evidente. Una mujer me contó que cada vez que ella y su compañero estaban de pie uno junto al otro, por ejemplo, mirando un mapa, él la pisaba. Cuando ella se quejaba él se mostraba sorprendido como si no se hubiera dado cuenta. Pero esto sucedió una y otra vez.

A medida que se intensifica el abuso verbal hasta desembocar en el abuso físico, el abusador puede comenzar a moverse en el espacio de su compañera. La pareja de un abusador me contó que cada vez que ella se sentaba en una silla con su café y una almohada, si debía salir un momento de la habitación, cuando regresaba descubría que su compañero había ocupado su asiento. No le interesaba la silla en particular, sino que quería la que ella tenía. Más tarde se dio cuenta de que él comenzó a interponerse en el camino cuando ella se acercaba al refrigerador o al fregadero. Es importante observar esta transición del abuso verbal al abuso físico, ya que la experiencia clínica de los terapeutas muestra que todas las mujeres agredidas físicamente habían sufrido antes abuso verbal.

EL ABUSO VERBAL Y EL PODER SOBRE

Si se ve el abuso verbal, en general, como un medio para mantener el control y el Poder Sobre, se comprobará que todas las categorías del abuso verbal que enumeraré y explicaré a continuación son formas de establecer el Poder Sobre.

¿Quiere esto decir que el abusador, en realidad, se siente más poderoso cuando, por ejemplo, menosprecia sutilmente los intereses de su pareja? Es así, por incomprensible que sea.

¿Quiere esto decir que la pareja se siente menospreciada? No siempre. Ella puede sentir una punzada de tristeza cuando su pareja no comparte sus mismos intereses o cuando, por ejemplo, no disfruta del placer de escuchar a un artista o compositor en particular que a ella le guste.

¿Quiere esto decir que su compañero no disfruta de este placer? No siempre. Él simplemente puede encontrar mayor placer en la sensación de Poder Sobre. Nunca se puede saber realmente.

También veremos que el abuso verbal impide que se desarrolle una relación real. Esto parece obvio y sin embargo, la pareja de un abusador puede vivir con la ilusión de que tiene una relación real. Esto es posible por un sinnúmero de razones, la más importante es que, como pareja, la abusada y el abusador pueden funcionar adecuadamente en sus respectivos papeles.

Los abusadores verbales generalmente experimentan muchos de sus sentimientos en forma de ira. Por ejemplo, si el abusador verbal se siente inseguro y ansioso, puede mostrarse enojado, posiblemente enojado por sentirse inseguro y ansioso. La capacidad de sentir, al igual que la capacidad de pensar, es universal a la naturaleza humana. Por desgracia, el abusador no está generalmente dispuesto a aceptar sus sentimientos ni a revelarlos a su pareja. Construye un muro entre él y su pareja y mantiene distancia.

¿Por qué hace esto? Porque en la Realidad I los muros y las distancias son necesarios. Ambos impiden que el "enemigo" se acerque demasiado. El abusador verbal, consciente o inconscientemente, ve a su pareja como un enemigo o como una amenaza que debe ser controlada. En consecuencia, el abusador declara una especie de guerra con sus palabras, algo que su pareja suele desconocer y no comprende. Sus palabras son sus armas y estas armas son las categorías del abuso verbal.

LAS CATEGORÍAS DEL ABUSO VERBAL

1. Retener información
2. Contradecir
3. Humillar
4. Disfrazar el abuso verbal con bromas
5. Bloquear y desviar
6. Acusar y culpar
7. Juzgar y criticar
8. Trivializar

9. Socavar
10. Amenazar
11. Insultar
12. Olvidar
13. Ordenar
14. Negar
15. Actuar con ira (esto se aborda en el Capítulo 9)

1. RETENER INFORMACIÓN

Si existe una relación, entonces tiene que haber más que un intercambio de información. Una relación requiere intimidad. La intimidad necesita empatía. Para escuchar y comprender los sentimientos y las experiencias de los demás se necesita una comprensión empática. La intimidad de una relación no puede lograrse si uno de los miembros no quiere compartir y es incapaz de apoyar a su pareja de una manera empática. A pesar de que dos personas no siempre se entiendan o tengan dificultades para expresar sus sentimientos, la intención de entender es posible si ambas partes pueden decir, por ejemplo, "¿Es esto lo que quieres decir?" o "¿Es así como te sientes?", o "Creo que . . ." o "Siento que . . ." Una sola persona no puede crear la intimidad en una relación. Cuando el abusador se niega a escuchar a su pareja y niega las experiencias de esta, está violando el acuerdo primario de una relación: el de compartir.

En pocas palabras, no compartir es una opción para mantener prácticamente todos los pensamientos íntimos, sentimientos, esperanzas y sueños en secreto y, de esta forma, permanecer en silencio y distante con respecto a la pareja, revelar lo menos posible y mantener una actitud de fría indiferencia. Un abusador verbal puede pasar meses o años sin tratar de compenetrarse con su pareja y sin responder empáticamente. Esta conducta puede continuar durante años debido a que la pareja, después de tratar de involucrar a su compañero, puede finalmente suponer que es, en efecto, una persona muy tranquila, o totalmente autónoma, o extremadamente tímida o, tal vez, un poco autista. Se puede conjeturar más fácilmente cualquiera de estas razones para entender el comportamiento de este tipo de abusador verbal antes de concebir la realidad.

Aunque la pareja desee más compañía y conversación, es posible que acepte no esperar más de lo que su compañero es capaz de darle y lo disculpe diciendo, "Es tímido". Nunca pensará ni por un momento que él realmente prefiere compartir consigo mismo que con ella. La siguiente interacción entre May y Mel ilustra esta situación con mucha precisión.

Una vez oí a Mel decir a su hermano que le habría gustado saber lo que un actor determinado estaba pensando durante una escena dramática en una película que habíamos visto recientemente. (Realmente no podía recordar haber oído a Mel estar curioso por alguna cosa antes.) Esa noche le dije que había oído su comentario, que me parecía maravilloso que expresara sus pensamientos de esa manera, y que me gustaría que él compartiera ese tipo de cosas conmigo. Pensé que finalmente me entendería. Tenía un ejemplo concreto para él. Pensé que si le decía que lo que le había comentado a su hermano era el tipo de cosas que quería que compartiera conmigo, él entendería y me hablaría más a menudo. Y no sólo eso, también pensé que esta forma de compartir lo que pensaba era un verdadero avance para él. Siempre había sido tan silencioso, excepto por los chistes y comentarios ocasionales que hacía, que había llegado a pensar que sufría de alguna especie de autismo. Yo creía que cambiaría. Realmente nunca lo hizo.

Lo que me confundió fue que me dijo, "Oh, está bien, no pensé que estarías interesada", como si comprendiera, pero en realidad nunca pareció entender.

Cora tuvo una experiencia similar:

Yo no sabía qué hacer. Por momentos pensaba que si yo hubiera sido más interesante o entretenida, más inteligente e instruida o más educada u otra cosa, él hablaría conmigo de vez en cuando. Creo que realmente comencé a pensar que algo andaba mal un día que estaba en la casa de una amiga. Su marido llegó en ese momento y comenzó a contarle sobre alguien que había conocido en el club de tenis. No pude recordar una ocasión en la que Curt se hubiera comportado así. Estar con Curt era una experiencia solitaria.

El abusador verbal que elige no compartir disfraza su comportamiento con una variedad de recursos como pretender no escuchar, recoger algo y examinarlo mientras que su pareja está hablando o ver la televisión mientras dice, "Sigue hablando que te estoy escuchando". Este tipo de abusador suele responder a las solicitudes de comunicación de su pareja con expresiones como:

- "No hay nada de qué conversar".
- "¿Qué quieres que te diga?"
- "¿De qué te quejas?"
- "Yo hablo contigo".
- "¡Nunca me dejas hablar!"
- "¿Por qué debo decirte lo que me gusta? Vas a hacer lo que quieres de todos modos".
- "No te interesaría".

Por supuesto, estas respuestas aumentan la confusión de su pareja. Ella puede creer que la relación es funcional porque el abusador puede comunicar información funcional. Sin embargo, la relación es disfuncional porque no hay intimidad. La información funcional es, desde luego, importante, pero no puede ser la única forma de comunicación para que exista una verdadera relación de pareja. Hay otros dos tipos de comunicaciones que también son importantes: las comunicaciones que involucran al otro y las que responden al otro. A continuación se presentan ejemplos de estos tres tipos de comunicación.

Comunicación de información funcional

- Esta noche llegaré tarde.
- La lista de la compra está sobre la mesa.
- ¿Necesitas ayuda para eso?
- ¿Quién dejó esto afuera?
- ¿Dónde está el martillo?
- Por favor, deja mi correspondencia aquí.
- Ya empezó el programa.
- La lámpara está rota.
- El coche casi no tiene gasolina.

Comunicación que involucra al otro

- Diera diez centavos por tus pensamientos.
- Adivina lo que sucedió cuando iba . . .

- Estaba pensando . . .
- ¿Alguna vez pensaste . . . ?
- ¿Te gustó . . . ?
- Lo que me gusta más de . . . es . . .
- Siento que . . .
- ¿Qué te gustaría estar haciendo de aquí a un año?
- ¿Qué piensas de . . . ?
- Cuando estés libre, ¿te gustaría que habláramos de esto?

Comunicación que responde al otro

- Oh, ya veo lo qué quieres decir.
- Sí, comprendo.
- Eso es muy interesante.
- No había pensado en eso.
- ¡Oh! Siempre lo había visto de este modo.
- Suena como si quisieras decir . . .
- Lo pensaré; ya te diré algo después.
- ¿En qué estabas pensando?
- ¿Entonces, dices que . . . ?
- ¡Oh! ¿Lo que quieres decir es que . . . ?

2. CONTRADECIR

Contradecir es otra categoría del abuso verbal. Es la respuesta dominante de algunos abusadores verbales. Como el abusador está en la Realidad I, ve a su pareja como un adversario. ¿Cómo se atreve a tener una opinión diferente a la suya? Si su pareja ve las cosas de manera diferente, él siente que está perdiendo el control y el dominio sobre su pareja. En consecuencia, opta por argumentar en contra de los pensamientos de su pareja, de sus percepciones, o de su experiencia misma de la vida. Como categoría del abuso verbal, esta es una de las más destructivas para la relación porque impide toda posibilidad de discusión, niega la realidad de la pareja y evita que esta sepa qué piensa su compañero sobre cualquier cosa. Un abusador que contradice constantemente sólo parece pensar lo opuesto a su pareja. Ella nunca puede saber lo que él piensa realmente. Por lo tanto no puede conocerlo.

En uno de los ejemplos ofrecidos en el Capítulo 5, Curt contradice a Cora cuando ella le estaba comentando sobre el cambio de temperatura. Cora había dicho, "Creo que cuando el tiempo cambia rápidamente de calor a frío . . ." Y Curt la contradijo rápidamente enfatizando, "¡No hace frío! ¡Está fresco!", como si ella hubiera dicho realmente que hacía frío. El abusador verbal es tan rápido para contradecir a su pareja que no alcanza a oír lo que dice o a permitir que complete su frase y, desde luego, no puede discernir el tono de su voz.

Cuando Cora dijo, "Creo que . . .", Curt no pudo permitir que ella tuviera sus propios pensamientos o puntos de vista. Cuando un abusador verbal contradice a su pareja, no prologa su respuesta con expresiones como: "Me parece que . . ." o "Pienso que . . ." o "Siento que . . ." Él, por el contrario, afirmará que lo que dice su pareja es incorrecto.

Un abusador verbal elige contradecir como medio de dominación y de Poder Sobre los pensamientos, creencias y sentimientos de su pareja. Si ella dice en su presencia, "Me parece que . . ." o "Pienso que . . ." o "Siento que . . .", por lo general va a ser refutada. Cora explicó su experiencia con respecto a la costumbre de contradecir de Curt:

> Si digo algo directamente o expreso mis pensamientos sobre algo, Curt dice que es todo lo contrario. Siento que no puedo decir nada sin que él no me contradiga. Lo que él en realidad está diciendo es "No, así no es", incluso cuando se trata de alguna de mis experiencias más personales.

Veamos otros ejemplos.

Interacción 1
Una conversación a propósito de una obra de teatro.

El abusador: El cambio de escena demoró mucho.

La pareja: ¡Oh! Apenas lo noté.

El abusador: Estás equivocada.

La pareja: Bueno; quiero decir que para mí estuvo bien; supongo que para ti, no.

El abusador (enfadado): ¡No sabes lo qué dices! Hay una realidad objetiva, ¿sabes? ¡Cualquier crítico estaría de acuerdo conmigo!

La pareja trató de explicarle a su compañero que ella simplemente había tenido una experiencia diferente a la de él. Él le dijo, sin embargo, que tanto su experiencia como sus sentimientos estaban equivocados. Al verlo tan furioso, ella pensó que realmente debía estar en un error.

Interacción 2

La pareja: Me parece que se está gastando demasiado en armamentos y no lo suficiente en educación.

El abusador: No es así, y no tienes ninguna estadística que lo demuestre.

Interacción 3

Nan fue reconocido como un auténtico negador cuando él y su pareja tuvieron la siguiente interacción. Nan estuvo de acuerdo con Ned, repitiendo una declaración que él había hecho, y luego se dio cuenta de que Ned negó inmediatamente esta declaración. Luego repitió lo que él negó, estando de acuerdo con él, y él volvió a contradecirla. Aquí está la interacción:

Ned: Esa pantalla de la lámpara no va con la lámpara.

Nan: Oh, sí. Tienes razón, la pantalla de la lámpara no va con la lámpara.

Ned: Bueno, sí, queda bastante con la lámpara.

Nan: Ah, es verdad, el color va con la lámpara.

Ned: No puedes decir que va con ella si la lámpara está apagada.

Nan: Oh, claro, no se ve bien el color con la lámpara apagada.

Ned: Eso no es lo que está mal con el color.

Nan: Estoy tratando de averiguar lo que quieres decir.

Ned: No, no lo estás. ¡Estás tergiversando mis palabras!

Por extraña que parezca esta interacción, no lo es. Al contradecir al otro se bloquea la comunicación y, de esta forma, toda posibilidad de intimidad.

3. HUMILLAR

La humillación niega la realidad y la experiencia de la pareja y es extremadamente destructiva. Si la pareja no es capaz de reconocer esta situación, puede pasar años tratando de averiguar qué hay de malo en su persona o por qué es incapaz de comunicarse adecuadamente. La humillación niega y distorsiona la percepción real de la pareja del abusador y es, por lo tanto, una de las formas más graves de abuso verbal.

Una manera de entender la humillación es imaginar que un artículo que en una tienda vale $100 es rebajado a un centavo. En este ejemplo imaginario, el elemento se descuenta en la medida en que se considera sin valor. En realidad, el abusador verbal, rebaja la experiencia y los sentimientos de su pareja como si no valieran nada.

Si la pareja dice, por ejemplo, "Me sentí herida cuando te oí decir . . ." o "No creo que eso sea divertido, y se siente como un desprecio" o "Me siento mal cuando me gritas así", el abusador puede minimizar los sentimientos de su pareja diciendo frases humillantes que transmitan el siguiente mensaje: "Tus sentimientos y experiencias están equivocados, no valen nada". A continuación presentamos una lista de las declaraciones humillantes más comunes:

- Eres demasiado sensible.
- Sacas conclusiones apresuradas.
- No aceptas ninguna broma.
- Sacas todo fuera de quicio.
- Haces un drama por cualquier cosa.
- No tienes sentido del humor.
- Ves todo de la peor manera posible.
- Te tomas las cosas demasiado en serio.
- Eres muy sensible.
- Siempre te estás imaginando cosas.
- No sabes de qué estás hablando.
- Tú crees que lo sabes todo.
- Siempre tienes algo de qué quejarte.
- Estás tratando de empezar una discusión.
- Si no te quejas no te sientes feliz.
- Siempre tomas las cosas de la manera equivocada.
- Haces una montaña de un grano de arena.
- Tergiversas mis palabras.
- Distorsionas todo.
- Estás buscando una pelea.

No es inusual que la pareja confíe en el abusador y crea, por ejemplo, que hay algo intrínsecamente malo en ella, en su sentido del humor o en sus percepciones. Estas creencias pueden provocar sentimientos de frustración e inutilidad. La pareja del abusador puede pasar horas tratando de averiguar cómo ella actúa de la forma en que él dice que ella lo hace, sin darse cuenta de que, realmente, las humillaciones del abusador verbal tratan de evadir la responsabilidad de su comportamiento.

4. DISFRAZAR EL ABUSO VERBAL CON BROMAS

El abuso disfrazado con bromas es una categoría del abuso verbal que todas las mujeres que entrevisté habían experimentado. Se requiere de una mente rápida para menospreciar de esta forma a la pareja, ya sea de manera burda o con ingenio y estilo. Este tipo de abuso no es inocente. Es rápido y directo, toca las zonas más sensibles, y deja al abusador con una mirada de triunfo. Este abuso nunca parece divertido a quien lo sufre, porque realmente no es divertido.

Los comentarios despectivos disfrazados con bromas a menudo se refieren a la condición femenina de la pareja, a sus capacidades intelectuales, o a su competencia. Si la mujer dice, "No me pareció gracioso", el abusador puede, por ejemplo, menospreciar esta opinión diciendo airadamente, "¡Tú no tienes sentido del humor!" o "¡No sabes aceptar una broma!", o acusarla de antagonismo diciendo agriamente, "¡Estás tratando de iniciar una discusión!"

En sí mismos, todos estos comentarios son abusivos. Al lector puede resultarle obvio que las respuestas de los abusadores no demuestran buena voluntad o interés en la relación. Lamentablemente, a la mujer del abusador no le parece tan claro. Dado que el abusador responde con ira, la pareja puede creer que ella "lo toma a mal" y por eso él se enoja o, como piensan muchas parejas de abusadores, que en efecto no tiene un buen sentido del humor. Los efectos de este "lavado de cerebro" no pueden ser menospreciados.

Estos son algunos de los comentarios humillantes que un abusador describiría como bromas:

- ¡Necesitas un guardián!
- ¡Vaya! ¡Qué bien te lo pasas!
- ¿Qué más se puede esperar de una mujer?
- No pierdes la cabeza porque la tienes pegada.

Un abusador también puede sobresaltar o asustar a su pareja, tras lo cual se reirá *como si* se tratara de una broma.

5. BLOQUEAR Y DESVIAR

Bloquear y desviar es una categoría del abuso verbal que controla específicamente la comunicación interpersonal. El abusador verbal rehúsa comunicarse, determina qué se puede discutir o retiene información. De esta forma, el abusador evita toda posibilidad de resolver los conflictos. El bloqueo puede ejercerse como una exigencia directa o cambiando el tema de la discusión. También puede ser acusatorio, aunque su objetivo principal es evitar la discusión, cortar la comunicación o retener información. Éstos son algunos ejemplos de bloqueo:

- ¡Solo estás tratando de tener la última palabra!
- ¡Ya sabes lo que quiero decir!
- ¡Crees que lo sabes todo!
- ¿Me escuchas? ¡No quiero tener que repetirlo!
- ¡No sé a dónde quieres llegar!
- ¡La discusión ha terminado!
- ¡Eso es un montón de basura!
- ¡Deja de decir estupideces!
- ¡Déjame en paz!
- ¡Déjalo ya!
- ¡Tú siempre quieres tener la razón!
- ¡Deja de cotorrear!
- ¿Alguien te ha preguntado?
- ¡Deja de quejarte!
- ¿De dónde sacaste esa idea tan loca/estúpida/absurda?

El bloqueo también se puede realizar a través de tácticas de distracción. Por ejemplo, cuando Cora le preguntó a Curt cómo había gastado $40,000 (en una de las interacciones mostrada en el Capítulo 4), Curt bloqueó los intentos de su pareja de obtener información mediante el desvío del tema con acusaciones y comentarios irrelevantes. A menudo, la pareja no se da cuenta de que el tema original ha sido desviado.

Los siguientes son ejemplos de bloqueo por desviación. Todo puede ser utilizado para desviar a la pareja de la legítima pregunta, como en el caso de Cora, "¿Qué pasó con los $40,000?"

- ¿Por qué te preocupas? ¡No te falta dinero para gastar!
- ¡No hay forma de aclararse con tantos recibos!
- ¡Es muy caro mantener una empresa, así que deja de acosarme!

- ¡No podría explicarte cómo funcionan los programas de retiro de la compañía!
- ¡No te quejes conmigo hasta que no ganes doscientos mil al año!
- ¡Ya te lo he explicado antes y no pienso hacerlo de nuevo!
- ¡Te casaste conmigo sólo por mi dinero!
- ¡Acaso tengo que darte cuentas de cada centavo gastado!
- ¿Qué tal si tú llevas la cuenta de cada centavo que gastas?
- ¡Siempre estás tratando de iniciar una discusión!
- ¡Tus quejas me tienen harto!
- Si te parece que es tan sencillo, encárgate tú de los impuestos y yo dejo de trabajar.
- ¡Dejémoslo ahí! No necesito este tipo de disputa.
- Es demasiado complicado para que tú lo comprendas.

El desvío es una táctica para cambiar de tema. De esta forma, ninguno de los desvíos del abusador responde a la pregunta de la pareja de una manera reflexiva y considerada. A su vez, el desvío invita a una respuesta por parte de la pareja como "No me quejo, simplemente estoy haciéndote una pregunta" o "No sé de qué recibos estás hablando".

6. ACUSAR Y CULPAR

Un abusador verbal suele acusar a su pareja de hacer las cosas mal o de incumplir acuerdos básicos de la relación, volviéndola responsable de su ira, su irritación o inseguridad. Veamos algunos ejemplos de este tipo de abuso verbal:

Interacción 1

La pareja: En cierta forma, me siento apartada de ti.

Abusador (furiosamente): ¿Por qué me atacas de esa manera?

En esta interacción, el abusador verbal acusa a su pareja de atacarlo. De esta manera, evita toda intimidad y toda posibilidad de explorar los sentimientos de su pareja.

Interacción 2

Abusador: ¿Dónde está mi llave inglesa?

La pareja: Creo que los niños la dejaron en la parte trasera del coche.

97

Abusador (enojado): ¡No te lo he preguntado!

La pareja: Y entonces, ¿por qué estás tan enojado?

Abusador (con rabia): ¡Tú *sabías* que era una pregunta retórica!

En este caso, la pareja es acusada por responder a una expresión retórica ("una pregunta formulada sólo para lograr un efecto dramático y no para ser respondida", *Diccionario Americano Oxford*). Además el abusador culpa a su pareja de su enfado diciéndole que ella debería saber que no esperaba una respuesta.

Interacción 3

La pareja: Cariño, estoy muy cansada esta noche.

Abusador: Conmigo no has hecho nada para estar cansada, ¿con quién entonces?

En este caso, el abusador se rehúsa a aceptar la comunicación de su pareja, además de acusarla de infidelidad y de culparla por su propia inseguridad. El motivo de este tipo de frases acusatorias es forzar a la mujer a aceptar la sumisión. Para la mayoría de las víctimas del abuso estas frases son muy dolorosas porque, usualmente, ellas quieren convencer a sus parejas de que no son su enemigo. Éstas son algunas declaraciones utilizadas para acusar y culpar:

- Siempre quieres tener la última palabra.
- Sólo estás tratando de empezar una pelea.
- Estás buscando problemas.
- Me estás atacando.
- Mejor deja las cosas como están.
- Ya estoy harto de tus ataques/lamentos/quejas.

7. JUZGAR Y CRITICAR

El abusador verbal puede juzgar a su pareja y después expresar su juicio de manera crítica. Si ella objeta sus palabras, él puede decirle que sólo estaba señalando algo con la intención de ser útil, pero en realidad está expresando su falta de aceptación. La mayoría de las frases abusivas llevan consigo un tono crítico. Los comentarios que niegan los sentimientos de la mujer, como "Eres demasiado susceptible", son críticas, así como las "bromas" son abusivas. A continuación ofrecemos algunos ejemplos.

Las afirmaciones que comienzan con "El problema contigo es que . . ." juzgan, son críticas y abusivas, de la misma manera que aquellas que comienzan con "Tu problema es que . . ." La mayoría de los reproches que empiezan con *tú* juzgan, critican y son abusivos:

- *Tú* eres una mentirosa.
- *Tú* nunca está satisfecha.
- *Tú* eres una pésima ganadora.
- *Tú* no aceptas ninguna broma.
- *Tú* estás loca.
- *Tú* no puedes dejar las cosas como están.
- ¿*Tú* eres tonta?
- ¿*Tú* eres estúpida?

Cuando las declaraciones críticas sobre la pareja se comunican a los demás también son abusivas. En ese caso, el *tú* pasa a ser *ella*. Por ejemplo:

- *Ella* tiene miedo hasta de su propia sombra.
- *Ella* no puede mantener nada en orden.
- *Ella* nunca termina nada de lo que empieza.
- *Ella* nunca deja de pelear.
- *Ella* no sabe si viene o si va.

Relatar historias sobre errores de la pareja que la avergüencen frente a los demás es también una forma de abuso verbal. A veces las historias son en realidad falsas.

- Ella le tiene terror a volar.
- Ella barre debajo de la alfombra.
- Cada vez que va al centro comercial olvida la billetera.

Las declaraciones que critican determinadas palabras fuera de contexto son abusivas; por ejemplo:

Cora y Curt están por salir a esquiar. Cora exclama con ansiedad, "¡Apenas puedo esperar para conducir hasta allí arriba!" Curt responde secamente: "Tú no vas a conducir. ¡Lo haré yo!"

Dora entra en la sala mientras en el televisor se ve un anuncio y pregunta a Dean, "¿Se terminó el programa?" Dean contesta con enojo, "¡No es un programa! ¡Es un juego de *playoffs*!"

En ambos ejemplos la mujer se siente frustrada y piensa, "Esto no era lo que yo quería decir". El abusador, que sí sabe lo que ella está diciendo, hace sentir a su pareja que está equivocada, porque él se comporta acorde con la Realidad I y, por medio de estas afirmaciones críticas, reafirma su Poder Sobre su pareja. Este tipo de abusadores suele decirle a su pareja que ella siempre quiere tener la razón.

La crítica disfrazada de ayuda o consejo también es abusiva. He aquí algunos ejemplos de esta forma de crítica:

- "¿No habría sido mejor que . . . ?"
- "Si hubieras . . . habría salido mejor".
- "Ésta hubiera sido la mejor manera . . ."
- "Si yo fuera tú, no lo haría de ese modo".
- "La próxima vez deberías . . ."
- "Deberías haber usado . . ."
- "Mira lo que has olvidado . . ."

8. TRIVIALIZAR

Trivializar es, en pocas palabras, afirmar que lo que tú has hecho o dicho resulta insignificante. Cuando la trivialización se expresa con un tono de voz franco y sincero, puede ser difícil detectarla. Si la pareja es muy confiada, prestará atención a los comentarios del abusador y terminará sintiéndose perpleja porque él no la entiende, ni valora su trabajo ni sus intereses. La trivialización puede ser muy sutil, de modo que la pareja acaba sintiéndose deprimida y frustrada pero sin estar demasiado segura de la causa. A continuación vemos un ejemplo de trivialización en la relación de Ellen y Ernie:

Pasé varias semanas ordenando papeles viejos que Ernie y yo habíamos acumulado durante más de veinte años. Después de una ardua selección, categoricé todo en carpetas codificadas por color: Negocios, Medicina, Seguros, Personal, etc. El resultado fue tres compartimentos con carpetas en un archivador nuevo. Fue un trabajo largo y tedioso. Cada tanto contaba a Ernie cómo progresaba el trabajo. Finalmente, después de un par de semanas, estuve satisfecha de haber terminado. Le dije a Ernie, "¡Mira lo que he hecho! Fue un trabajo arduo".

"¡Vaya!" me dijo. "¡Estoy impresionado!" Yo no recordaba que él hubiese reconocido de esa manera algo que yo hubiese hecho.

"¿De veras?" le pregunté con una sonrisa. Contestó con un extraño tono de voz:

"Me pregunto cómo hiciste para colocar los nombres en esas etiquetas tan pequeñas".

"Oh, Ernie", le dije, "las escribí a máquina. Ésa fue la parte más fácil del trabajo".

Me miró seriamente y dijo. "¿Tú crees? ¡Yo creo que eso fue lo más difícil!"

Me sentí triste y frustrada. Me preguntaba por qué me costaba tanto conversar con él y por qué él pensaría que las etiquetas habían sido lo más difícil. ¿Por qué no podía hacerle entender el esfuerzo que había representado hacer todo el trabajo de clasificación y organización?

Este abuso verbal causó en la pareja un daño adicional. Ella esperaba una manifestación de alegría de su compañero y el reconocimiento por su esfuerzo; por esto, la trivialización de su trabajo la dejó muy vulnerable. En este caso, primero, el abusador se mostró impresionado para después resaltar la cosa más insignificante del trabajo, negándose a reconocer el esfuerzo o los resultados.

Lea también describió una experiencia de trivialización:

Un día logré un efecto en el cuadro que estaba pintando. Llevaba tiempo intentándolo, así que esa tarde se lo mencioné a Luke con entusiasmo. Él me dijo con un tono de voz muy sarcástico, "Bueno, siempre es bueno tener algo que hacer durante el día". Me sentí muy frustrada. Definitivamente no conseguía hacerle entender lo importante que era el trabajo para mí y que no se trataba, justamente, de un pasatiempo.

La trivialización confunde a la mujer si no es capaz de reconocerla como tal porque cree que de alguna manera no ha sido capaz de explicar a su compañero lo importante que son ciertas cosas para ella. El abusador puede sentirse victorioso cuando desvaloriza a su pareja, manteniéndola en una montaña rusa emocional.

9. SOCAVAR

Cuando se socava a la pareja no sólo se retira el apoyo emocional sino que también se erosiona su confianza y determinación. El abusador que socava a su pareja por lo general la ha agredido verbalmente de muchas otras formas. En consecuencia, la autoestima y la confianza de ella ya están bajas, por lo que se vuelve más vulnerable a los abusos. Comentarios como los que presentamos abajo, que desalientan el interés y el entusiasmo, son ejemplos de esta actitud:

La pareja: ¡Qué flor tan bonita!

El abusador (con fastidio): Una flor es una flor.

La mujer: Me gustaría saber si hay alguna . . .

El abusador: ¿De qué vale esto? (o ¿Para qué preocuparse?; No veo que con eso llegues a ninguna parte; ¿A quién le importa?)

Hay otras expresiones que desconciertan y socavan, como las siguientes:

- ¿Quién te lo preguntó?
- Nadie te pidió opinión.
- Siempre quieres poner tu grano de arena . . .
- Tú no lo entenderías. Esto te supera.
- Nunca lo harás.
- Si tuvieras las manos atadas no podrías hablar.
- ¿Qué te hace pensar que eres tan inteligente?
- ¿A quién quieres impresionar?

Sabotear es también una forma de socavar. A continuación hay algunos ejemplos extraídos de entrevistas con Dora y May.

Me sentí realmente bien cuando le dije a Dean que había pensado de una parcela para una historia que quería escribir. Él escuchó y después me dijo, "Realmente, no conozco a nadie a quien pudiera interesarle leer eso". Perdí de inmediato mi entusiasmo.

Tuve una idea para una dieta y un taller sobre salud. El día después que le conté esto a Mel él me trajo un artículo que había encontrado y me dijo, "Creo que esto aborda todos los aspectos". El artículo describía todas las cosas en las que yo estaba interesada como si fueran locuras y hablaba de la gente que se preocupaba por las dietas y los temas relacionados con la salud diciendo que eran fanáticos. Me sentí muy extraña. No pude mantener mi motivación ni persistir en mi propósito.

En el Capítulo 4 leímos acerca de la experiencia de Ellen, a quien su compañero le preguntaba si se sentía bien cada vez que se ponía a estudiar. A raíz de ello, comenzó a sentir una especie de ansiedad relacionada con el estudio. Sólo pudo reconocer la fuente de su ansiedad con ayuda exterior. Este tipo de sabotaje socava la determinación de la pareja y su bienestar.

Otra forma de sabotaje es la interrupción. Por ejemplo, si la pareja conversa con amigas, el abusador puede sabotear las conversaciones mediante alguna perturbación: con ruidosas carcajadas, o entrando a la habitación y, por ejemplo, poniéndose a aporrear el piano. También puede interrumpirla directamente, llevarle la contraria o desmentirla.

Cuando el abusador socava a su pareja está expresando, además, que ella es inadecuada o incapaz de hacer algo. Un buen ejemplo es el que Bella cortésmente nos contó:

Yo le dije, "Necesito leer esto antes de firmarlo". Bert se enfadó y me contestó, "Déjalo, para mí esto es muy sencillo".

Aquí Bert pretende decir, "Yo puedo hacerlo por ti. Eso es demasiado complejo para ti".

10. AMENAZAR
Por medio de la amenaza, el abusador manipula a la pareja sacando a relucir sus mayores temores. Generalmente las amenazas involucran el peligro de sufrir pérdida o dolor. He aquí algunos ejemplos:

- Si no haces lo que quiero te dejaré.

- Si no haces lo que quiero me buscaré una amante.
- Si no haces lo que quiero te pediré el divorcio.
- Si no haces lo que quiero me molestaré mucho.
- Si no haces lo que quiero te golpearé.
  O,
- Si tú haces . . . , yo te . . .

11. INSULTAR

El insulto es una de las categorías más evidentes del abuso verbal. Todos los insultos son formas de abuso verbal. Expresiones cariñosas como "querida" también pueden serlo si son dichas en tono de sarcasmo.

12. OLVIDAR

El olvido implica negación y manipulación encubiertas. La afirmación del abusador de que lo que ocurrió no ocurrió es una forma de abuso. Todo el mundo olvida a veces lo que ha sucedido. Pero las situaciones en las que el olvido es una constante tienen un gran impacto sobre la otra persona. A menudo, después de que la mujer se repone del disgusto sufrido porque su compañero le ha gritado o humillado, es posible que trate de hablar con él sobre el incidente. Seguramente él lo habrá "olvidado" convenientemente y dirá, por ejemplo, "No sé de qué estás hablando. No pienso escucharte".

Algunos abusadores parecen olvidar, a menudo, las promesas que hacen a sus parejas (promesas que son verdaderamente importantes). Muchas veces, la pareja cuenta con que su compañero cumplirá lo acordado, mientras que él, por su parte, "olvidará" el acuerdo. "No sé de dónde has sacado eso" o "Yo nunca te prometí nada" son formas frecuentes de negación.

13. ORDENAR

Cuando el abusador da órdenes niega la igualdad y la autonomía de su pareja. En lugar de pedir respetuosamente lo que desea, trata a su pareja como si ella fuera el guante de su mano, disponible de manera automática para cumplir sus deseos. Estos son algunos ejemplos de órdenes:

- Bota esto.
- Ven aquí y limpia esto.
- No vas a salir ahora.
- Quita eso de aquí.

- No te vas a poner eso.
- No vamos a discutir eso.
- No hables más de eso.
- Ahora vamos a hacer esto.

14. NEGACIÓN

A pesar de que todas las formas de abuso verbal tienen graves consecuencias, la negación es una de las categorías más graves de abuso verbal porque niega la realidad de la pareja.

Un abusador verbal puede ser abusivo de manera regular y, sin embargo, podría leer esta sección sobre las categorías de abuso verbal y decir que nunca ha sido abusivo, que ama a su pareja y que nunca haría nada para lastimarla. Estos son algunos ejemplos de negación:

- Yo nunca dije eso.
- Te lo estás inventando todo.
- Nunca tuvimos esa conversación.
- Estás molesta por nada.
- No sé de dónde sacaste eso.
- ¡Tú tienes que estar loca!

Si la pareja del abusador descubre claramente la realidad, entonces tiene la suficiente autoestima y conocimiento para reconocer el abuso verbal. Ella, entonces, se dará cuenta de que:

- El *sí* dijo eso.
- Ella *no* se está inventando nada.
- Ellos *sí* tuvieron esa conversación.
- Ella *sí* está molesta por *algo*.
- Su experiencia es *real*.
- *No* está loca.

CAPÍTULO IX

El adicto a la ira

*Ya sé que no podemos prescindir de dominar. . . . En suma,
que lo esencial es poder enojarse sin que el otro tenga
derecho a responder.*

—Albert Camus

La ira es una categoría del abuso verbal y, a la vez, sustenta, motiva y perpetúa el comportamiento abusivo. A la hora de reconocerla es esencial que la pareja asuma que ella no es, en ningún caso, responsable de los gritos, las agresiones, la rabia o las miradas despreciativas, independientemente de cuán exigente o acusador sea el abusador verbal. Esto significa que, ya que ella no es responsable en modo alguno del abuso, no necesitará explicarse a modo de defensa. Deberá en cambio protegerse, como describiremos en el Capítulo 11.

Las parejas de los abusadores verbales saben, por experiencia, que tras explicar lo que realmente quisieron decir o hacer nunca obtuvieron una disculpa como "Oh, siento mucho haberte gritado. ¿Me perdonas?" Pero no renuncian a la esperanza de que él reconozca su error. Esa esperanza es difícil de abandonar y probablemente sea una de las más difíciles de abandonar.

En el Capítulo 2 dimos ejemplos de lo que sucede cuando la pareja intenta explicarse o defenderse. En estos casos, retrocede a la realidad del abusador. Él cree, entonces, que ambos están en la misma realidad (Realidad I), donde las batallas son la norma, por lo que realmente empieza a luchar con ella. Pedir disculpas sería, por tanto, lo último que se le ocurriría.

También es importante que la pareja comprenda plenamente que no existe un "modelo ideal" para evitar que el abusador se enfade con ella. Hablando con más suavidad, escuchando con más atención, siendo más solidaria, más interesante, más culta, más divertida, más delgada, más bonita, o con más clase . . .

107

nada funcionará. La ira del abusador surge por su falta de Poder Personal. Él expresa su ira ya sea de forma encubierta, a través de la manipulación, o con arranques inesperados dirigidos a acusar o a culpar a su pareja. Al utilizar a su pareja como cabeza de turco, el abusador niega la verdadera causa de su comportamiento y se convence a sí mismo y, por lo general, a su pareja que ella ha dicho o hecho algo que justifique el abuso de alguna manera.

Cuando el abusador descarga su ira sobre su pareja y libera la tensión subyacente a causa de su falta de Poder Personal, consigue *sentirse bien*, a pesar de que su pareja *se siente mal*. Los intentos de la pareja por saber lo que ha ocurrido simplemente no funcionarán. El abusador negará su ira o afirmará que su pareja tiene la culpa de su comportamiento. Si el agresor tuviera que admitir que su pareja no es la causante de su ira, tendría que enfrentarse a sí mismo y a sus propios sentimientos, algo que, en la mayoría de los casos, no está dispuesto a hacer.

La mayoría de los abusadores verbales están llenos de tensión interna que liberan periódicamente y de manera impredecible con ataques de ira dirigidos a sus parejas. Una vez liberada la tensión, esta volverá a acumularse hasta un nuevo estallido, lo cual crea un patrón cíclico de comportamiento. Yo llamo a este proceso "ciclo de adicción a la ira" y al abusador que sigue este patrón de comportamiento un "adicto a la ira".

El ciclo, sin embargo, no es regular ni predecible. El abusador no descarga su ira contra su pareja cada mañana o cada tarde, o cada sábado por la noche. La intensidad de los ataques de ira también varía. Algunos factores que influyen en el ciclo son: oportunidades, cambios en el trabajo o en la casa, los pensamientos del abusador, su actual sensación de poder, sus miedos y sus sentimientos de dependencia e inadecuación. El alcohol puede influir, no porque aumente la ira del abusador sino porque lo hace sentir más libre para expresarla.

Este ciclo lleva una doble recompensa para el abusador. Las recompensas son como una droga para el adicto. La primera, es que el abusador siente una sensación de alivio, una especie de euforia después de una explosión de ira porque ha liberado la tensión acumulada. La segunda recompensa es que ha reafirmado su dominio y Poder Sobre su pareja. No hay nada que pueda hacerse ni modo de prevenir el próximo ataque.

Las parejas de los adictos a la ira intentan hacer frente, de muchas maneras, a las explosiones inesperadas. Pero dado que los abusadores culpan y acusan constantemente a sus parejas, estas pueden llegar a creer que son responsables de los accesos de ira de sus compañeros. Con el tiempo, y sin darse cuenta, pueden terminar viviendo en un estado de alerta constante. Mantenerse a la defensiva puede convertirse, sin que la pareja se percate, en una forma de vida que podría llegar a afectar a todos los miembros de la familia.

May me contó cuánto habían afectado estas situaciones a su familia:

Un día mi hijo me vio llorar despúes de haber hablado por teléfono con su padre. Él me dijo, "Mamá, cuando hables con mi papá por teléfono tienes que tener el dedo en el botón, listo para colgar. No pierdas tiempo tratando de averiguar lo que dice. Tan pronto como empiece a gritar, le cuelgas. Después, te vas a reír en lugar de llorar".

El enojo del abusador verbal es impredecible e irracional. Los gritos, la rabia o la agresión no tienen nada que ver con la pareja y, sin embargo, la afectan profundamente, causándole dolor y confusión. Estos ataques desestabilizan, alteran el equilibrio y abaten el espíritu. Aun cuando la pareja no sea quien los cause, provocan un daño considerable, porque la hostilidad contra cualquier ser humano, ya sea física o emocional, es dolorosa.

Algunas mujeres han tratado de ignorar las explosiones de ira de sus compañeros, pensando:

* "Soy fuerte".
* "En realidad él no quiso hacerlo".
* "No voy a dejar que me deprima".
* "Tarde o temprano lo voy a entender mejor, o él entenderá que ciertas cosas que dice me molestan, o aprenderá a preguntarme que hice o dije antes de enfadarse".

¿Cuál es el resultado de este enfoque? La pareja usa su fuerza contra sí misma; se esfuerza por mantener el equilibrio y la serenidad, mientras utiliza su fuerza para soportar y tratar de entender el abuso. Puede llegar a tener choques muy traumáticos y, desde luego, se sentirá más confundida. Como dijo Ann: "Él me ama; sólo que yo no le gusto".

Además, si la mujer soporta con calma el comportamiento del abusador, él se sentirá frustrado porque espera una reacción.

Necesita no solo liberar su tensión sino también sentir su Poder Sobre su pareja. Si no ha llegado a dominar a su pareja, si ella no muestra señales de perder entusiasmo, él incrementará su abuso. Probablemente esto no sea una decisión consciente, sino el resultado de un aumento de la ira, la tensión y la adicción al Poder Sobre. Ésta es la razón por la cual el abuso verbal aumenta con el tiempo. Como la pareja se adapta, tratará de ignorar la conducta del abusador, posiblemente con la esperanza de que él se detenga o de que ella no lo provoque, o de descubrir lo que "está haciendo mal" o por qué él se "está sintiendo mal". Por tanto, el abusador aumentará la intensidad y/o la frecuencia del abuso.

Otra razón por la que el abuso verbal aumenta con el tiempo es que la falta de un sentido de Poder Personal y la consiguiente necesidad del Poder Sobre persisten. A través del tiempo, estas presiones aumentan, y como resultado, aumenta la ira y la hostilidad del abusador.

Así como la pareja utiliza su fuerza para ignorar los estallidos de ira o para dar sentido a la relación, el abusador utiliza la suya para aumentar el abuso. Si la pareja le dice a su compañero lo molesto que le resultan sus arranques de ira, por lo general él lo negará con enojo, diciéndole que ella está reaccionando de forma exagerada.

Una de las razones por las que los adictos a la ira no se disculpan sinceramente es que, si lo hicieran, deberían renunciar al ciclo de explosión y liberación de tensión que les permite mantener su equilibrio y que además les da un mayor sentido de Poder Sobre.

Mientras el abusador pueda negar su responsabilidad y pueda acusar a su pareja de causar su ira, seguirá manteniendo su equilibrio y conseguirá sentirse bien a costa de su pareja. Las parejas de los adictos a la ira y abusadores verbales en general se quedan constantemente sorprendidas al descubrir esto. La experiencia de Cora lo demuestra:

Le dije a Curt que me había sentido mal todo el día por la discusión que habíamos tenido esa mañana. (Él tuvo una explosión de ira sin razón alguna. Traté de razonar con él pero se negó y se fue a trabajar.) "¿Qué discusión?" me dijo. "No sé de lo que hablas".

Le recordé lo enfadado que parecía estar esa mañana cuando me gritó por la forma en que había preparado los huevos. "¿No te sientes mal por lo que sucedió?" le pregunté.

"¡Estás loca!" me dijo. "Yo me siento bien. ¿Estás tratando de empezar una discusión?"
"No", le dije.

En general, la actitud del adicto a la ira es, "¿Cómo puedo estar haciendo algo mal si me siento tan bien?"
Veamos cómo funciona este razonamiento a través del ejemplo de Bella:

> Bert aceptó ir conmigo a un consejero matrimonial. En la consulta, yo dije que cuando él me gritaba yo me sentía herida y atemorizada y él me oyó decir esto. Después que salimos me volvió a gritar, diciendo que yo lo había atacado. Me sentí confundida. No podía entender qué quería decir ni cómo podía pensar que yo lo había atacado.

La naturaleza acusatoria de las explosiones de ira del abusador suelen dejar a la pareja preguntándose "¿qué fue lo que dije que estuvo mal?". Es frecuente que la pareja de un adicto a la ira reflexione sobre los eventos abusivos, tratando de descubrir qué hizo o qué dije para enfurecer de esa manera a su compañero. Si él dirige toda su ira contra ella y, además, la culpa, si los amigos le dicen la suerte que ha tenido al encontrar un compañero tan maravilloso, si el abuso no tiene lugar en público, si el abusador le dice que la ama y si, además, su familia no le proporcionó un buen modelo de relación amorosa, la mujer puede que no se dé cuenta de que es objeto de abuso. Ella seguirá buscando razones racionales para el comportamiento de su pareja.

La ira disminuye el deseo de intimidad sexual de la mujer. Cuando esto ocurre, el abusador la acusa de ser indiferente o insensible, y ella puede llegar a pensar que le ocurre algo malo. Sentirá dolor emocional aunque no reconozca que su compañero es hostil hacia ella o piense que, por alguna razón que todavía no ha descubierto, ella es culpable de su ira.

La ira abusiva puede comenzar con accesos de irritación y luego evolucionar en cólera. El aumento de la intensidad y frecuencia generalmente se desarrolla muy gradualmente con los años, pero puede avanzar muy rápidamente en el primer año o los primeros meses de la relación. Dos de las mujeres que entrevisté describieron un cambio dramático en el comportamiento de sus parejas, producido justo después del matrimonio. A pesar de que la ira abusiva es acusatoria, la pareja del abusador no la provoca ni tampoco tiene, consciente o inconscientemente, un plan para provocar al abusador. Por el contrario, al escuchar a parejas y a ex parejas de abusadores verbales, me di cuenta de que habían hecho todo lo posible para expresarse con claridad y respeto. Por lo general, sentían que habían fracasado.

No existen frases específicas que identifiquen la ira abusiva. Recomiendo volver al capítulo anterior y pronunciar todas las frases abusivas que se enumeran allí con la mayor ira que se pueda. O leerlas con la mandíbula apretada, como escupiendo las palabras.

Algunas señales de ira abusiva son la falta de calidez del compañero y, como en todas las formas de abuso verbal, las explosiones de irritación, los gestos de desprecio, las discusiones, los enfados, los gritos, la rabia y el sarcasmo dirigido a la pareja o a otros. Para Robert Brownbridge, LCSW: "El sarcasmo es la punta del iceberg que esconde una montaña de ira".

Las señales físicas de la ira incluyen todos los signos de lenguaje corporal asociados a este estado: los dientes apretados, los puños levantados y, por supuesto, la destrucción de objetos o asaltos físicos.

Algunos abusadores verbales no expresan abiertamente su ira, sino de una manera más encubierta, aunque también estén enojados y sean hostiles. Sin embargo, no expresan su ira siguiendo el patrón de un adicto a la ira, tal y como lo hemos descrito. Parece que pueden ser más propensos a desarrollar planes a largo plazo para controlar y manipular a sus parejas. Los adictos a la ira, por el contrario, suelen manifestar explosiones de rabia y son fácilmente irritables. La mayoría de las parejas de abusadores no se dan cuenta de que si su compañero se irrita con facilidad es una persona adicta a la ira. Creen, en cambio, que su compañero es más sensible a ciertas cosas, aunque ella no sepa exactamente a cuáles.

De hecho, el adicto a la ira reconstruirá todo lo que oiga de tal manera que lo convierta en una "razón" para ventilar su ira contra su compañera. La ira en sí es irracional, como lo descubrió May:

> Al principio me preocupaba de haberlo irritado inadvertidamente. Más tarde, cuando me di cuenta de que no había una razón real para su ira, tuve miedo de su irracionalidad.

CAPÍTULO X

El condicionamiento y la pareja del abusador

Una científica hizo un experimento. Ella puso una rana dentro de un recipiente con agua muy caliente. La rana saltó fuera del recipiente enseguida. Entonces puso otra rana en un recipiente con agua fría. Esta rana no saltó fuera. De manera gradual, la científica fue elevando la temperatura del agua. La rana se adaptó gradualmente al agua cada vez más caliente hasta que murió.
—Anónimo

Una parte del condicionamiento es la adaptación. En otras palabras, las condiciones pueden cambiar y, como la segunda rana del experimento, podemos adaptarnos gradualmente. No nos inclinamos a percatarnos de los cambios graduales. Así es como numerosas parejas de abusadores se adaptan al abuso verbal. Se acostumbran lentamente hasta que, como la segunda rana, son capaces de vivir en un ambiente que está matando su espíritu. Si regresamos al experimento, comprobamos que la primera rana saltó del agua caliente porque se percató del contraste entre el ambiente confortable en el que estaba y el nuevo ambiente desfavorable. Sintió la diferencia y fue capaz de discriminar. Si ella hubiera permanecido en el agua caliente, a pesar de no ser un ambiente saludable, habría "negado" su experiencia o habría actuado de manera no natural.

La pareja del abusador está condicionada por su familia, su cultura y su relación. Nadie es completamente libre del condicionamiento. Por eso, nos adaptamos, y las influencias condicionan la manera en que interpretamos nuestras experiencias. Como se han escrito libros enteros sobre el condicionamiento cultural y las desigualdades en nuestra sociedad, este capítulo servirá sólo como una breve revisión, enfocando principalmente los factores que más condicionan a la mujer a no reconocer el abuso.

En primer lugar, la pareja está condicionada a creer que su compañero actúa racionalmente para con ella. Este condicionamiento se inicia en la primera infancia. ¿Quién no ha oído la frase "No tienes por qué llorar"? Cuando un padre, por ejemplo, niega una golosina a su hijo y este llora, se le puede consolar diciéndole: "Sé que quieres otro caramelo, pero no puedo dártelo". Así el niño aprende, en los brazos de su padre, a hacer el duelo por sus pérdidas más que a creer en expresiones irracionales como "¡No tienes por qué llorar!", expresiones que, por el contrario, el niño aprende a comprender como racionales, reales y lógicas.

La mujer está condicionada desde la niñez a no confiar en sus sentimientos y a no reconocer la irracionalidad del abuso verbal. Todo abuso verbal es irracional. En un contexto de guerra puede haber cierta racionalidad en un ataque verbal, lo cual no deja de ser cuestionable. Sin embargo, en el contexto de una relación de pareja el abuso verbal es irracional y el abusador se comporta irracionalmente. La creencia de la pareja en la racionalidad de su compañero es un supuesto básico que surge y es mantenido por factores complejos y diversos, en los que las tempranas experiencias infantiles juegan un papel importante.

En lo profundo de la psiquis hay un condicionamiento generacional. C. G. Jung describe como "arquetipo" al patrón de reglas que organizan nuestro pensamiento o nuestras maneras de percibir. El arquetipo o imagen primaria de lo masculino ha sido asimilado al Logos, a la razón o a la lógica. La irracionalidad ha sido proyectada e identificada con la mujer y con lo femenino. En consecuencia, la mujer puede creer que su compañero es la parte racional dentro de la relación, mientras que ella es la irracional. Si el abusador niega su comportamiento abusivo, diciendo que nunca sucedió, o afirmando que lo que ella dijo o hizo fue lo que motivó el disgusto, la mujer puede buscar la racionalidad del altercado, apoyada en la creencia de que su compañero actúa de manera lógica.

Puede pensar: "Debe haber alguna razón para que esté enfadado conmigo" o "Debe de haber alguna razón para que él piense que mi trabajo no es importante" o "Debe de haber alguna razón para que él crea que estoy tratando de iniciar una discusión".

La creencia de que su compañero se comporta lógicamente es una de las causas primarias de la confusión de la mujer. En un momento, él puede sostener la puerta para que ella pase y, al rato, gritarle cuando ella responde a una pregunta. Estos rápidos cambios de comportamiento, de una conducta racional a otra irracional, no sólo aumentan la confusión de la pareja sino que, además, estimulan su determinación de encontrarles algún sentido racional.

Las mujeres están condicionadas no sólo por su crianza y cultura, sino también por el abuso cotidiano de sus compañeros. En consecuencia, puede que no reconozcan el abuso o, lo que es peor, que nunca se hayan preguntado "¿Estoy siendo insultada?" o nunca nadie les haya preguntado si han sido abusadas verbalmente. Por lo general, se trata de un concepto totalmente nuevo para la pareja. *Cuando algo no tiene nombre y no es visto por nadie más, tiene un aura de irrealidad.*

El abusador verbal socava especialmente la percepción que la pareja tiene de sí misma. Si a ella se le dice constantemente—y con una frecuencia en aumento—que es ilógica, demasiado susceptible, que siempre está tratando de iniciar una discusión, que es competitiva, que siempre quiere tener la razón, etc., puede llegar a estar condicionada a aceptar más y más abusos, al mismo tiempo que siente más dudas sobre sí misma. Este condicionamiento es como un "lavado de cerebro". Puede extenderse más allá de ella y alcanzar a su familia, sus intereses y sus ideales más preciados. Consideremos el caso de Lea:

Luke constantemente decía que mi familia era excéntrica. Lo hacía de maneras sutiles. Poco a poco empecé a pensar que él veía lo que yo no era capaz de ver y me sentí confundida. Cuando pensaba en mi familia, admitía que era respetada y que había hecho verdaderas contribuciones a la sociedad. Sin embargo, sentía que algo mal había en ellos, mientras que la familia de Luke era más sólida. En realidad, ahora puedo ver que nada de esto era cierto, que se trataba de un "lavado de cerebro".

Con respecto al "lavado de cerebro" o a la coacción psicológica, Denise Winn, autora de *La mente manipulada* (*The Manipulated Mind*) afirma que "los factores sociales y psicológicos y los condicionamientos inconscientes que se combinan para crearlos, pueden ser poderosas fuerzas de influencia en sí mismas". Para Winn, las víctimas del "lavado de cerebro" tienen algunas experiencias en común: "Su seguridad ha sido socavada. . . . Su conducta se ve influida por el uso de recompensas y otros procesos condicionantes. . . . Se les hace creer que nadie en sus hogares se preocupa por lo que les pasa. . . . Se sienten fuera de control y aprenden a sentirse desvalidas. . . . Sufren de humillaciones públicas que minan sus egos. . . . La necesidad de amistad y aprobación las lleva a obedecer. . . . La ansiedad, la culpa, el miedo y la inseguridad inducidos las lleva a ser sugestionables. . . . La imprevisibilidad de la conducta de sus captores confunde sus expectativas y presunciones. . . . Sin una 'norma' a la que podrían adaptarse, se sienten aún más fuera de control" (Winn, 1983, p. 35).

Winn también describe la investigación de Robert Lifton. Nos dice que "Lifton señaló los rasgos que consideraba característicos del totalitarismo ideológico, rasgos necesarios para mantener el control sobre los individuos". Es interesante notar que el primero que se menciona es "el control sobre todas las formas de comunicación" (p. 21). Ciertamente, dentro de la relación de pareja el abusador puede controlar toda la comunicación interpersonal, negando el abuso y rehusándose a conversar con su pareja acerca de su dolor y angustia. Como May lo refirió:

Él tiene una agenda secreta. Él trata de controlarte. Si no sabes su secreto, estás indefenso.

En todas las culturas, la sabiduría y las tradiciones se transmiten de una generación a otra. Esto es parte de nuestra herencia cultural. Lamentablemente, también se transmiten las conductas perjudiciales y las medias verdades. Muchas de ellas se han convertido en lugares comunes a través de los cuales la mujer puede interpretar su experiencia. Algunos de estos clichés se enumeran a continuación.

COSTUMBRES Y CLICHÉS PERJUDICIALES

- "Para pelear hacen falta dos". Si la pareja del abusador verbal cree esto, también asumirá que es tan culpable del incidente como su compañero.
- "El amor lo vence todo". Si la pareja del abusador verbal cree esto, puede pensar que si ella fuera más amorosa y tolerante con su pareja, él podría reciprocarle.
- "Puedes superarlo todo". Si una mujer cree esto, puede pensar que si ella fuera más fuerte sería capaz de superar su dolor.

- "Confórmate con tener un techo sobre tu cabeza". Si una mujer cree esto, puede pensar que espera demasiado y debería conformarse con lo que tiene.
- "Si no puedes decir algo agradable sobre alguien, mejor no digas nada". Si una mujer cree esto, puede pensar que es desleal o que está juzgando a su compañero cuando comenta su conducta con los demás.
- "La mujer tiene que dar un poco más que el hombre". Si una mujer cree esto, puede pensar que debe hacer un esfuerzo mayor para comprender a su compañero y compartir más con él para que la comprenda mejor.
- "Sé buena con la gente y la gente será buena contigo". Si una mujer cree esto, puede pensar que cuando su compañero le grita es porque él cree que ella no ha sido buena con él; por esto, cuando le explique que ella no quería decir lo que él creyó oír, todo va a estar bien.
- "Tómalo con tranquilidad". Si una mujer cree esto, puede pensar que si tomara más a la ligera los gritos de él, no se sentiría tan mal.
- "Si tú te abres a él, él se abrirá a ti". Si una mujer cree esto, puede pensar que si ella comparte con él, él también lo hará.
- "Sigue intentándolo". Si una mujer cree esto, puede pensar que debe de haber algo que todavía no ha intentado para comprender a su compañero y conseguir que él la entienda.
- "Nunca te des por vencido". Si una mujer cree esto, puede sentirse fracasada si renuncia a la esperanza de alcanzar la comprensión de su compañero.
- "Perro que ladra no muerde". Si una mujer cree esto, puede pensar que las palabras no deberían molestarle.
- "No puedes esperar demasiado". Si una mujer cree esto, puede pensar que debería bajar sus expectativas.
- "La gente no siempre quiere decir lo que dice". Si una mujer cree esto, puede pensar que, aunque ella se sienta muy mal, él no quiso decir lo que dijo, por lo que no hay razón para sentirse mal.
- "No dejes de sonreír". Si una mujer cree esto, puede pensar que si mantiene su optimismo, va a descubrir la manera de entender a su compañero.
- "Él no sabe hacerlo mejor". Si una mujer cree esto, puede pensar que si le explica a su compañero lo que le molesta, él se comportará mejor y dejará de hacerle daño.
- "Es solo una etapa". Si una mujer cree esto, puede pensar que si espera, muy pronto él estará de mejor humor.

- "Los palos y las piedras pueden romperte los huesos, pero las palabras nunca te harán daño". Si una mujer cree esto, puede pensar que no importa de qué manera él la ofenda; ella nunca se sentirá lastimada.
- "Se debe aceptar a los demás tal como son". Si una mujer cree esto, puede pensar que debe aceptar a su compañero como es y comprender su comportamiento.
- "No juzgar para no ser juzgado". Si una mujer cree esto, puede dejar de discriminar entre un comportamiento aceptable e inaceptable, pensando que si lo hace estaría juzgando a su compañero".
- "Cada cual crea su propia realidad". Si una mujer cree esto, puede pensar que está haciendo algo mal en la relación (creando dificultades o experimentando los sentimientos equivocados).
- "Nadie dijo que la vida fuera fácil". Si una mujer creer esto puede pensar que si tiene dificultades en su relación es porque la vida es así y que su relación no es peor que cualquier otra.
- "Para bien o para mal". Si una mujer cree esto, puede pensar que lo bueno sigue a lo malo y que las cosas van a mejorar.

LAS PAREJAS

Las mujeres que entrevisté, parejas y ex parejas de abusadores verbales, provenían principalmente de los sectores socioeconómicos medio y medio-alto. Sus niveles de educación oscilaban entre la escuela secundaria y el doctorado universitario. Sus ocupaciones eran diversas; entre ellas había artistas, profesoras, amas de casa, encargadas de tiendas. Dada su condición de abusadas, todas ellas se sentían:

- Frustradas
- Responsables
- Esperanzadas
- Empáticas
- Compasivas
- Ingenuas
- Confiadas
- Optimistas
- Deseosas de entender
- Tolerantes
- Complacientes
- Confundidas

CAPÍTULO XI

El reconocimiento del abuso verbal y la solicitud del cambio

No saber es malo; desear no saber es peor.
—Proverbio nigeriano

Cuando la víctima del abuso verbal comienza a aceptar que algo anda muy mal en su relación, por lo general se acerca a un profesional o a un confidente para describir alguna de sus experiencias de pareja. Entonces preguntará, "¿Esto es normal?" De lo contrario, puede que intente indagar si su amiga ha tenido experiencias similares. Esta primera etapa de reconocimiento, en la que pasa de dudar de sí misma a dudar de su compañero, es el momento en el que empieza a preguntarse si todo el mundo tiene el tipo de incidentes dolorosos que ella experimenta en su relación.

Es un momento en que la pareja aún no se ha dado cuenta de que, en las relaciones sanas, las parejas no se gritan, uno no menosprecia o daña al otro, y que si dicha violación a la dignidad personal se produce, es inusual y sin precedentes, por lo que el autor hará grandes esfuerzos para reparar el daño.

Cuando la pareja comienza a reconocer el abuso verbal, se despierta de la ilusión de que su compañero compartía su misma realidad. Al percibir la realidad de su pareja, donde la dominación y el Poder Sobre sustituyen al Poder Personal, descubrirá que las motivaciones de su compañero resultan casi incomprensibles: es difícil creer que su pareja la ha tratado como lo ha hecho con el fin de dominarla y controlarla y no porque algo fallaba en sus percepciones, sentimientos, maneras de pensar, acciones o en su capacidad.

Cuando se da cuenta de que ambos han estado viviendo y actuando en dos realidades diferentes comprende, de hecho, que ha estado siendo abusada. Ya que ella experimenta su poder a través de la reciprocidad y la creación conjunta, este reconocimiento puede ser profundamente traumático, sobre todo, si su compañero es una persona con éxito y aparentemente poderoso.

Por muy impactante y doloroso que sea, el reconocimiento de la realidad del abusador es necesario. De lo contrario, la pareja podría continuar en su relación por años, con la esperanza de que su compañero entienda lo que la hiere y deje de hacerlo.

¿Qué ocurre si la víctima del abuso no puede validar su propia realidad y reconocer la realidad de su compañero? Tratará de ajustar el comportamiento de él al contexto de su realidad, la de la reciprocidad y el poder conjunto. A continuación mostraremos el análisis de un incidente abusivo que ilustra los pensamientos de la víctima y del abusador y las diferencias entre las realidades de ambos. La situación es común a muchas interacciones verbalmente abusivas en las que existe un abusador y una víctima. Llamaremos a esta interacción "El drama de la ensalada de camarones".

A la hora del almuerzo, el abusador entra en la cocina preguntando:

"¿Hay algo para comer?"

"Dejé una ensalada de camarones en el refrigerador".

El abusador le grita con enojo, "¿Qué te hace pensar que quiero comer ensalada?"

La pareja se siente turbada. La ira de su compañero y sus suposiciones la llevan a replicar.

"¿Por qué te enfadas? Yo no he dicho eso".

"¡Déjame en paz! ¡Siempre quieres tener la razón!"

Los dos miembros de la pareja están en realidades diferentes. El abusador está furioso porque su pareja ha protestado diciendo, "¿Por qué te enfadas?" Sin embargo, la pareja piensa que él está enfadado por la forma en que ella mencionó lo de la ensalada. Después de todo, ella "sabe" que él la ama, y cree que él debe de haber sentido alguna presión para que se comiera la ensalada cuando, en realidad, ella la había guardado para sí misma, algo que él no sabe. Ella piensa, "Quizá podamos hablar para que sepa que yo nunca quise decir que él tenía que comerse la ensalada". (Ella piensa que él está en su realidad de reciprocidad.)

La mujer vuelve a hablar para explicarse, "Quiero que sepas que lo que quería decir era . . ."

El abusador la interrumpe porque él, por su parte, está luchando contra la pregunta que ella le había hecho ("¿Por qué estás enojado?"). Él tomará cualquier repuesta como una oposición porque él no está dispuesto a reconocer que su ira es irracional. Supone que su pareja está en su realidad de Poder Sobre y por eso piensa, "¡Ajá! Me estás cuestionando para tratar de hacerme quedar mal y tener tú la razón".

El intento de reconciliación de la mujer ("Quiero que sepas que lo que quería decir era . . .") es interrumpido con un tono de enojo y de hartazgo en la voz del abusador. Parece que echa fuego cuando dice, "Si vas a seguir con el tema, puedo comer fuera".

A medida que el enojo de él fue en aumento, a ella se le hacía más difícil comprender por qué él interpretó mal sus palabras. Él, por supuesto, no está enfadado por la ensalada, sino porque no pudo descargar su ira con total impunidad. Esta impunidad se vio amenazada cuando ella lo interpeló. A partir de aquí él sintió que ella se oponía y que podría perder su Poder Sobre ella.

La gran tragedia en una relación verbalmente abusiva es que los esfuerzos de la pareja para lograr la reconciliación, el entendimiento mutuo y la intimidad son rechazados de plano por el abusador, porque para él son formas de confrontación. Esto es así porque él piensa que si no ejerce su Poder Sobre su pareja, entonces ella será la que tratará de dominarlo.

Lo ejemplos que siguen muestran cómo la pareja adapta, dentro de su propia realidad, los comportamientos abusivos de su compañero.

Si su compañero trivializa su trabajo, la pareja puede creer que él realmente quiere apoyarla, pero que aún no ha entendido lo importante que es este trabajo para ella. Una vez que él se de cuenta, dejará de banalizarlo. En este caso la pareja adapta lo que está oyendo a la creencia de que su compañero comparte su realidad, por lo que quiere darle su apoyo emocional. Curiosamente, los abusadores que trivializan a sus parejas a menudo presumen de ellas frente a los demás, como lo harían sobre algún objeto que posean.

Si él contradice sus opiniones, ella puede creer que él realmente respeta sus puntos de vista aunque, sencillamente, piensa diferente, y precisamente por esto tampoco logra entenderla. En este caso, la pareja adapta lo que oye a su realidad de reciprocidad.

Si él le grita, ella puede creer que es porque se siente herido por algo que ella dijo o hizo. También puede pensar que él desea saber qué fue lo que ella dijo o hizo exactamente, para que, una vez que se aclare el malentendido y sepa que realmente lo ama, desaparezca el enojo. De esta manera, la pareja adapta lo que está escuchando a su realidad de preocupación empática.

Si él dice que no sabe de qué está hablando ella, la pareja puede creer que él quiere descifrar el sentido de sus palabras para comprenderla, por lo que, sencillamente, debería explicarse con mayor claridad. Ella está segura de que su compañero está tratando de entenderla y que comparte su realidad de empoderamiento mutuo.

Si él le dice que no debe sentirse como se siente, ella puede pensar que como las intenciones de su compañero son realmente buenas, ella debe haber entendido mal lo que él le dijo o, en efecto, sus sentimientos están errados. Al adaptar la respuesta de su compañero a su realidad, no puede creer que exista otra razón para que este le diga que sus sentimientos están equivocados.

Si él la critica y saca sus palabras de contexto, ella puede suponer que él está haciendo un gran esfuerzo para seguir su pensamiento, pero que no podrá hacerlo a menos que ella hable con más exactitud o aprenda a entender cómo él piensa. De esta forma, adapta las críticas de su compañero a su realidad de reciprocidad.

Si él no le responde o no le habla, ella puede pensar que se trata de timidez o que tal vez su compañero sea ligeramente autista, pero que realmente quisiera comunicarse con ella ya que es parte de la alegría de la reciprocidad en una relación. De esta manera la pareja adapta la ausencia de comunicación de su pareja a su realidad de reciprocidad.

Si él le dice que no puede recordar una discusión, lo cual es absolutamente falso porque algo tan perturbador como una discusión no se olvida fácilmente, es posible que la pareja adapte esta incapacidad de su compañero a su realidad de reciprocidad y llegue a la aterradora conclusión de que él tiene doble personalidad. Es decir, que a veces él está en su realidad y a veces está ausente, mientras una voz desagradable toma su lugar y afirma no poder recordar lo sucedido. Una mujer mantuvo durante varios meses el temor a la "doble personalidad" de su compañero hasta que se decidió a hablar con un profesional. Le explicó que su compañero parecía tener una voz autónoma que decía cosas que después no recordaba. Como ella supone que su compañero ve el mundo del mismo modo que ella y que comparte su realidad, le resultará más fácil pensar que está loco que reconocer que es un abusador.

Una de las razones por las que las parejas adaptan el comportamiento verbal abusivo de sus compañeros a su realidad de reciprocidad es que las personas están condicionadas a ver el mundo en términos de causa y efecto inmediatos. Por ejemplo: "Si él está enojado conmigo, entonces yo debo ser la causa". Sin embargo, la psiquis humana funciona de una manera muy diferente. Las causas de un hecho sucedido en el presente pueden estar en el pasado, en la infancia. Esto es especialmente cierto en el comportamiento verbalmente abusivo. Si su compañero se sintiera molesto por algo en concreto discutiría el problema con su pareja, como haría cualquier persona no abusiva. Él podría decir, por ejemplo: "Te vi conversar largo tiempo con Joe en la fiesta. Pensé que preferías su compañía y no la mía y me sentí abandonado y celoso. Me gustaría saber qué sientes por él y si pudiéramos estar más tiempo juntos en las fiestas". Aunque le resultara difícil definir lo que siente, si sabría, al menos, que está dolido y que necesita hablarlo con su pareja.

La incapacidad de la pareja de reconocer la realidad de su compañero afecta su capacidad para reconocer el abuso verbal. Al pensar que su compañero comparte su realidad de reciprocidad (la Realidad II) ella "sabe" que él se está esforzando por entenderla. En consecuencia, puede pensar que no ha sabido explicarse a sí misma o hacerse entender claramente pues, de lo contrario, él no se enojaría. Por esta razón, no ve la falta de respeto que encierra el enojo. Su capacidad para discriminar lo que está bien de lo que está mal está deteriorada. Discriminar significa "ver la diferencia"; en este caso, ver la diferencia entre su realidad y la de su compañero.

¿Cómo puedo saber realmente que su enojo no es causado por algo que he dicho o hecho de manera inconsciente?" se preguntan muchas parejas de abusadores. En este caso, estas parejas no tienen la autoestima de la Realidad II o de lo contrario no se preguntarían tal cosa, pues sabrían que no hay ninguna justificación para que alguien les grite.

Muchas parejas viven con sus compañeros durante muchos años antes de llegar a la conclusión de que no comparten la misma realidad. Saber que no hay nada malo con ella y que el abuso es irracional no necesariamente disminuye el dolor de la pareja. Por el contrario, además de seguir siendo doloroso, puede ser también más alarmante para la pareja porque justamente se da cuenta de que es irracional. Naturalmente, uno siente miedo frente a lo irracional porque los actos de violencia y abuso son irracionales e irracionalmente negados o justificados por los perpetradores. Es importante reconocer el abuso verbal porque es una señal de advertencia de que el abuso físico podría llegar a ocurrir.

LOS DERECHOS BÁSICOS EN UNA RELACIÓN

Además de comprender las diversas categorías del abuso verbal y el reconocimiento de la realidad del abusador, es necesario saber cuáles son los derechos básicos de una relación que son violados por el abuso verbal. A continuación se ofrece una lista de algunos de estos derechos:

* El derecho a la buena voluntad del otro.
* El derecho al apoyo emocional.
* El derecho a ser escuchado y a recibir una respuesta cortés.
* El derecho a tener tu propio punto de vista, incluso si tu pareja tiene una visión diferente.
* El derecho a que reconozcan como reales tus sentimientos y experiencias.
* El derecho a recibir una disculpa sincera por cualquier broma que consideres ofensiva.
* El derecho a que te den respuestas claras e informativas a preguntas que te conciernen de manera legítima.
* El derecho a vivir libre de acusaciones y culpas.
* El derecho a vivir libre de críticas y enjuiciamientos.
* El derecho a que se hable con respeto de tu trabajo y de tus intereses.
* El derecho a recibir estímulo.
* El derecho a vivir libre de amenazas emocionales y físicas.
* El derecho a vivir libre de estallidos de ira y rabia.
* El derecho a no ser llamada por cualquier sobrenombre que te devalúe.
* El derecho a no recibir órdenes, sino a que te pregunten de manera respetuosa.

EL RECONOCIMIENTO DEL ABUSO VERBAL Y LA SOLICITUD DEL CAMBIO

Uno necesita sentirse seguro y respetado dentro de su relación. Creo que si hay respeto y buena voluntad en una relación, otros problemas pueden resolverse. Sin embargo, mientras no se resuelva el problema del abuso verbal y la necesidad subyacente del abusador de tener Poder Sobre, serán pocos los progresos—si hay algunos—que puedan hacerse en la relación. Es decir que, si no hay abuso verbal, puede haber libertad y voluntad de discutir las esperanzas, temores, deseos, necesidades y expectativas de ambas partes.

No creo que dos personas en dos realidades diferentes puedan desarrollar una relación, aunque tengan la ilusión de vivir en una. Del mismo modo que es importante que la pareja del abusador sea capaz de percibir la realidad de su compañero, es necesario también que el abusador reconozca su propia realidad y comportamiento, y que acepte su falta de sentido de Poder Personal.

Ahora bien, no sería una buena idea que intentes explicarle a tu compañero que algunas cosas que suele decirte son abusivas, y que este comportamiento se debe a la falta de Poder Personal. De hecho, tratar de hacerlo sería exponerte a ser objeto de más abusos, ya que él puede entender esta "explicación" como una defensa que, según su realidad, debe ser contrarrestada con un mayor ataque.

"¿Qué puedo hacer, entonces?" puedes preguntarte desesperadamente. Hay pasos que puedes dar para protegerte y para determinar si tu compañero está dispuesto y es capaz de cambiar y si hay una posibilidad de conexión e intimidad en la relación. Si estás empezando una nueva relación, es posible que decidas dejar la relación inmediatamente. Sin embargo, si no tienes trabajo o tienes hijos pequeños, o tienes miedo o falta de confianza en ti misma, es posible que te tome tiempo decidir qué hacer. Mientras, puedes decidir qué cosas no vas a tolerar más de tu compañero e informarle tus decisiones. Al tomar estas decisiones, debes confiar en tus propios sentimientos y juicios, aunque has sido condicionada por el abuso a dudar de ellos y a tener miedo a actuar. Para poner en práctica estos pasos, deberás actuar a tu propio ritmo y puede ser beneficioso buscar asesoramiento profesional, formar parte de un grupo de apoyo o auxiliarte de los amigos.

Si estás en una relación abusiva, hay una serie de cuestiones que deberás tener en cuenta. Es necesario que evalúes qué funciona y qué no funciona en tu relación, así como tu dependencia emocional y financiera. Deberás tomar conciencia de que tus necesidades de conexión e intimidad no han sido satisfechas y de que tienes derecho a ser tratada con cortesía, respeto, dignidad y empatía.

Solicitar un cambio y establecer límites es un desafío muy difícil. Una vez que reconozcas tus necesidades y derechos, y comiences a reclamar un cambio, probablemente descubras que este no se produce. Pero solicitarlo es importante porque sólo así podrás descubrir si existe o no la posibilidad de tener una relación saludable. Si tu pareja es un abusador verbal confirmado, es posible que aumente la intensidad de los abusos cuando reclames el cambio, en un intento por aumentar su control sobre ti.

También debes tener en cuenta que tanto como a ti te ha tomado tiempo reconocer el abuso y la realidad del abusador, es probable que tu compañero demore en reconocer su realidad y admitir lo que ha estado haciendo. Y por otra parte, ten en cuenta que no todos los abusadores van a cambiar; después de todo, ellos no están sufriendo como sus parejas y por tanto, nos están motivados en la misma medida que ellas. Solo si está dispuesto a renunciar a su negación del abuso, puede empezar a cambiar. *Para poder cambiar, para desarrollar empatía y comprensión, tendrá que trabajar con todo lo que haya engendrado dentro de sí sus profundos sentimientos de falta de Poder Personal.*

No necesitas aceptar el comportamiento de tu pareja. Con el apoyo y el asesoramiento adecuado, puedes determinar tus necesidades. Te llevará tiempo entender plenamente lo que has vivido dentro de tu relación y cómo el abuso te ha afectado, especialmente si este ha sido severo.

¿Qué tan grave puede ser el abuso? Las parejas de abusadores que hayan experimentado todas las categorías del abuso verbal han sido dañadas gravemente. Si has vivido con un adicto a la ira, has sido severamente abusada. Si sientes punzadas de dolor inesperadas cuando oyes los insultos de tu compañero, has sido severamente abusada. Si nunca has sentido comprensión y resolución del conflicto después de hablar con tu compañero sobre un incidente doloroso, has sido severamente abusada. Si has vivido con un abusador verbal por muchos años, has sido severamente abusada.

Como expliqué en la introducción, la intensidad de la angustia que sufre la víctima determina el alcance del daño; y la calidad de la experiencia de la víctima define el grado de abuso. Como el abuso verbal afecta la opinión de sí misma y la autoestima de la víctima, por lo general sin que ella lo reconozca, el proceso de reconocer el abuso verbal debe venir acompañado del proceso de recuperación del daño provocado por el abuso. Este proceso será abordado en el capítulo siguiente.

A continuación sugiero algunos pasos que puedes dar si sufres o sospechas sufrir abuso verbal en tu relación:

Obtener asesoramiento profesional

Intenta encontrar un profesional con experiencia en el tema del abuso verbal y con el que te sientas cómoda. Para buscar referencias puedes acudir a terapeutas de otros campos, a BWA (Alternativas para mujeres maltratadas), a agencias de servicio social o basarte en las referencias que te den tus amigos.

Acudir ambos a la consulta

Solicita firme y claramente a tu compañero que te acompañe a la cita con el consejero a fin de tener una relación más satisfactoria. Si él no está dispuesto o te parece imposible pedírselo, acude sola. En el intercambio con el profesional ganarás el apoyo y la claridad que tanto necesitas.

Establecer límites

Establece límites indicando lo que quieres y lo que no vas a aceptar de tu compañero, e infórmale de tus decisiones. Esto puede llamar su atención y llevarlo a reconocer su conducta, aunque también podría negarse a escucharte y reforzar su actitud.

Establecer límites puede ser muy difícil porque, por supuesto, es imposible saber si tu compañero podrá y querrá respetar tus límites, si su respuesta será positiva o si te dirá que él seguirá diciendo lo que le parezca. Tampoco es fácil determinar si él simplemente tiene algunos malos hábitos o si es realmente hostil. Establecer límites es una propuesta seria que no implica amenaza. Las amenazas son a menudo formas improductivas de manipulación. Las amenazas se presentan en la forma "Si tú . . . yo voy a . . ." Al establecer un límite, en cambio, se indica un hecho: "No voy a aceptar . . ."

Cuando establezcas los límites debes centrarte en tu propio Poder Personal, hablar por el espíritu de vida que está en tu centro. Debes decidir lo que es perjudicial para tu espíritu y lo que lo nutre. Primero que todo, debes saber cuáles son tus propios límites. Es decir, debes decidir lo que deseas aceptar o no en tu relación. Aquí es cuando debes procurar despertar esa autoestima extraordinaria que está en ti misma, ya que surge del espíritu de vida que está en tu centro, tal y como he descrito en este libro.

Cuando hayas recuperado tu autoestima y la confianza en ti misma, ya estás lista para establecer los límites. Para ello simplemente deberás decir: "No voy a aceptar . . ." Dentro de las categorías de abuso verbal que he explicado, deberás elegir una para comenzar. Por ejemplo, "No voy a aceptar comentarios o 'bromas' que me disminuyan o me menosprecien".

Resulta difícil establecer límites porque esto significa que deberás renunciar a las formas habituales de reconciliación usadas durante experiencias difíciles con tu compañero. Estas formas incluyen la explicación, el intentar comprenderlo y hacerte entender, el tratar de averiguar lo que salió mal, y así sucesivamente.

Además de una fuerte autoestima, el establecimiento de límites requiere una extraordinaria confianza en ti misma, en tus propios sentimientos y percepciones. De esta forma, si tu compañero te grita, tú sabrás, por ejemplo, que:

- Aun cuando él crea que tiene razones para hacerlo, tú no lo aceptarás.
- A pesar de que él piense que es una broma, tú no lo aceptarás.
- Aunque él no lo entienda, tú no lo aceptarás.
- Aun cuando él diga que es tu culpa, tú no lo aceptarás.
- Aun cuando él afirme que no sabe de lo que estás hablando, tú no lo aceptarás.
- A pesar de que él diga que tú sólo estás tratando de tener la razón, tú no lo aceptarás.
- Cuando él diga que tú eres una perra, tú no lo aceptarás.
- Cuando él diga un centenar de cosas ofensivas sobre ti, tú no lo aceptarás, como *tampoco aceptarás el centenar de cosas que ha dicho.*
- Aunque hayas, en efecto, cometido un error, tú no aceptarás el abuso.

Nadie merece que lo menosprecien o que lo traten con rabia por un simple error. Con la autoestima de la Realidad II, tú sabrás que no mereces, bajo ninguna circunstancia, ser maltratada ni ser objeto de ninguna forma de abuso verbal.

Vivir en el presente
No rememores el pasado ni anticipes preocupaciones futuras. Tomar conciencia del presente, paso a paso, te hará detectar cualquier arranque de ira o menosprecio dirigido a ti y te hará responder a estos abusos de una manera nueva. Anteriormente es posible que le hayas manifestado a tu compañero que estabas molesta, dolida, frustrada, etc., por alguno de sus comentarios y que le hayas pedido que no te gritara. También es posible que hayas estado preguntándote que habías dicho justo antes de su enojo. Seguramente nada de esto resultó eficaz para detener el abuso.

Tu nuevo objetivo será, una vez que hayas determinado tus límites, llamar la atención del abusador cada vez que los traspase. Un simple "¡Basta!", dicho con firmeza y autoridad, resultará eficaz.

Tendrás que responder tan pronto percibas un tono de voz inapropiado, porque si dejas que te atrape con sus palabras puede que logre confundirte. Recuerda: cualquier respuesta como "Lo que quería decir era . . ." sugiere al abusador que su realidad es válida, que tú eres su adversario y que puede intensificar sus ataques o afirmar que eres tú quien lo está atacando. De manera injustificada él tomará cualquier explicación tuya como una prueba de que quieres enfrentarte o de que estás a la defensiva.

Estar preparada para salir de cualquier situación abusiva

Se debe tener en cuenta que cuatro de las cuarenta mujeres entrevistadas habían sido golpeadas por sus compañeros. La mayoría había soportado gritos repetidamente y había pensado que, de un momento a otro, podía ser golpeada.

Debes tener suficiente dinero para poder pagar un taxi; llevar tu agenda de teléfonos para que tengas el número de amigos en casos de urgencia. Si estás fuera de casa—en una fiesta, en un restaurante o en un hotel—y no puedes detener el abuso con un "¡Basta!", sólo tienes que marcharte. Tú eres un ciudadano libre y no tienes que permanecer donde te sientas incómoda. Este es tu derecho y tu responsabilidad.

Si mantienes una maleta lista en tu coche o en un lugar seguro y de fácil acceso, y si planificas con antelación cómo salir de tu casa y a dónde ir, tendrás una sensación de control sobre tu propia vida que te ayudará a enfrentar el temor a ser nuevamente herida.

Solicitar los cambios que se deseen

La intimidad en una relación requiere la voluntad mutua de comunicarse, comprenderse, responder de manera adecuada y apoyarse emocionalmente. Establecer límites es una forma de solicitar a tu compañero un cambio. También puedes pedirle que discuta contigo otros cambios que desee, así como la negociación de aspectos esenciales como:

- La cantidad de tiempo que necesita cada cual en soledad
- La cantidad de tiempo que les gustaría pasar juntos
- Algún tiempo especial cada semana para discutir cómo progresa la relación
- La programación de planes futuros en pareja
- La gestión conjunta de las finanzas

Algunas de las dificultades que pueden surgir

Las parejas de los abusadores verbales, a quienes se les ha hecho sentir culpables del abuso, pueden reaccionar como si estuvieran traicionando a sus compañeros al discutir sus preocupaciones con un interlocutor externo. Puede que, incluso, sientan que podrían dañar la relación si leyeran algún material sobre el abuso verbal. Esto sucede si han sido condicionadas a creer que son responsables de los conflictos de la relación y del dolor que sienten. También pueden estar condicionadas a pensar que está mal el fijar límites o reconocer que están siendo abusadas. Frases como "Siempre estás buscando problemas" o "Siempre estás tratando de empezar una discusión" pueden condicionar a la pareja a creer que el abuso es "su culpa" o que, al enfrentarlo, están empeorando las cosas.

Si estás con un abusador verbal y decides establecer límites o desafiar a tu compañero ante cualquier infracción, posiblemente debas enfrentar la intensa negación por parte de tu compañero. En este caso, recuerda que un abusador verbal acostumbra a definir a su pareja, a la realidad interpersonal y a sí mismo, sobre todo recalcando que lo que él hace es correcto y no abusivo. Es importante, por lo tanto, que tú aceptes por completo tus propias percepciones y sentimientos. Cuando seas capaz de definir tu propia realidad como algo separado y diferente de la de tu compañero, ganarás claridad, autoestima y autonomía.

Sabiendo que lo que ha dicho el abusador sobre ti no es cierto, pero sí es, de hecho, abusivo, puede ser útil que reconozcas cómo tu compañero ha intentado definirte en términos de su propia realidad. Para hacer más consciente este hecho podrías convertir cada declaración acusatoria en su contraria: "Yo sé que no soy . . ."

Estos pueden ser algunos ejemplos:

- *Yo sé que no soy* competitiva.
- *Yo sé que no* siempre estoy tratando de iniciar una pelea.
- *Yo sé que no soy* demasiado sensible.
- *Yo sé que no soy* una perra.
- *Yo sé que no soy* egoísta.
- *Yo sé que no soy* crítica.
- *Yo sé que no estoy* atacando.
- *Yo sé que no estoy* tratando de tener la última palabra.
- *Yo sé que no soy o estoy.* (Seguir añadiendo todo lo que te han dicho que eres porque, si estás con un abusador verbal, puedes estar segura de que no eres como te han dicho.)

Si el abuso tiene lugar primordialmente a puertas cerradas, cuando nadie está alrededor para validar la experiencia de la víctima y luego es negado por el abusador, la pareja puede pensar que ha percibido mal las cosas, tal y como a menudo se le dice. Esto le llevará a concluir que hay algo mal con ella porque no hay nadie en su entorno que pueda decirle "¡Hey! Eso es abusivo". También puede pensar que su compañero no tiene ni idea de lo que está haciendo.

Si este es el caso, es importante recordar que la mayoría de los delitos son cometidos en secreto al igual que la mayoría de los abusos verbales. Del mismo modo que el violador sabe lo que está haciendo de manera clandestina, el abusador sabe lo que está haciendo en secreto, aunque puede que no sepa lo que lo fuerza a hacerlo. El abusador verbal negará el abuso con vehemencia y le dirá a su pareja con rabia que sus percepciones son erróneas o que ella es responsable del abuso.

Esta negación lo encierra en una condición psicológica más o menos permanente que frena cualquier posibilidad de cambio. El abusador que niega todo lo que hace, que no está dispuesto a discutir el tema y que se mantiene hostil, no quiere cambiar. De lo contrario, tendría que admitir los abusos y trabajar en aquellos traumas que lo han dejado con una gran necesidad de ejercer dominio y Poder Sobre.

Una verdadera dificultad que la pareja puede encontrar es la aceptación dolorosa de que ella es la principal y, a menudo, la única persona abusada por su compañero. "¿Por qué me haría esto a mí?", generalmente se preguntan las parejas de abusadores. Las razones psicológicas por las que el abuso se presenta con mayor frecuencia en las relaciones de pareja tienen que ver con el fenómeno psicológico de la proyección. Esto será discutido en el Capítulo 15.

El conocimiento de la realidad del abusador permite a la pareja la oportunidad de un verdadero crecimiento y paz interior. También podrá descubrir, a través de la confrontación y con el asesoramiento de un especialista, si el abusador quiere realmente cambiar o no. Podrá llegar a quererse, a aceptarse a sí misma y a construir la autoestima propia de la Realidad II, así como elegir entornos más enriquecedores.

"Vale la pena todo lo que pasé por mi tranquilidad", dijo Bella.

Reconocer el abuso verbal como lo que es resulta emocionalmente doloroso. Tiene que ver con la pérdida—la pérdida de la ilusión—y con el duelo por esa pérdida. Sin embargo, a diferencia del dolor insidioso y dañino producido por el abuso, este dolor sigue su curso y deja espacio al proceso de curación natural.

Como lo expresó Ann:

Me doy cuenta de que olvidaba el daño y el dolor, y por lo que he leído, sé que estaba empezando a mostrar síntomas de una mujer maltratada. Estoy sorprendida.

Cora lo resumió de esta manera:

Es increíblemente doloroso y desgarrador darse cuenta de que el hombre que amas es hostil hacia ti.

Claramente, el abuso verbal es dañino al espíritu. Sin embargo, a través del conocimiento, la conciencia y la acción podemos sanar el espíritu. Al hacerlo hay que enfrentar el hecho de que las libertades psicológicas suelen ser ganadas a través del dolor emocional y del sentimiento de pérdida. En ningún lugar o momento se ha ganado algo sin esfuerzo y acción. Hasta una planta busca la luz y el ambiente más nutritivo para crecer. No menos debe hacer el sobreviviente de abusos.

Por último, es necesario tener en cuenta que no hay nada que puedas decir o hacer para lograr cambiar a otra persona. La otra persona tiene que querer cambiar por el bien de la relación. No se puede enseñar a otro explicándole o diciéndole cómo te sientes o qué deseas oír. Sólo se pueden establecer límites y solicitar el cambio.

Si la pareja reconoce que su compañero está viviendo en la Realidad I y que no está dispuesto a, o que es incapaz de cambiar, deberá enfrentarse entonces a la pérdida de su esperanza de compañía, colaboración, amor y aceptación. Deberá decidir si abandonará la relación abusiva y cómo puede protegerse y nutrirse mejor a sí misma y a su espíritu.

Sólo una de las personas que entrevisté, una mujer muy atractiva de sesenta y tres años, eligió conscientemente permanecer en una relación verbalmente abusiva. Lo que sigue es un extracto de la entrevista:

"Estoy casada con un abusador verbal".
"¿Cuánto tiempo has estado casada con él?"
"Cuarenta y dos años".
"¿Cuándo te diste cuenta de que estabas siendo abusada?"
"Después de unos treinta años".
"¿Y decidiste continuar con la relación?"
"Sí. Pero creo que he elegido el camino más duro".

CAPÍTULO XII

Respondiendo con impacto al abuso verbal

Estaba tan acostumbrada a escuchar lo mismo, que después de un tiempo dejé de oírlo. ¿Sabes lo que quiero decir?

—La pareja de un abusador

En este capítulo se sugieren respuestas específicas para cada una de las categorías de abuso verbal descritas en el Capítulo 8. Cada respuesta específica incide en el cumplimiento de los límites que se han fijado. Por ejemplo: si el límite es "No toleraré que me griten", la respuesta será "¡Basta!"

Es posible que si eres víctima de abuso verbal, desees avanzar hacia las respuestas específicas. Sin embargo, recomiendo que leas la sección introductoria sobre límites y posibilidades de éxito, así como las directrices generales para responder a los abusos. Si eres capaz de entender por qué ciertas respuestas son particularmente eficaces, serás más capaz de hacer cumplir los límites.

Cuando fijas límites estableces fronteras que te ayudan a proteger tu integridad como individuo y a definirte. Todo abuso verbal viola estos límites de alguna manera. Frente a un abuso es importante que respondas con pleno conocimiento de la violación que ha ocurrido. Esto permitirá que refuerces los límites y que restablezcas o confirmes tus fronteras. A continuación se presentan varios ejemplos de cómo el abuso verbal viola ciertos límites.

Si eres completamente ignorada por tu compañero; si él pasa de ti como si no existieras, tus límites son violados. Estás siendo tratada como si tu individualidad no existiera, como si no tuvieras fronteras que te distinguieran del escenario de fondo. Por lo general no pensamos en nuestros límites, pero resulta muy útil hacerlo. De hecho, la experiencia del abuso es la violación de límites.

Si eres insultada, se violan tus límites. Estás siendo definida por el abusador en sus términos, no en los tuyos, como si no existieran los límites que establecen y definen tu individualidad. Toma un momento para imaginar que tu pareja te ordena hacer algo. ¿Esta acción viola tus límites? En efecto. Cuando alguien te ordena hacer algo, estás siendo tratada como si no fueras un individuo autónomo, al que se le debe consultar o pedir las cosas. Estás siendo tratada como si no tuvieras límites que te separan del abusador; como si fueras su extensión o un instrumento de su voluntad. Esta es una gran invasión de tus límites y una violación de tu personalidad.

La negación es también una violación de tus fronteras. Cuando tus experiencias son negadas o menospreciadas, el abusador invade tus límites. Como si pudiera entrar en tu mente y declarar luego cuáles son realmente tus experiencias. Por lo general, según él, se tratan sólo de fantasías. En pocas palabras, "Tú no sabes de lo que estás hablando". Esta terrible invasión es, por supuesto, una violación.

Estos ejemplos sugieren la importancia de responder a los insultos de una manera que restablezcan y confirmen tus límites. El abuso verbal es una violación, no un conflicto. Hay una clara diferencia entre conflicto y abuso. En un conflicto, cada participante quiere algo diferente y, con el fin de resolverlo, discuten sus deseos, necesidades y razones mutuamente, mientras buscan una solución creativa. Aunque no la encuentren, ninguna fuerza domina o controla a la otra. El abuso verbal, sin embargo, es muy diferente. Es una intrusión por parte de una persona que ignora los límites del otro y que persigue despiadadamente el Poder Sobre, la superioridad y el dominio por medios encubiertos o evidentes.

Si sufres de abuso verbal, puede resultar útil que evalúes tu relación y que determines cuáles son las posibilidades de mejorar. Las siguientes preguntas pueden ayudarte:

- ¿Tu compañero enriquece tu vida?
- ¿Te trae alegría?
- ¿Sientes una conexión real con él?
- ¿Opinan de la misma manera y comparten los mismos sueños?
- ¿Tiene buena voluntad?

Manifestar buena voluntad en una relación implica tener profunda calidez y honestidad; mostrar preocupación por el bienestar de la pareja, así como un fuerte deseo por entenderla. Se trata de un movimiento hacia el otro (en un sentido psicológico), con la intención de alcanzar la comprensión mutua y el respeto. Si puedes contestar de manera afirmativa a las preguntas anteriores y tu compañero muestra buena voluntad existe una probabilidad alta de que sus conductas sean "malos comportamientos" que cederán cuando hagas cumplir tus límites.

Si te encuentras en una relación nueva y adviertes señales de abuso verbal, puede ser aconsejable que abandones la relación de inmediato. No es probable que una persona que necesita de un chivo expiatorio para dominar y controlar cambie con facilidad, sobre todo si se trata de una relación nueva en la que se ha invertido poco tiempo y energía. También es probable que cuando la novedad desaparezca él se vuelva más abusivo. Por otro lado, si está intentando poner en práctica algunos malos comportamientos aprendidos en el pasado, es probable que cambie si tú reaccionas rápidamente y comprende que tú no lo tolerarás.

Si, por el contrario, estás en una relación desde hace algún tiempo y es importante para ti a pesar de los abusos, no tardarás en descubrir por ti misma si tu compañero dejará o no su comportamiento abusivo. También ganarás conciencia y autoestima en el proceso.

Las respuestas sugeridas en este capítulo están diseñadas para impactar al abusador a fin de que detenga su comportamiento y respete los límites de la pareja. También favorecen el proceso de reconocimiento de la agresión por parte del abusador.

Es posible que hayas descubierto que explicarte y tratar de entender a tu pareja no ha mejorado tu relación. Por lo tanto, recomiendo que respondas de una manera nueva, de forma tal que produzcas un impacto emocional, psicológico, intelectual en tu pareja. Puede que él cambie cuando descubra que tú sabes cuándo estás siendo víctima de un abuso, que has fijado límites, que sabes lo que estás diciendo y que no aceptarás un comportamiento que no te guste, aun cuando él diga que tú "no sabes de lo que estás hablando".

No obstante, no te culpes si no logras el impacto deseado. Si tu pareja no quiere o no puede cambiar, es aconsejable que pongas fin a la relación. Para empezar, he aquí algunas recomendaciones: Déjale claro a tu compañero que no vas a responderle de la forma habitual en que lo has hecho, que en el pasado has intentado explicarle lo que te ha molestado pero que nos has tenido éxito. Escríbele una carta, si es más fácil para ti. Además, dile que no has estado conforme con algunas de las cosas que has escuchado de él, que quieres tener una buena relación y que te gustaría ver algunos cambios en la comunicación. Asegúrale que le harás saber lo que quieres y lo que no quieres, que has fijado ciertos límites, y que le avisarás si los sobrepasa. Pídele su cooperación.

Puede que él crea que los cambios no son necesarios. Si esto es así es porque, obviamente, no es él quien sufre el abuso. Te podrá decir que "estás buscando problemas" o que "estás tratando de arruinar la relación". Dile inmediatamente: "¡Basta! ¡No más acusaciones!"

Puede que continúe negando su comportamiento, como si fuera ciego, sin embargo, aún puedes tener un impacto sobre él con tus respuestas. Estas respuestas están diseñadas para abrirle los ojos a tu compañero y hacerle ver que su actitud es inaceptable para ti. Aunque algunos abusadores son muy resistentes al cambio, otros modifican sus comportamientos cuando experimentan el impacto de fuertes respuestas.

Si tu compañero sigue siendo abusivo, recuerda que no es ni tu culpa ni tu responsabilidad. Al tomar estas medidas vas a saber cómo reconocer el abuso verbal y cómo responder de manera apropiada. No es una tarea pequeña.

Si estás demasiado afectada—con demasiado dolor o confusión— para responder al abuso verbal aunque sea con un "Basta", debes buscar apoyo. Estás en una relación extremadamente tóxica y poco saludable. Si no sabes a dónde acudir, sigue las sugerencias sobre la recuperación que ofrezco en el Capítulo 13.

Para responder con fuerza, además de saber cómo y cuándo se violan tus límites, es importante comprender que el abuso verbal puede ser un signo de inmadurez emocional. Si no tienes en cuenta esto, puedes responder a los arrebatos infantiles de tu compañero (tales como berrinches o injurias) como si provinieran de un adulto racional. Por ejemplo, cuando algunas parejas son injuriadas con sobrenombres, estas pueden preguntarse, "¿Por qué piensa eso de mí?" Por supuesto, su intención es solo herirte.

La injuria de un niño ("¡popó!") y la de un adulto ("¡perra!"), se originan en el mismo nivel de desarrollo emocional. El niño no ha tenido tiempo de madurar, por lo que generalmente nadie se siente perturbado al oírlo. El insulto de un adulto, sin embargo, no sólo es inquietante, sino también peligroso.

La oposición es otro ejemplo de inmadurez. Con cuatro años de edad, el niño está tratando de aprender cómo son las cosas y es probable que contradiga a los adultos ("Esto no es así", "Estás equivocado"). En esta edad, él cree que su opinión es la única que existe y que el mundo es fijo y seguro. Un adulto maduro, en cambio, deberá reconocer que esto no es así y que hay tantos puntos de vista como personas.

A través del proceso de madurez no sólo aprendemos a respetar las opiniones y puntos de vista diferentes, sino que también aprendemos a expresar nuestra inconformidad apropiadamente. La mayoría de las personas aprenden de sus padres a expresar la ira de manera apropiada. El abusador, en cambio, ha perdido este aprendizaje crucial. Y esto, por cierto, es exactamente por qué está enojado y abusivo. La ira expresada adecuadamente no es abusiva, destructiva, ni acusatoria. Si la pareja de un abusador responde a una agresión con un contundente "¡Basta!", en este caso está utilizando su ira para protegerse. Este uso constructivo de la ira es bastante diferente de formas de ira abusivas como la destructiva y la acusatoria. Una expresión destructiva puede ser: "¡Tú sabes lo que hiciste!" Una expresión acusatoria puede ser: "¡Estás tratando de dejarme!" Uno puede imaginar cuán confuso puede ser para la pareja este tipo de abuso que podría haber escuchado a lo largo de su vida.

Unas palabras de advertencia: Si te sientes demasiado confundida, sorprendida, o con dolor como para hablar con tu compañero, si él parece estar fuera de control o le tienes miedo y si te ha golpeado o amenazado con lastimarte, no debes intentar lidiar con su comportamiento abusivo. En tal caso, deberías cuestionarte si te conviene o no continuar con él.

Responder al abuso verbal significa manifestar con firmeza lo que se quiere con el fin de provocar un impacto. No resulta fácil; por lo tanto, deberás ir a tu propio ritmo. No se trata de un juego de palabras sino que estás luchando por tu espíritu, tu cordura, tu alma.

Si te sorprenden es difícil saber qué decir. Es mejor mantener la calma. Claro está que es más fácil permanecer tranquilo ante un extraño—como cuando un conductor te maldice cuando te adelanta en la carretera—que hacer lo mismo con tu pareja. Y lo es por muchas razones, una de ellas es que tu corazón está abierto a tu compañero y por ello, él tiene el poder de rechazarlo. El abuso es rechazo. Es doloroso y tóxico.

Una última advertencia: No te engañes pensando que deberás tener la capacidad de permanecer serena aunque te traten mal. La serenidad nace cuando sabes que tienes cubiertos derechos fundamentales como el de vivir en un ambiente enriquecedor y el poder afirmar tus límites.

Si deseas responder con autoridad frente al abuso verbal recomiendo que continúes leyendo este libro. Cuanto más sepas sobre el abuso verbal y la personalidad abusiva, estarás más capacitada para responder con fuerza e impacto. Al principio puede ser útil practicar con un amigo o un consejero. De esta manera tu amigo puede leer las declaraciones abusivas del Capítulo 8 y tú puedes practicar las respuestas apropiadas. También podrías poner una silla vacía delante de ti e imaginar que hablas con el abusador. Trata de hacer los dos papeles, hablando en voz alta si es posible. Este juego de roles te brindará la oportunidad de obtener una visión de los diferentes tipos de abuso que hayas experimentado. Podría ser útil, además, revisar la lista de las categorías del abuso verbal dadas en el Capítulo 8 e intentar poner uno o dos ejemplos de cada categoría. Esto te ayudará a reconocer el abuso cuando lo oigas.

AL RESPONDER AL ABUSO VERBAL DEBES

❏ Saber que cuando te menosprecian, te ordenan, te gritan, y así sucesivamente, estás siendo abusada, y que el abuso es injusto, incapacitante y destructivo.

❏ Recordar que el abusador no está hablando de una manera racional, como un adulto.

❏ Saber que estás respondiendo a una persona que trata de controlarte, dominarte, o establecer superioridad sobre ti.

❏ Saber que tú no has hecho nada para causar el abuso.

❏ Saber que no es saludable vivir en un ambiente abusivo.

❏ Tomar distancia del abusador al ver su falta de madurez como lo que es.

❏ Responder con un tono de autoridad y firmeza que demuestra que hablas en serio y que no vas a tolerar más abusos.

❏ Permanecer alerta. Concéntrate en el presente. Advierte lo que tus sentidos te dicen. ¿Cómo te sientes? ¿Cómo te "suena" lo que él dice? ¿Qué ves?

Cuando respondas al abuso verbal debes hablar con seguridad y claridad, estar de pie o sentada de una forma recta y alta, mantener la cabeza al frente, mirar al abusador a los ojos, y respirar profundamente, dejando que el abdomen se expanda con la entrada del aire.

Aprender a reconocer los insultos y responder apropiadamente requiere tiempo, energía, esfuerzo, determinación y dedicación. Incluso, aun cuando logres detener el comportamiento abusivo de tu compañero, habrá factores en tu relación que deberás continuar trabajando. Si él está dispuesto a colaborar porque ha sido capaz de reconocer su comportamiento abusivo, quiere cambiar y tiene buena voluntad, entonces ambos serán capaces de construir una buena relación.

La efectividad y rapidez de los resultados depende de tu pareja. No puedes "hacer que suceda" todo por ti misma. Si él no quiere cambiar, entonces, por supuesto, no lo hará. Si, por ejemplo, continúa gritándote a pesar de que le has dicho "¡Basta!", o si concluye que tú eres la causa de su ira, no puedes esperar buenos resultados. En general, en un par de meses sabrás si está cambiando o no. A veces, los resultados se comienzan a ver en la primera semana. Todo depende de su interés por tener una relación sana contigo.

A continuación sugiero respuestas para cada una de las categorías de abuso verbal. Cada categoría fue descrita en el Capítulo 8. No necesitas memorizar todas las respuestas que sugiero, sino intentar transmitir el mismo significado con tus propias palabras.

RESPUESTAS A DETERMINADAS CATEGORÍAS DE ABUSO VERBAL

Si te encuentras en una situación extremadamente difícil y necesitas una respuesta rápida que se adecue a todo tipo de abuso verbal puedes decir simplemente: "¡Deja de hablarme de esa manera inmediatamente!"

Respuestas a quien retiene información

Como he explicado anteriormente, el rechazo a compartir es un "tratamiento de silencio" intencionado y es una violación de tus fronteras. Tú no necesitas estar sentada largas horas en silencio, interrumpido solo por tus ocasionales preguntas, tus comentarios sobre las noticias del día o expresiones de interés personal, mientras no obtienes ninguna respuesta de tu pareja. Ya sea que estén en casa o pasando unas vacaciones en la playa, si llevas horas o días experimentado esta incomunicación, abandona el lugar indicando con firmeza, claridad y sin rodeos: "Me siento muy aburrida en tu compañía".

A continuación, márchate todo el tiempo que desees. A lo mejor no logras un impacto, pero al menos dejarás de estar aburrida. La lectura de un libro o ir con tus hijos a tomar un helado resultará menos monótono y doloroso que esperar una respuesta y recibir este tipo de "tratamiento de silencio" o "ley del hielo". En una ocasión una mujer se puso los auriculares y se sentó a cenar oyendo su música favorita. Hizo gestos y tarareó durante la cena la música que sólo ella podía oír. Su comportamiento inusual provocó un impacto en su compañero quien comenzó a hacer comentarios para involucrarla en una conversación.

Respuestas a quien contradice

Si tu compañero contradice tus ideas, sentimientos y percepciones, o llega incluso a refutar lo que has dicho aun cuando haya tergiversado tus palabras, es posible que funcione un ¡Basta!, dicho con autoridad y decisión, mientras mantienes el brazo frente a ti en ángulo recto con tu cuerpo y con la palma hacia fuera, frente a él, a la manera de un agente de tránsito. A continuación dile "Por favor, mira mis labios" y repite tu declaración original despacio y con claridad.

No explique lo que dijiste o querías decir, porque simplemente contrarrestará tus argumentos. Repite este proceso cada vez que te contradiga. (Recuerda que tú tienes derecho a tus propios pensamientos y percepciones.)

Si expresas tu punto de vista sobre algo y él dice, "Yo no lo veo de esa manera", no te está contradiciendo. Simplemente está declarando que tiene un punto de vista diferente al tuyo.

En el Capítulo 8 vimos cómo en el diálogo entre Nan y Ned sobre la pantalla de la lámpara, el abusador llegó a contradecir sus propias declaraciones cuando Nan se las repetía. Si tu pareja expresa una opinión y tú la aceptas e, inmediatamente él la contradice porque tú la has aceptado, no continúes hablando. No trates de entender su segunda declaración porque, en definitiva, él te está contradiciendo, no tratando de llegar a un acuerdo contigo. Cuando te des cuenta de esto, basta con decir, "¡Espera! Yo no te entiendo. Por favor escribe lo que quieres decir" o "¡Basta ya! ¡Deja de contradecirme!"

Otra respuesta que funciona en la mayoría de las situaciones es "Si tú lo dices", dicho de una manera muy tranquila, lenta y enfática. Esta afirmación es indiscutible y deja al abusador con total responsabilidad por su propia declaración, dejándote a ti con el derecho a tu propia opinión.

A veces rebatir opiniones se convierte en una forma de desafío. Si después de expresar una percepción personal como "Me pareció que la obra estuvo buena" eres rebatida con una frase como "No puedes probar esto", la manera de responder a este desafío es decir simplemente "No". En tal caso, déjalo solo. Deja la habitación, sal a dar un paseo, visita a un amigo, almuerza en algún sitio, ve a la biblioteca o mira las vidrieras de las tiendas. Tú tienes derecho a tener tus propias opiniones y perspectivas. Puede haber tantas como personas en el planeta. Cuando te dicen que tu punto de vista está mal es como si alguien entrara en tu cuerpo y tu mente y luego negara tus experiencias. Claramente, se trata de una violación de tus fronteras.

Respuestas a quien menosprecia

El menosprecio es una forma muy problemática del abuso. ¿Cómo responder a los menosprecios? Al parecer, el daño ya está hecho, ya has sido menospreciada y herida. Entonces, cuando protestas ("¿Por qué dices eso?", "¡Eso no es verdad!", "Me siento mal", "Eso no fue muy agradable") te responden que tu experiencia no cuenta. Y en realidad no cuenta para nada. Cuando te dicen, "¡Estás sacando conclusiones apresuradas!" o "¡Estás haciendo una tormenta en un vaso de agua!", te están menospreciando. Es una tremenda violación e invasión de tus límites, como si el abusador hubiera establecido su residencia en tu mente e intentara barrer tu experiencia para reemplazarla con sus propias ideas.

No trates de entender por qué tu compañero piensa o dice eso. No trates de explicarle que no estás exagerando ni llegando a conclusiones rápidas. Responde con indignación natural que no te gusta oír esto y punto, "¡Deja de hacer ese tipo de comentarios ahora mismo!", o "¡Para! ¡No quiero volver a oírte decir esto!", o "¡Ya basta!" Estas respuestas podrán ser objetadas pero, al menos no podrás ser menospreciada tan fácilmente.

En el caso de que una expresión de menosprecio te tome por sorpresa (por ejemplo: "¡Tú no tienes ni idea de lo que estás hablando!"), responde muy enérgicamente subiendo las manos hacia arriba, como si hubieses hecho un gran descubrimiento: "¡Ajá! ¡Eso es lo que tú piensas!" Esta frase funciona frente a muchas declaraciones abusivas. Si él te responde que "sí", entonces, simplemente di, con gran intención y misterio, "Ya veo".

La única cosa que un abusador intenta evitar es asumir la responsabilidad de sus palabras. Con esta respuesta le haces saber que lo responsabilizas por lo que dice y que tú sabes que sus creencias no son las tuyas.

Respuestas a quien abusa disfrazando el abuso con bromas

Cuando después de sufrir un menosprecio y protestar por ello tu compañero te dice que era "sólo una broma", o cuando se ríe a carcajadas a costa de ti, estás sufriendo un abuso disfrazado de burla. Con el fin de responder a esta forma de abuso, es útil saber que él te ha ridiculizado porque cree que al hacerlo tú te deprimirás en tanto él se vendrá arriba, por así decirlo. (Esto dice mucho sobre su racionalidad y madurez.)

En algunos casos, cuando la pareja le dice a su compañero que no le gustó lo que dijo, él puede tomar esto como un ataque, y en vez de disculparse y manifestar su apoyo, puede volverla a atacar diciéndole, "¡Tú no tienes sentido del humor!"

Si oyes esto de tu pareja piensa que ha violado tus límites, ha invadido tu ser y presume de definir la más íntima cualidad de tu naturaleza, tu sentido del humor. No trates de explicarle por qué no encuentras simpáticas sus bromas. No le preguntes lo que quería decir o por qué lo dijo. No pierdas el tiempo preguntándote si él realmente entendía cómo sonaba lo que dijo, incluso cuando evidentemente sonaba divertido para él. Tampoco te preguntes por qué no puedes reírte con bromas ingeniosas que te desacreditan. Pregúntate, en cambio, por su madurez.

En cualquier momento en que te menosprecien, ridiculicen, denigren, o simplemente no te guste lo que estás oyendo, intenta responder con énfasis: "¿Me pregunto si ahora que has dicho . . . te sientes más importante?" o "¿Me pregunto si ahora que te has reído de mí, te sientes más importante?" Y concluye: "Me gustaría que pienses acerca de esto".

Entonces déjalo solo. Sal de la habitación o dile que estarás un tiempo fuera. Provocarás un gran impacto sobre tu pareja si haces esto. No discutas ni te dejes atrapar en una discusión. Si continúa desafiándote podrás decir, "No quiero hablar de eso" o "Hablaremos más adelante".

Respuestas a quien bloquea y desvía

Mantente consciente y alerta a tus sentimientos. Si te sientes frustrada cuando le preguntas a tu pareja sobre algo que te concierne o cuando tratas de decirle algo importante para ti, puede que estés experimentando un bloqueo o desvío.

Puesto que tú tienes derecho a administrar tus asuntos, si estás siendo bloqueada y desviada a la hora de obtener la información que necesitas, entonces están violando tus límites. Te están frustrando de una manera solapada, encubierta, como si no tuvieras derechos básicos. Esto es un asalto a tu dignidad humana.

Si tus preguntas son bloqueadas o desviadas, no respondas a las declaraciones o estados que intentan acusarte o desviar tus propósitos. Di, "¡Mírame!" y luego repite tu pregunta o argumento. Por ejemplo, si preguntas "¿Dónde están los $5,000 que faltan?" y la respuesta es "¿Me estás diciendo que tengo que tenerlo todo organizado cuando tú ni siquiera conoces el estado de tu cuenta?", responde al bloqueo: "¡Mírame! ¿Dónde están los $5,000 que faltan?"

Si te replica con un desvío, "¡Si no te gusta cómo llevo las cuentas de la casa, a partir de ahora te encargas tú!", repite tu pregunta: "¡Mírame! ¿Dónde están los $5,000 que faltan?"

Repite tu pregunta hasta que te responda. Mantente enfocada en tus propios sentimientos, en tu deseo de conocer. No te dejes atrapar en sus palabras. Es muy fácil querer defenderse de las acusaciones, pero si lo haces, caerás en su desvío. Sus respuestas pueden ser o una pregunta o un argumento directo de que no va a responder a tu pregunta. En ambos casos se trata de un bloqueo o un desvío. Si lo deseas, puedes decirle, "¡Deja de desviar la conversación!"

Respuestas a quien acusa o culpa

Responder con conciencia a la acusación y a la inculpación es crucial si la pareja quiere vivir libre de abuso. Si es consciente de que esto es una forma de abuso y violencia contra ella, se sentirá libre de abandonar al abusador si él no interrumpe el abuso. Una mujer puede permanecer en una relación abusiva porque cree que será capaz de explicar a su compañero que ella no está haciendo aquello de lo que se le acusa y que no es responsable de aquello de que se le culpa. Quiere que su compañero la comprenda y se dé cuenta de que ella no es su enemigo.

Si experimentas abuso verbal en tu relación, entonces, sin dudas, eres objeto de acusaciones e inculpaciones. Cuando estés plenamente consciente de que los abusadores verbales acusan y culpan a sus parejas con regularidad, entonces podrás responder con mayor eficacia a este tipo de abuso.

Cada vez que te diga que estás actuando mal, que te crees inteligente o que te haces la tonta, que estás tratando de empezar una discusión o que estás imaginando cosas, que estás tergiversando sus palabras o interrumpiéndolo, que estás tratando de tener la última palabra o hablando sin parar, que te crees muy suspicaz o piensas que lo sabes todo, que estás buscando problemas o intentando pelear y así sucesivamente, estás siendo abusada. Puedes decirle simplemente, "¡Deja de acusarme y culparme ahora mismo! ¡Para ya!"

Puedes optar por añadir cualquiera de las siguientes respuestas:

- "¡No quiero oírte decir eso de nuevo!"
- "¡Recuerda con quién está hablando!"
- "¡No me hables así!"
- "¡Tú sabes más que eso!"

No pases ni un segundo tratando de explicar que no estabas haciendo lo que se te acusó de hacer o que no eras culpable de lo que se te atribuyó. Sólo di, "¡Basta ya!" Las declaraciones abusivas son mentiras sobre ti y violan tus límites. El abusador, en efecto, invade tu mente, construye una "historia" sobre tus motivos, y luego te la cuenta. Ningún ser humano tiene el derecho a hacer esto a otro.

Generalmente cuando te acusan o culpan construyen mentiras sobre tus intenciones, actitudes o motivos. Esto provoca un fuerte sentimiento de frustración y mal entendido y, por lo tanto, te deja deseosa de explicarte. Pero si te explicas el abuso se perpetúa.

Recuerda esto: Si crees que si lograras explicar mejor las cosas él te entendería, estás en un error. Imagina que alguien comienza a tirar piedras a tu ventana. ¿Le dirías que dejase inmediatamente de hacer esto o le explicarías el por qué tirar piedras a una ventana es un atropello? El abuso verbal es como una piedra lanzada a tu ventana.

Respuestas a quien enjuicia y critica

Por lo general, los juicios y las críticas son mentiras sobre tus cualidades personales o desempeño y, en realidad, constituyen fuertes golpes a tu autoestima. Cuando escuches juicios o críticas como "Eres muy mala conductora", podría ser útil preguntarse: "¿Quién se atribuye el derecho o la autoridad de juzgarme y criticarme? ¿Quién es el crítico? ¿Quién emite el juicio?" No es un tribunal, ni un juez, ni un dios, apenas alguien que debería estar ocupándose de sus propios asuntos. Nadie tiene el derecho de juzgar y criticar las cualidades personales o el desempeño de otro.

Las definiciones sobre ti violan tus límites, y las suposiciones son una invasión. Para responder a este tipo de abusos debes decir con tanta fuerza, firmeza y autoridad como sea posible y sostenida por la energía de tu ira:

- "¿Has escuchado lo que has dicho?"
- "¡Deja de juzgarme!"
- "¡Para ya de criticarme!"
- "¡Ya basta de eso!"
- "¡No acepto eso!"
- "¡Eso no tiene sentido!"
- "¡Por favor, ahórrate tus comentarios!"
- "¡Ocúpate de tus asuntos!"
- "¡Esto no te concierne!"

A continuación, abandona el lugar si es posible, y desde luego no continúes con una discusión. La discusión diluye el impacto de tu respuesta.

Respuestas a quien trivializa

La trivialización es el comportamiento abusivo que resta importancia a tu trabajo, a tus esfuerzos, a tus intereses o a tus preocupaciones. Se hace muy subrepticiamente, a menudo con fingida inocencia. El abusador invade tus límites y "penetra" en tu psiquis para después decir que lo que es valioso para ti o verdaderamente significativo, en realidad tiene poco valor o no tiene mucho sentido. Él intenta diluir el sentido y el valor de tu vida.

Cuando oigas que trivializan tus esfuerzos puedes responder con cualquiera de las siguientes frases:

- "Ciertamente no me siento apoyada cuando escucho ese tipo de comentarios".
- "Preferiría no escucharte decir esto".
- "He oído todo lo que quiero oír de ti".

Respuestas a quien socava

Dado que el acto de socavar es cruel y encubierto, la mejor respuesta es decir las cosas directamente:

- "¡No me gusta tu actitud!"
- "Esto fue un golpe bajo".

- "¡Deja de hacer eso!"
- "Esto no me da ninguna risa".

Este tipo de abusador es el que se puede reír de su compañero si accidentalmente se hiere, se cae o se quema al derramar la sopa. Tal comportamiento socava la autoestima de la pareja y es una expresión de tendencias sádicas del abusador. Es también una invasión de los límites de la pareja, en tanto viola su experiencia de la realidad. El abusador está diciendo: "Eso que para ti es dañino, es algo que me da placer. Mira como me río".

Respuestas a quien amenaza

Si te sientes amenazada o en riesgo de daño físico (incluyendo agresión sexual, estés casada o no), o percibas una situación que podría derivar en una agresión física, es sumamente importante que busques apoyo y ayuda tan pronto como sea posible.

Si eres amenazada verbalmente, tu pareja está tratando de manipularte. Si no haces lo que él quiere, por ejemplo, amenazará con dejarte. En este caso, la amenaza supone un "desastre inminente" que rompe la serenidad de la pareja, así como sus límites.

Reacciona con tanta claridad y calma como te sea posible y di:

- "No me molestes con esas amenazas, por favor".
- "Deja de amenazarme".
- "No quiero oírte".
- "Déjame en paz".

Respuestas a quien insulta

Los insultos, como he descrito anteriormente, son una invasión de tus límites. Puesto que son especialmente abusivos, deben ser respondidos con indignación.

- "¡Para! ¡No vuelvas a insultarme nunca más!"
- "¡No quiero oír insultos en esta casa/por aquí/más!"

Si has sido insultada es muy importante que entiendas que nadie, por ninguna razón, tiene derecho a hacerlo. No hay ninguna justificación para que te pongan apodos. Si te has acostumbrado a ellos, es importante tener en cuenta que es posible vivir libre de este tipo de abusos: muchas personas lo hacen. Es muy posible que quien insulta no tenga el desarrollo emocional que le permita amar al otro en una relación saludable.

Respuestas a quien ordena

Si tu pareja te da órdenes, ha olvidado que eres una persona independiente, con el derecho a la vida, la libertad y la búsqueda de la felicidad. Si él quiere algo de ti, debe pedirlo cortésmente. Deberías recordarle tus límites y llamarle la atención diciendo:

- "¿A quién le estás dando órdenes?"
- "¿Te oyes a ti mismo?"
- "¿Puedes pedírmelo de favor?"
- "Yo no sigo órdenes".

Si te da órdenes en plural como, por ejemplo, "Nos vamos ahora mismo", recuérdale, en este caso, tus límites, diciendo: "Eso no es lo que quiero hacer ahora mismo".

Respuestas a quien "olvida" y niega el abuso

No es posible responder de manera adecuada a la negación si crees que el abusador dice la verdad. Cuando quieres conversar sobre algo que te ha incomodado anteriormente y él dice que no sabe de lo que estás hablando, posiblemente te veas impulsada a explicarle lo que ocurrió. Si crees en él, puedes quedar atrapada en el ciclo sin fin de tratar de exponerle cómo su conducta te lastimó, te hirió o te asustó, lo cual indica, además, que crees que habría alguna manera de obtener su comprensión. Sin embargo, esto no es posible; por el contrario, "tratar de explicar" te encierra en un ciclo: mientras más expliques, más enojado se pondrá y será cuanto más niegue su responsabilidad en lo ocurrido. Si quedas atrapada en este ciclo posiblemente te dirá que tú has provocado su cólera.

Si la pareja cree en la negación del abusador, también puede quedarse atrapada de otra manera. En efecto, podría suceder que tratando de superar o trascender el daño recibido, decida que no debe sentirse molesta porque, después de todo, como él dice, "ella se toma todo de la manera equivocada".

La forma más astuta de la negación es el olvido. Olvidar es una forma de negación que desplaza toda la responsabilidad del abusador a cierta incapacidad "mental". Cuando afirma, "No recuerdo haber dicho esto", deja a la pareja con las ganas de haber tenido un testigo para contrastar los hechos.

¿Cómo es posible molestarse por algo que tu compañero te dijo o hizo, si él afirma que fuiste tú quien lo provocó o que él no recuerda nada? La clave es esta, no dejes para luego el hacerle frente a un abuso verbal. No le des la oportunidad de negar el abuso o de descontar tus sentimientos. Cuando oigas algo que no te gusta, responde de manera inmediata con una frase que le indique claramente que pare. Las dos respuestas más eficaces a la negación son "¡Basta!" y "¡Deja de volverme loca!"

Mantén tu atención centrada en tus propios sentimientos y sensaciones corporales para que no le des margen a confundirte con su negación. No dediques ni un minuto a tratar de averiguar lo que tu compañero está pensando o sintiendo; ni un segundo a pensar si él entiende por qué le estás respondiendo con fuerza e, incluso, ni una milésima de segundo a preguntarle si le parece bien tu respuesta.

Frente a un abuso verbal que te provoque dolor, pena o confusión no gastes tiempo tratando de entender por qué tu pareja actúa de esta forma. Responde de una manera que le haga saber que deseas que se detenga en ese mismo momento.

Si, en cambio, esperas a más tarde para discutir lo que te ha molestado, y él te dice que no recuerda el incidente, no aceptes su "olvido". Basta con decir, "No te creo. Y no quiero que vuelva a suceder".

Respuestas al adicto a la ira

Si durante la lectura de toda esta sección has estado pensado que no serías capaz de responderle a tu pareja de la forma en que te he sugerido, entonces, es probable que estés conviviendo con un adicto a la ira. Si es así, debes respetar tu miedo y seguir las precauciones recomendadas al inicio de este capítulo.

La ira abusiva es un factor muy importante en el abuso verbal y parece estar estrechamente vinculado a la necesidad de estallar, dominar, controlar, sobresalir y rebajar al otro.

¿Cómo responder a la ira abusiva? Las mujeres entrevistadas respondieron sentir miedo y no sin razón. Una regla general para hacer frente a la ira de tu pareja es mantenerte alejada de él. De todas formas, es conveniente tener algunas estrategias de respuesta que provoquen un impacto en tu compañero, que motiven el cambio o que te den el tiempo necesario para salir de la relación, si es preciso.

Frente a los gritos de tu pareja es necesario tomar distancia y pensar en él no como tu compañero o el padre de tus hijos, si no como un niño petulante, gritón, malcriado, testarudo y con berrinches. Si piensas en esto, podrás responder con firmeza: "No me puedes levantar la voz" o "No me gusta ese tono de voz". O puedes ser lo suficientemente rápida como para decir, "¡Detente!" Respira profundo y hábleme bien".

Un hombre enojado puede abusar de ti rodeado de amigos de una manera que solo tú lo entiendas. En esta situación, si tú replicas, puede parecer que tus palabras están "fuera de contexto". Trata de responder de la siguiente forma: "A pesar de que aquí nadie sabe de qué se trata, estoy muy disgustada contigo".

Muchas parejas encuentran particularmente difícil la tarea de responder a la ira abusiva, porque esta suele ser inesperada y las toma por sorpresa. En ese momento, tiendes a querer analizar o a entender por qué te están gritando de esa forma. La clave para responder a la ira abusiva, sin embargo, es no prestar atención a las palabras de tu pareja porque cuando alguien te grita está siendo abusivo y, en consecuencia, no debes dedicar ni un segundo a tratar de entender este comportamiento.

En el momento en que oigas un tono de voz airado o el rostro o el cuerpo tenso, con apariencia de estar a punto de estallar, responde con "¡Detente!" A continuación, abandona el lugar o, si estás hablando por teléfono con él, cuelga. Tu respuesta puede provocar un impacto en él y evitar el abuso. Si logras ser consciente de la cercanía de un ataque de ira de modo que puedas responder o alejarte de inmediato, romperás el patrón de la ira y evitarás quedar atrapada en las ofensas del abusador. Si estás alerta a los signos de la ira responderás más rápidamente y con mayor claridad.

Debes ser consciente que no se puede cambiar a nadie si la persona opta por no cambiar. En tal caso, puede que tengas que enfrentarte a la realidad de que es imposible vivir una vida saludable en un ambiente tan dañino. No puedes dedicar tu vida a estar en guardia, siempre preparada para responder a los abusos. Por otra parte, la ausencia de abuso no necesariamente garantiza una relación feliz, protectora, cálida.

Si es posible, se debe resolver el problema antes de que comience. Desde luego, la mejor manera de evitar el abuso verbal en la relación es detectar de antemano al agresor y evitar tener una relación con él.

Si estás considerando tener una nueva relación, sé exigente y observa la diferencia entre lo que quieres, lo que te imaginas, y lo que en realidad estás recibiendo. Sobre todo, ten en cuenta si tu pareja comparte tu misma realidad.

Las siguientes preguntas pueden servir como medio de evaluación. Confía en tus propias percepciones y sentimientos a la hora de responder. Si una sola de las respuestas es negativa, entonces debes pensar en la probabilidad de que no tendrás una relación sana.

1. ¿Sientes que él es feliz en su vida?
2. ¿Disfruta tus ideas y te sientes compenetrada con él?
3. ¿Tienes una conexión real con él; se ríen juntos e interpretan las cosas de manera similar?
4. ¿Sientes que él es como tu mejor amigo?
5. ¿Te sientes relajada con él?
6. ¿Puedes ser "tú misma" cuando estás con él sin que te critique?
7. ¿Comparte sus intereses contigo y expresa interés en tus cosas?
8. ¿Habla de una forma abierta y honesta sobre sí mismo?
9. ¿Sientes afecto y comprensión de su parte?
10. ¿Se divierte a menudo a costa de los demás, o está amargado o es intimidante, o te hace sentir incómoda?
11. ¿Suele desconfiar de otras personas?
12. ¿Suele estar en contra de tus pensamientos, ideas, sentimientos y experiencias?
13. ¿Pasar el tiempo con él no es tan agradable como pensabas?
14. ¿Su mundo se compone de "buenos" y "malos"?
15. ¿Te parece que él entiende o recuerda cosas de manera diferente a ti?
16. ¿Hace suposiciones acerca de ti, basado en la evidencia anecdótica?

Las preguntas anteriores permiten evaluar cualquier relación, sea nueva o antigua. Confía en tus propios sentimientos. Si tienes la menor sensación de que algo está mal, es porque *está mal*.

CAPÍTULO XIII

La recuperación

Todos los cambios, incluso los más deseados, provocan melancolía; porque lo que dejamos atrás es una parte de nosotros mismos. ¡Tenemos que morir en una vida para poder entrar en la otra!

—Anatole France

Cuando las parejas de los abusadores verbales reconocen el abuso y dan los pasos necesarios para asegurarse de no volver a ser presas de este, ya están en el proceso de recuperación. La recuperación es un proceso de curación y reorientación que no tiene un tiempo pautado y que a cada persona le toma un tiempo diferente. El reconocimiento de la violencia, ya sea emocional, física o sexual, haya ocurrido en la niñez o en la edad adulta, provoca dolor y conmoción. El espíritu se conmociona desde sus cimientos mientras la mente y el cuerpo enfrentan lo inconcebible, lo que al final deberá ser aceptado como una realidad, reconocido e integrado. Cuanto más haya durado y cuanto más intenso haya sido el abuso, tanto más largo será el proceso de recuperación.

En su libro *Stopping Wife Abuse* (*Cómo detener el abuso marital*), Jennifer Baker Fleming ofrece una lista de afirmaciones que ayudan a las mujeres a pensar de manera más fuerte y positiva (1979, p. 64). Incluyo aquí la lista con algunos cambios y adiciones para ayudar a las víctimas de abuso verbal.

- Puedo confiar en mis propios sentimientos y percepciones.
- Yo no soy culpable de ser víctima de abuso verbal.
- Yo no soy la causa de la irritación, la ira o la rabia de mi pareja.
- Merezco ser liberada de la angustia mental.
- Puedo decir "no" a lo que no me gusta o deseo.
- Soy un ser humano importante.
- Soy una persona valiosa.

- Merezco ser tratada con respeto.
- Tengo poder sobre mi propia vida.
- Puedo usar mi poder para cuidar de mí misma.
- Puedo decidir por mí misma lo que es mejor para mí.
- Puedo hacer cambios en mi vida cuando lo desee.
- No estoy sola.
- Puedo pedir a los demás que me ayuden.
- Soy capaz de trabajar mis conflictos personales y cambiar.
- Merezco vivir mi propia vida segura y feliz.
- Puedo contar con mi creatividad e ingenio.

A continuación se presentan algunos pasos que pueden servir de guía para la recuperación y la curación si has estado en una relación verbalmente abusiva o estás en proceso de dejar la relación. A medida que te liberes del ambiente abusivo, debes tomar medidas para mejorar tu autoestima y calidad de vida.

La recuperación del abuso verbal es la oportunidad de aceptar todos tus sentimientos y reconocer su validez. Debes ser la primera persona en reconocerlos y aceptarlos. Los sentimientos son, como ya he dicho anteriormente, los indicadores de que *algo estaba o está mal en tu entorno y no en ti misma*.

Si no tienes un asesor profesional o terapeuta, vale la pena dedicar tiempo y dinero para buscar uno. Un asesor puede brindarte apoyo en la creación de un ambiente reparador para ti misma y, con su ayuda, puedes llegar a ser consciente de cómo percibiste el abuso verbal en tu infancia como algo normal, ya sea porque te adaptaste a él o percibiste cómo otros se adaptaban. En casa, en la escuela o con tus compañeros, puedes haber sido llevada a dudar de tus propios sentimientos. Incluso los padres más bien intencionados no siempre pueden entender y aceptar los sentimientos de sus hijos.

Asegúrate de que te sientes comprendida y apoyada por tu consejero. Si te da consejos sobre cómo mejorar la relación, piensa que, en realidad, pueden ser contraproducentes. Al igual que las esposas maltratadas físicamente, las parejas de los abusadores verbales se sienten culpables de los gritos y los menosprecios a que son sometidas. Cuidado con los consejos bien intencionados pero incorrectos de tu consejero. En una ocasión, un terapeuta le dijo a una mujer maltratada verbalmente: "Si te sinceras con él, él te entenderá". Como ya he explicado, esto no funciona para el abusador verbal. Él será consciente de tu vulnerabilidad y, cuando se sienta enfadado, podrá usarlo en tu contra. Algunos abusadores se sienten triunfantes, como si hubieran ganado una contienda, si sus parejas sienten dolor tras una agresión verbal y, por el contrario, montarán en cólera, alegando que están siendo atacados, si la pareja le reclama que ha sido herida.

En otra ocasión, un consejero le dijo a una mujer que estaba en trámites de divorcio: "Siempre vas a tener una relación con él a través de los niños". En ese momento ella pensó: "Nunca voy a conseguir mantenerlo a distancia. Siempre seré su blanco, como si estuviera de pie frente a una ametralladora". Sin embargo, después se dio cuenta de que esto no tiene por qué ser cierto. Ella nunca tiene que estar en la misma habitación con él y nunca tiene que hablar directamente con él, aun cuando tengan el vínculo de los hijos.

Otro consejero que no tenía ninguna experiencia con el abuso verbal aconsejó lo siguiente, "Él es una persona inofensiva. Mira cómo te mantiene económicamente y no anda por ahí". Si el terapeuta hubiera visto evidencias físicas del abuso, nunca habría dicho esto, ni siquiera en tono irónico. El abuso verbal, por el contrario, no deja evidencia física. Recomiendo que leas la bibliografía que pongo al final de este libro para que localices las obras que abordan el asunto de la recuperación. A pesar de que no se dirigen explícitamente a la cuestión de los abusos verbales, te puedan brindar un apoyo adicional y proporcionarte ideas y estímulo.

Sugiero que busques, además, un grupo de apoyo con el que te sientas cómoda. Un grupo de apoyo te ofrecerá una retroalimentación honesta, un sentido de comunidad, además de validar tus sentimientos y experiencias, algo fundamental en el caso del abuso. Los grupos de apoyo son especialmente valiosos para aquellas personas que han sufrido la permanente negación de los abusos por parte del abusador. Estar con otras personas que te entienden y que han tenido experiencias similares enriquece tu espíritu.

Por otra parte, alcanzar metas personales, paso a paso, genera confianza y autoestima. Si estableces metas diarias, no importa cuán pequeñas sean, y las completas cada día, sentirás que fortaleces tu espíritu. Mientras estés enfrentando estos cambios internos y externos, mantén la rutina de tu vida diaria lo más estructurada posibles. Es decir, un horario regular para las comidas, para el ejercicio y para dormir. Es necesario reconocer que todo cambio, incluso el más anhelado, es estresante; por ello deberás centrarte en el presente y utilizar toda la energía disponible para amarte y cuidar de ti misma.

Protégete y satisface tus necesidades con una actitud paternal y maternal a la vez. Con esta doble actitud lograrás amparo y seguridad. La actitud paternal garantiza un espíritu de exploración y aventura, así como el coraje para actuar. La actitud maternal protege a la niña que llevas dentro y potencia el espíritu de aceptación amorosa hacia ti misma, hacia tus sentimientos, ideas y creatividad.

En el camino de la recuperación puedes darte cuenta de que has sido víctima. Esto forma parte de una tradición de miles de años de antigüedad en la que las mujeres han sido dominadas y controladas por sus compañeros, abiertamente o de forma encubierta. Puede que te aflijas, pero no sientes vergüenza. Es al abusador a quien debería corresponderle este sentimiento. Al reconocer tu realidad como algo separado de la de tu pareja será más fácil para ti comprender quién debe sentir o no vergüenza. El reconocimiento del abuso y los pasos que has tomado para liberarte de él te permitirá comenzar a formar parte de una nueva tradición con la autoestima de la Realidad II y libre de situaciones abusivas.

Seguramente te preguntarás cómo pudiste dejarte confundir por el abuso verbal. Los mensajes contradictorios como "¡Yo no estoy loco! ¡No sé lo que estás hablando!" son siempre confusos porque, por una parte tú sabes que no está loco, pero por otra, cómo es posible olvidar una discusión que ha sucedido momentos antes. Ahora, cuando comiences a darle prioridad a tus sentimientos y percepciones, este tipo de mensajes no podrán desorientarte. Por ejemplo, si percibes su ira pero él dice que no está enfadado, tu percepción sobre su ira deberá tener prioridad sobre sus palabras de negación. Tú estás segura que él está enojado porque oyes su tono de voz.

En el camino de recuperación te darás cuenta de las diferentes formas de abuso que has venido sufriendo. Es posible que tengas *flashback* o recuerdos traumáticos sobre episodios que en su momento no pudiste comprender y asimilar. Un *flashback* es como un repentino reconocimiento en el que vuelves a experimentar dolor y a revivir una experiencia pasada impactante. En tal caso, es útil reconocer lo que te está sucediendo, trabajar los sentimientos que regresan con el *flashback*, y mantener la concentración en el presente. Es posible que también necesites tiempo para poner en orden todos los mensajes confusos que te dieron sobre ti misma. Si te dijeron en repetidas ocasiones que no sabías de lo que estabas hablando y si todos tus puntos de vista y percepciones fueron anulados, se necesita tiempo para construir una correspondencia entre tus percepciones y la realidad que te rodea sin interferencias externas.

Cuando hayas transitado una buena parte del camino de la recuperación, posiblemente podrás iniciar una nueva relación. Para entonces ya habrás aprendido a discriminar entre tu realidad y la del abusador y podrás confiar en tus percepciones frente al más mínimo indicio de una personalidad abusiva, propia de la Realidad I. Si detectas que las cosas no están bien, ya sabes que irán a peor.

CAPÍTULO XIV

Mirando atrás

Ahora todo parece real. Antes era como si estuviera en un
mundo equivocado. Mi presencia allí era un gran error. Yo
lo hacía enfurecer.

—Una pareja de un abusador verbal

La primera cosa que noté sobre Olivia eran sus ojos grandes y oscuros que, al reírse; lucían como reluciente cristal. Ella me había prometido una entrevista y finalmente, después de varios retrasos, nos encontramos en un pequeño restaurante para hablar mientras tomábamos café.

Ella me dijo: "No siempre fui tan feliz. Nunca olvidaré el día que mi marido se convirtió en un extraño justo en frente de mí". Ella titubeó. "Pero la mayoría de las veces no pienso en eso".

"Pero ahora te ves feliz", le dije.

"Oh, sí, a pesar de todo, la vida es dulce. No me han vuelto a humillar ni a gritar desde hace mucho tiempo. Cuando encuentro a alguien de ese tipo me aparto de inmediato. No tardo ni dos segundos en identificarlo. Antes me sentía herida todo el tiempo y siempre estaba tratando de entenderlo". El recuerdo de su pasado desconcertante se pintó en su rostro.

"¿Y tu vida comenzó a cambiar después de tener esa extraña experiencia?" le pregunté. "¿Podrías contármela?"

Ella se encogió de hombros y miró a su alrededor, como para asegurarse de que nadie la estaba escuchando. "Yo sola. Todo lo hice yo sola", repitió.

Para alentarla a hablar le pregunté, "¿Qué fue lo que pasó? ¿Encontraste a tu marido con otra mujer?"

"No, me di cuenta de que Dick vivía realmente en un mundo diferente al mío. Llevábamos dieciséis años de casados cuando, de repente, supe que todo este tiempo me había estado tratando mal. ¿Sabes lo que quiero decir?"

"Sí", asentí, notando que su aspecto delgado y frágil contrastaba con la fuerza de su voz.

"Durante mucho tiempo no lo supe. Es extraño; si eso le hubiera sucedido a otra persona habría dicho, '¡Hey, eso está mal!' Pero pasaron algunos años . . . bueno, ¡dieciséis!"—sonrió—"antes de que realmente me diera cuenta".

"¿Quieres decir que no te parecía que él estuviera actuando mal cuando te gritaba?" pregunté.

"Bueno, sí. Sabía que no estaba contenta, pero de alguna manera pensaba que debía ser capaz de soportarlo, como si no estuviera bien sentir dolor, o como si debiera sentirme de manera diferente a como me sentía. ¿Por qué tenía que sentirme tan mal si él me decía que no había pasado 'nada'? Pensé que debía intentar conseguir que me entendiera para que no se enojara nuevamente conmigo".

Nos servimos más café. "Suena como si estuvieras diciendo que pensabas que no debías sentirte dolida cuando te gritaba. ¿Cómo es posible? ¿Qué fue lo que te llevó a pensar esto?" pregunté.

Ella cerró los ojos, inclinando su cabeza hacia arriba, como para capturar una escena antigua. Bajó la cabeza y me miró directamente a los ojos: "Él siempre tenía una razón [para enojarse] que parecía tener sentido solo para él. Es por eso. Pero a partir del día en que se convirtió en un extraño dejé de pensar que estaba equivocada".

Di la vuelta a la cinta que grababa. Ella esperó.

"¿Podrías contarme lo que te pasó y cómo te sentiste? Me gustaría entender estas cosas".

"Lo que me pasó no fue tanto lo que me hizo cambiar sino el darme cuenta de las cosas. Te lo contaré".

Ella comenzó su relato: "Una noche unos amigos se quedaron a dormir en casa. Esa noche, antes de que Dick llegara, hablamos de lo que haríamos de desayuno al día siguiente. Acordamos comer tostadas y huevos pasados por agua.

"Por la mañana, cuando estaba tranquila en el jardín, Dick se apareció de pronto para decirme, 'Voy a la tienda a comprar una torta de café', como lo hacía casi todos los domingos. '¿Necesitas algo?' Me alegré de que preguntara porque parecía colaborador. Pensé rápidamente si hacía falta algo pero en realidad no necesitaba nada. Le dije, 'Gracias, pero no creo que necesite nada y es probable que ellos no quieran pastel de café en el desayuno'. Esto no me tomó apenas unos segundos.

"Inmediatamente Dick se puso furioso. Su cara se puso roja; echaba fuego por los ojos y tenía las mandíbulas contraídas. Se lanzó hacia mí y tuve miedo. Sus palabras eran como balas: '¡No me importa! ¡No voy a comprar la tarta para ellos!' gritó enfurecido. '¡La voy a comprar para mí!' Y desapareció tan repentinamente como había aparecido".

Olivia parecía estar fuera del mundo, mirando al vacío mientras hablaba. Miró hacia mí, levantando las cejas ligeramente como si recordara lo extraño de la situación.

"¿Parece increíble que pudiera enfadarse por eso, no? Pero fue así. Ahora que miro atrás comprendo que en realidad él se enfadaba por cualquier cosa. En ese momento no sentí nada. Creo que sufrí un *shock*, como se le llama, aunque ya estaba familiarizada con este tipo de reacciones. Caí en una especie de letargo y los pájaros dejaron de cantar o yo dejé de oírlos. ¿Quién sabe? Después sentí como si se removiera algo en mi interior, en algún lugar entre el corazón y el estómago. Cuando miro atrás, recuerdo que empecé a buscarle algún sentido a aquello. ¿Qué dije? ¿Qué me dijo?"

Ella vaciló y respiró profundamente. La miré a los ojos y le pregunté, "¿En ese momento, cuando empezaste a pensar en lo ocurrido también te sentiste sacudida interiormente?"

Asintiendo con suavidad me dijo, "Sí, y tal vez por eso me era difícil pensar. Cuando finalmente entendí, toda mi vida cambió. Pero me estoy adelantando a los acontecimientos. Ahora sé que si alguien recibe un golpe, ya sea con el puño o con las palabras, no está bien, pero en aquel momento yo estaba tratando de encontrarle un sentido a lo ocurrido. Así que empecé a tratar de averiguar lo que había dicho o insinuado para enfadarlo. No sabía entonces que yo era la única dañada. Pensé que se había sentido excluido de la preparación del desayuno y que esto había herido sus sentimientos. O a lo mejor se había enfadado porque yo sabía que nuestros amigos no querían pastel y él no".

"¿Así que pensaste que habías herido sus sentimientos?" pregunté.

"Sí", respondió, "pensé que quizá yo debería haberle comentado los planes de nuestros amigos. O que acaso se hubiera enfadado porque yo suponía que él compraría suficiente tarta para todos sin preguntarle si él tenía intenciones de compartir su tarta. O, por el contrario, porque él sí quería compartir y le había frustrado sus deseos. Pensé, entonces, que tal vez él había planeado comprar dos pasteles de café y tuvo que cambiar sus planes. Que a lo mejor él quería crear una atmósfera de festejo y que se sintió tan desilusionado por mi negativa que se puso furioso. O quizá me gritó porque creyó que yo me había dado cuenta de que él estaba desilusionado y no demostré que eso me preocupara. O simplemente se enfadó porque yo estaba ahí, disfrutando en el jardín, en lugar de ir a la pastelería . . . ¿Cómo podía saber?" Sacudí la cabeza. "No sé, no sé cómo podías saberlo. Es probable que sintieras que si lograbas comprender qué había pasado no cometerías el mismo error, cualquiera que fuese, y nunca volverías a pasar por otra experiencias destructivas. ¿Crees que fue así?"

"Sí, estoy segura de eso", contestó. "Creo que en ese momento el esfuerzo por comprender estaba anulando cualquier otra cosa en mi vida. ¿Entiendes lo que quiero decir?"

"Sí", dije. "¿Entonces te centraste cada vez más en tratar de entender lo que sucedía?"

Los ojos de Olivia brillaron mientras se inclinaba hacia delante: "Así es".

Y continuó su historia: "Me equivoqué completamente, quiero decir, sobre por qué se había puesto furioso. Cuando tuve el valor suficiente para preguntarle negó haberse enfadado, como de costumbre. No dije nada y seguí esperando su respuesta. Al final me dijo que yo no había querido que él gastara dinero comprando un pastel. Eso fue lo que él dijo. Y tuve que ver cómo se enojaba nuevamente cuando decía esto. Yo estaba realmente confundida de que él pensara esto cuando él ganaba suficiente dinero toda la semana y compraba un pastel casi todos los domingos.

"Esa noche pensé en lo ilusa que había sido siempre. Antes de esto había tenido lo que yo consideraba que era una buena idea. Un día le pedí que antes de enfadarse conmigo me preguntara qué yo había querido decir. Creía que de esta forma podría resolver muchos problemas, pues estaba segura de que él quería comprenderme. Pero me dijo que estaba haciendo una tormenta en un vaso de agua. En ese tiempo yo todavía no había renunciado a que él me comprendiera; creía que si él hacía sólo ese pequeño esfuerzo, el resultado sería muy beneficioso para ambos. De ese modo, él podría descubrir que yo no había dicho nada para provocar su ira, y yo podría explicarme antes de que él se disgustara.

"Pero de ninguna manera yo lograba hacerle entender que esos incidentes—que para él eran exageraciones mías—resultaban más dolorosos de lo que yo incluso podía explicarle".

"Ya veo. Me pregunto si descubrir que él no era de la forma en que siempre habías pensado te provocó esa sensación de sacudimiento interior".

"Sí", Olivia respondió rápidamente. "Ahora estoy segura de ello. Me doy cuenta de que estaba muy confundida porque nada encajaba. Había algo extraño. No podía lidiar con su conducta que parecía no ajustarse a la imagen que tenía de él, que era la de un hombre maduro, buen padre, y un profesional respetado".

"¿Entonces, él nunca te preguntó qué querías decir antes de ponerse furioso?" pregunté.

"Así es. Nunca lo hizo", contestó. "A la larga, conseguí que viéramos un consejero juntos. Se quejó de que él estaba tratando de mejorar las cosas de verdad y yo no. Así que me esforcé aún más. Ahora comprendo que yo estaba muy confundida pero no lo sabía. Él decía que me amaba, pero si el amor significa amabilidad y consideración, no parecía entonces que fuera cierto".

"Entiendo que no lo pareciera y que te sintieras confundida. Pero, ¿cómo lo descubriste?"

"Después de ese día decidí que nadie podía gritarme y mucho menos sin entender por qué estaba siendo agredida. ¿Y quién era quien me gritaba? Seguro que no podía ser el hombre que me amaba. Ese hombre había desaparecido hacía mucho tiempo y ahora yo estaba frente a un extraño. ¡Y todo ese tiempo yo había estado pensando que era el mismo hombre con el que me había casado!"

"¡Qué experiencia la de ver a tu propio esposo convertido en un extraño!"

Olivia sonrió. "Sí, toda mi vida comenzó a cambiar en ese momento. Mirando atrás puedo ver que, incluso, aunque yo lo hubiera hecho sentir mal aquel día, él no tenía derecho a atacarme como lo hizo. Su actitud estuvo mal, no la mía. Eso lo entendí".

"Entonces", le dije, "comprendiste que no importaba lo que él hubiera pensado; de todas formas no tenía ningún derecho a agredirte".

"¡Así es!" se rió. "Ahora sé la forma en que debería haber sido. Si mi marido no se hubiera convertido en un extraño debería haberme preguntado sorprendido: '¿Por qué no quieres que compre el pastel?' Se detuvo mirándome a los ojos para comprobar si yo había entendido".

"Y entonces, hubieran hablado sobre el asunto", contesté.

"¡Por supuesto!" dijo con certeza. "Se habría preguntado por qué yo decía esto".

"Eso habría sido lo normal", yo estaba de acuerdo. "¿Alguna vez te dijo que lo sentía?"

"No, no puedo decir que alguna vez se haya disculpado por los abusos. Ni una sola vez en los dieciséis años que estuvimos juntos. Mirando atrás me doy cuenta de que yo estaba convencida de que lo hacía rabiar. ¡Por eso no estaba segura de quién debía disculparse!"

"¿Y después?" insistí.

"Después, cuando me di cuenta de todo, dejé de intentar entenderlo y de explicarme. Entonces, empecé a tratar de que dejara de maltratarme. Eso fue muy duro, porque se ponía aún más furioso, o se reía cuando le decía que parara. Además, yo siempre fui muy sentimental. Cuando niña solía rezar a Dios para poder crecer rápido y así poder dejar de ser tan sentimental, como los adultos que estaban a mi alrededor". Sus ojos brillaron. "No, él nunca dio ninguna señal de tener sentimientos, eso te lo aseguro".

"¿Pero tú sí seguiste teniendo sentimientos, no?"

"Sí, sobre todo me sentía triste. Mirando atrás puedo decir que al final fueron mis sentimientos los que me salvaron". Sus ojos se agrandaron. "Todo mi dolor estaba ahí y mi alma supo antes que yo que las cosas no estaban bien. Mis sentimientos estaban en lo cierto. Está mal permanecer en un lugar donde te humillan y te gritan, no importa lo mucho que la otra persona diga que no te está humillando ni gritando. A veces te están gritando justo para decirte que no te están gritando, ¿no es verdad?"

"Sí, es cierto".

"Quería decirte, por último, que mirando atrás descubrí que él menospreciaba todo lo que yo hacía porque estaba celoso. Llegó un momento en que no sabía qué era lo que yo hacía mejor y llegué a pensar que era incapaz de hacer cualquier cosa bien. Resultó que lo que yo hacía peor, según él, era lo que hacía mejor, y viceversa".

"Bueno", le aseguré, "no estás sola. Eso le sucede a la gente dominada y controlada. Es una señal de abuso".

Ella sonrió. "Lo tengo bastante resuelto ahora. Soy mucho más feliz".

"Me alegro. Gracias por haber compartido tu historia".

"Bueno, yo me alegro también de haber sacado esto del corazón. ¿No es ahí donde está el dolor, en el corazón?"

Cuando las ex parejas de abusadores verbales revisaron sus experiencias pasadas hicieron declaraciones como las que siguen:

- "Antes pensaba: Si me quiere, ¿cómo puede ser hostil? Ahora pienso: Si él era hostil, ¿cómo podía amarme?"
- "Antes pensaba que a él le costaba hablar. Ahora sé que se mantenía apartado".
- "Antes yo creía que él estaba tratando de entenderme, como yo trataba de entenderlo a él. Ahora sé que ni le pasaba por su mente".

- "Antes, yo no podía entender cómo podía humillarme y luego afirmar que no recordaba lo que había dicho. Yo pensaba que tenía doble personalidad. Ahora sé que no era así".
- "Antes creía que lo que yo pensaba estaba mal. Ahora sé que era porque me contradecía todo el tiempo".
- "Antes creía que él tenía una especie de hándicap para hablar. Yo proponía todo tipo de temas, pero él seguía sin hablar. Me esforzaba por ser entretenida. Ahora veo que él trataba de mantener distancia para controlarme".
- "Antes tenía ese extraño temor de que si expresaba una visión personal estaría equivocada. Él simplemente no podía aceptar mis puntos de vista y me sentía confundida y derrotada. Ahora sé que lo que estaba haciendo era menospreciar mis opiniones".
- "Antes pensaba que tan pronto se diera cuenta de que me había humillado, él se disculparía. Ahora sé que él no se disculpaba porque pensaba que eso sería ceder".
- "Antes le creía cuando decía 'Te amo', así que no podía ver su oposición como lo que realmente era".
- "Antes pensaba que si me esforzaba lo suficiente sería capaz de entender por qué se enojaba. Ahora sé que su comportamiento era irracional, por eso no podía entenderlo".
- "Antes pensaba que todos los hombres pensaban diferente a las mujeres, pero por alguna razón yo era una de las únicas mujeres en el mundo que no había descubierto la forma de hablar con un hombre para que no se enojara".
- "Antes pensaba que, por estar casada con él, él debía estar de mi parte y compartir mis intereses. Ahora me doy cuenta de que él pensaba que tenía derecho a controlarme sólo porque estábamos casados".
- "Antes pensaba que él nunca afirmaría algo sabiendo que no era cierto; ahora sé que esto no era así".
- "Antes me gustaba estar cerca de los árboles y las plantas. Ahora que todo ha terminado me doy cuenta de que me sentía segura con ellos. La naturaleza no me hacía daño".

CAPÍTULO XV

Las dinámicas subyacentes: Algunas de sus razones

. . . él nunca había pensado en ella (¡ah, cuánto le deslumbraba ahora esto!), sino con la frialdad de su egoísmo y a la luz de su utilidad . . . Ese horror a despertar, eso era el conocimiento, conocimiento bajo cuyo aliento las mismas lágrimas parecían congelársele en los ojos.
—Henry James, *La bestia en la jungla*

Las relaciones abusivas parecen compartir ciertas dinámicas subyacentes aun cuando no existan dos relaciones exactamente iguales. La siguiente exploración de estas dinámicas se basa en la investigación de Alice Miller sobre los efectos de las experiencias de la primera infancia en el comportamiento adulto y el desarrollo del concepto de la imagen ideal de Karen Horney.

Si suponemos que tanto el abusador como su pareja crecieron en la Realidad I, nos enfrentamos a una serie de preguntas. Por ejemplo, ¿por qué la pareja se ha convertido en víctima? ¿Por qué el abusador se ha convertido en verdugo? ¿Por qué la pareja del abusador se ha manifestado sin autoestima en la Realidad II? Y ¿por qué el abusador se ha mantenido en la Realidad I buscando control y dominio en lugar de reciprocidad?

Creo que comprender las experiencias infantiles, tanto del abusador como de su pareja, puede ayudar a responder estas preguntas. Empecemos con la infancia de la víctima.

EXPERIENCIAS EN LA INFANCIA DE LA PAREJA DEL ABUSADOR VERBAL

En la infancia, la pareja típica de un abusador vivía en la Realidad I, en la que el poder de los adultos sobre los niños era usado incorrectamente dada la ignorancia de los adultos, y a menudo con las mejores intenciones. En estos casos, prevalecía el dominio y el Poder Sobre, por lo tanto también el abuso verbal. Probablemente los sentimientos de esta niña pudieron no ser validados ni aceptados. Podía tener un padre indiferente, ausente, despreocupado o colérico y algunos de sus primeros cuidadores, familiares o maestros podían haber sido verbalmente abusivos.

A pesar de todo esto, parece haber habido alguna circunstancia decisiva que la haya llevado a manifestarse en la Realidad II. Probablemente tendría algún testigo cercano que comprendiera su experiencia, una conexión empática con alguien que entendiera sus sufrimientos y que le hiciera saber que algo estaba mal. Pero, ¿cómo era posible esto? Los adultos todopoderosos no se equivocaban. ¿Cómo podrían equivocarse? Eran como Dios a sus ojos infantiles. Su única alternativa era creer que algo debía estar mal con la forma en que ella era, cómo se expresaba, qué impresión daba, o posiblemente, con sus sentimientos y su propia experiencia de la realidad.

En consecuencia, la niña llegó a la Realidad II sin autoestima. Ella sabía que sufría. Por tanto, podía sentir empatía y compasión por los demás. Buscaba reciprocidad y comprensión. Lo único que no sabía con certeza era por qué ella, a quien su padre le había dicho que la amaba, tenía que sufrir sus enfados, a menos que hubiera algún problema en la forma en que ella era, o la impresión que daba. Por esta razón, creía perfectamente que podía haber dicho o hecho algo sin querer, o inconscientemente y buscaba respuestas en su alma, mientras pensaba que él también lo hacía seguramente. Lo último que hubiera imaginado era que el abusador no podía buscar respuestas porque no podía compartir su realidad.

Sabemos que, hasta cierto punto, el abuso verbal puede producirse también en una infancia aparentemente ideal, sembrando incertidumbre en la niña o desconfianza sobre sí misma. Esta inseguridad se incrementa en gran medida en una relación abusiva adulta. Por ejemplo, cuando la pareja escucha "Siempre quieres tener la razón" o "Lo estás tomando todo a mal", lo que había oído en la infancia se reitera en la edad adulta, pero esta vez sin un testigo solidario; esta vez, a puertas cerradas.

Es evidente que, cuando no hay un testigo de tus experiencias y ninguna validación de tu propia realidad, debes confiar únicamente en tus propios sentimientos y juicios. Esto es difícil para cualquier persona y es doblemente difícil en una relación abusiva, ya que el abuso disminuye la confianza en sí misma. Los sentimientos y juicios de la pareja están constantemente desvalorizados por el abusador.

La víctima de abuso verbal es enseñada a creer que no debería sentirse herida a pesar de estarlo, o que ella es, de alguna manera, responsable de lo que le sucede. Desde la infancia, ella está condicionada para no entender sus sentimientos y, por lo tanto, no reconocer la verdad. Esta verdad es que ella está siendo víctima del abuso y responsabilizada por ello (como si el abuso pudiera ser justificado), además de ser culpada por sentirse mal (como si sus sentimientos estuvieran equivocados).

Por esta razón, la pareja típica de un abusador verbal cree en el rechazo del abusador y, por tanto, se siente frustrada y confundida, incluso mientras busca respuestas. Incapaz de hallar claridad y comprensión, la pareja se queda con sentimientos de inutilidad y confusión. Si su compañero no está equivocado o mintiendo, si ella realmente se toma las cosas a mal, entonces solo puede creer que "algo debe estar mal con la forma en que ella es, cómo se expresa, qué impresión da, o posiblemente con sus sentimientos y con su propia experiencia de la realidad". Así que las dudas de su infancia resurgen nuevamente. Por tanto, mantendrá su mente abierta a lo que pueda escuchar que le revele lo que sucede, y por qué sufre. Ella se convierte, por lo tanto, en la víctima perfecta.

Sufrirá muchos daños a nivel espiritual y no entenderá el significado de su dolor. Sin embargo, al mantenerse pendiente de sus sentimientos, estará conectada con el espíritu de la vida en su centro, la fuente de su Poder Personal. Con el tiempo, el poder de sus sentimientos y el conocimiento de su espíritu le permitirá reconocer el abuso y, de este modo, adquirir la autoestima de la Realidad II.

EXPERIENCIAS EN LA INFANCIA DEL ABUSADOR

Observemos ahora los orígenes del comportamiento del abusador. El abusador típico también creció en la Realidad I, donde prevalecían el control y el dominio, y por tanto también el abuso verbal. También, como en el caso de su pareja, muchos de sus sentimientos no eran validados ni aceptados. Sin embargo, a diferencia de su pareja, *no* tenía un testigo que comprendiera su experiencia. Sin un testigo empático, él solo podía concluir que *nada estaba mal*. Si nada estaba mal en lo absoluto, entonces todos sus sentimientos dolorosos no debían existir. Instintivamente, él intentó reprimir estos sentimientos; los sacó de su conciencia como si cerrara una puerta e ignoró que sufría. De esta manera cerró la puerta a una parte de sí mismo y se acostumbró a vivir en la Realidad I. Y, así como Hitler modeló su comportamiento siguiendo a su padre cruel, también el abusador modeló su comportamiento siguiendo a los abusadores de su infancia. Se convirtió en un experto en el abuso verbal.

Sin el conocimiento de sus sentimientos—de lo que sufría—no podía experimentar empatía y compasión y, por tanto, no podía pasar el umbral hacia la Realidad II. Esta realidad estaba ahora a puertas cerradas.

> La ausencia o presencia de un testigo útil en la infancia determina si un niño maltratado se convierte en un déspota que vuelve sus sentimientos reprimidos de impotencia contra los demás o un artista que puede hablar acerca de su sufrimiento. (Alice Miller, *The Untouched Key* [*La tecla sin tocar*], 1990, p. 60)

Dado que el abusador se siente justificado en su comportamiento y parece no comprender sus efectos, solo podemos asumir que está representando sus sentimientos reprimidos y, por lo tanto, actúa compulsivamente. Los abusadores buscan control porque se sienten desvalidos. Los sentimientos de indefensión y de dolor de la infancia que "no debían existir" y "no debían ser sentidos", sí existen y, si no se sienten, se representan.

Tiempo atrás, en la infancia del abusador, él cerró la puerta a estos sentimientos. Es lo menos que podía hacer para sobrevivir. Su propio sentimiento, sin embargo, vivía a puertas cerradas. Este sensible niño interior estaba, psicológicamente hablando, encerrado en una tumba de agonía. Mientras más tiempo se tarde en identificar al niño interior, más furioso se vuelve la persona, y en consecuencia, con más ira actúa el abusador. Alice Miller nos dice:

> Como este niño interior no está autorizado a tomar conciencia de lo que le pasó, una parte de su vida emocional permanecerá congelada, y por lo tanto la sensibilidad a las humillaciones de la infancia será más leve.
>
> Todas las apelaciones al amor, la solidaridad y la compasión serán inútiles si falta este requisito previo fundamental de solidaridad y comprensión. (Alice Miller, *For Your Own Good* [*Por tu propio bien*], 1983, p. xv)

Por lo general, a pesar de que la pareja trata de explicar a su compañero lo que le molesta, el abuso continúa. Los llamados a la compasión del abusador son infructuosos, debido a que el abusador no es empático. Como señala Alice Miller, un testigo solidario y comprensivo del sufrimiento de un niño es un requisito previo fundamental para la empatía en la edad adulta. Sin empatía, el abusador no puede ser sensible a la angustia de su pareja.

Él representa sus sentimientos reprimidos haciendo a otro lo que se le hizo a él en su infancia. Puesto que no puede sentir sus sentimientos, *debe* actuarlos. Esto es lo que lo impulsa a continuar con el abuso. Aun así, sus sentimientos de dolor e impotencia, albergados desde la infancia, no se disipan. Solamente aumentan y por tanto, también su comportamiento abusivo.

Cada ocasión específica de abuso, sin embargo, alivia momentáneamente los sentimientos ocultos del abusador, de dolor e impotencia, dejando en su lugar una sensación de control. Su necesidad de mantener a raya el dolor abrumador que "no debe existir" es una fuerza dinámica subyacente que lo impulsa a buscar control, dominio y superioridad.

Además de los sentimientos de impotencia, muchos abusadores tienen un sentimiento profundamente enterrado de culpa por haberse separado de sus madres. En general se reconoce que el niño, hembra o varón, en primer lugar se identifica con la madre. Sin embargo, es solo el varón quien debe romper por completo esta identificación para convertirse en otro ser diferente de la hembra. La ruptura de este vínculo puede dar lugar a sentimientos de culpa, sobre todo si la relación madre-hijo no es psicológicamente sólida.

Si estos sentimientos no se han resuelto, el macho puede considerarse a sí mismo superior a la que se rechaza y puede despreciar todo lo que se atribuye a lo femenino. De esta manera, trata de "justificar" su separación de la madre y así aliviar su culpa.

En general, se puede suponer que el abusador ha clausurado y rechazado un conjunto complejo y diverso de sentimientos. Si sus sentimientos son rechazados, él mismo es rechazado. Entonces, ¿quién es el agresor? Para otros, él es alguien "difícil de llegar a conocerse realmente". Para sí mismo, él es quien él "piensa" que es: una *imagen ideal* que toma como modelo para sí mismo (Horney, 1992, pp. 96–114).

El sentido de identidad del abusador no se basa en sus propios sentimientos, sino que es, en cambio, una construcción frágil de la mente desprovista de Poder Personal. El Poder Personal es la capacidad de saber, elegir y crear a partir de la base del propio ser, es decir, de la conciencia de los verdaderos sentimientos de uno mismo. Sin poder personal, el abusador busca constantemente sentir control. Se siente dominante, de un estatus más alto o superior a su pareja cuando él es abusivo. Algunos abusadores parecen incluso ansiar la euforia de control.

El abusador no solo se oculta a sí mismo sus sentimientos, sino que también se oculta su comportamiento abusivo. Su imagen ideal niega la realidad de sus motivaciones, sus compulsiones y sus acciones. Por ejemplo, un abusador extremadamente tenso, enojado, y explosivo puede describirse a sí mismo como tranquilo y relajado. Un abusador hipercrítico, enjuiciador, puede describirse a sí mismo como alguien que acepta a las personas como son. Un abusador que desautoriza y trivializa, o que es fríamente indiferente, puede describirse a sí mismo como comprensivo con todo lo que su pareja hace. Y un abusador que discute y menosprecia puede describirse a sí mismo como alguien muy abierto a diferentes puntos de vista. Muchos abusadores verbales se describen a sí mismos a la luz positiva de *todo* lo anterior mientras se permiten toda clase de abusos.

El abusador consolidado puede definirse a sí mismo y a la realidad interpersonal de manera tan convincente que la pareja puede aceptar sus definiciones. Tal aceptación y confianza aumentan la confusión de su pareja. Muchas mujeres entrevistadas me han explicado cómo las imágenes que tenían de sus compañeros solían cambiar con el tiempo y las circunstancias. Una me dijo: "A veces él era el Sr. Don Huraño y otras, el Sr. Don Alegría. A veces era el Sr. Don Cátedra y otras, el Sr. Don Autómata. A veces era el Sr. Don de gentes y otras, el Sr. Don Rabioso. Sin embargo, para la mayoría de la gente, él es el Sr. Don Agradable".

La pérdida de Poder Personal por parte del abusador y los consiguientes sentimientos de impotencia por lo general le obligan a engrandecerse mientras recrudece el menosprecio hacia su pareja. Sin embargo, dada su condición abusiva, no puede manifestar sus propios sentimientos que mantiene reprimidos. Puesto que él confunde emoción con viveza, y triunfo con fuerza, se mantiene en constante necesidad de reafirmar su imagen ideal.

Por lo general, los abusadores verbales que devienen físicamente abusivos no se ven a sí mismos como abusivos, incluso cuando son detenidos. La negación del abusador surge del conflicto entre lo que él cree que es y su compulsión a actuar de forma abusiva. Esta negación es una defensa contra la destrucción de su imagen ideal y una crisis de identidad inminente. Su identidad misma estaría en juego si tuviera que admitir lo que estaba haciendo. Esta es la razón por la que los abusadores verbales no se disculpan sinceramente.

> Una persona fuerte puede reconocer la debilidad; una persona segura puede reconocer los errores. Alguien que realmente se siente débil e inferior en su interior no puede hacerlo. . . . Dado que los hombres abusivos en secreto se sienten muy débiles, insisten aún más en negar sus sentimientos, proyectándolos hacia otras personas disponibles, siendo sus esposas las más disponibles. (Fleming, 1979, p. 287)

El abusador consolidado se identifica con (o cree que él es) su imagen ideal. En consecuencia, encubre su comportamiento en la negación de su autosuficiencia. Podríamos comparar al abusador con el Mago de Oz. Una vez desenmascarado ya no constituye una fuerza poderosa de control sobre los demás, sino una persona insegura y asustada. Esto no significa, sin embargo, que la pareja lo pueda "ayudar". Hitler también fue un niño maltratado, representando sus sentimientos reprimidos en la edad adulta, como claramente demuestra el libro de Alice Miller, *Por tu propio bien*.

A menudo, el abusador mantiene su imagen ideal mediante la aprobación de los demás. En conversaciones con amigos, él dejará caer de manera natural lo atento que es con su pareja y lo agradecido que está por su relación. Por esto, no es de extrañar que a muchas mujeres maltratadas se les haya dicho lo afortunadas que son de tener un compañero tan maravilloso.

Hasta el momento, hemos considerado la separación del abusador de su propio sentimiento y su consecuente necesidad de construir una imagen mental o una imagen ideal de sí mismo. ¿Qué pasa con todos esos sentimientos dolorosos que *no deben existir*? Como veremos más adelante, se proyectan sobre su pareja.

A medida que pasa el tiempo, el abusador está cada vez más renuente a enfrentarse a sí mismo y al dolor de sus sentimientos. Su ira, miedo y odio a sí mismo crecen en una parte secreta de su ser y, como esconde los motivos, es incapaz de reconocer la causa de estos sentimientos. Cuando salen a la superficie, convierte a su pareja en la causa de su ira. A este mecanismo se le llama proyección. A través de esta proyección, acusará a su pareja de todo lo que él hace, y la culpará por todo el abuso que ella sufre. Entonces, su pareja, al igual que el abusador lo fue una vez, se convierte en una persona lastimada y sin un testigo de su herida.

Para el abusador, su pareja es una extensión de sí mismo. Cuando la ve, se acuerda de sus propios sentimientos oscuros y de su propia vulnerabilidad, los sentimientos que "no deben existir", que deben ser controlados. En consecuencia, la pareja se convierte en el objeto de su control y este control se convierte en su opresión.

Parafraseando a Matthew Fox en la película *The Burning Times* (*Los tiempos de grabación*), donde hay dominación hay proyección, y de la proyección surge la negación. En el fondo, el abusador teme al niño abandonado que lleva dentro, como si fuera demasiado horrible para que pueda aceptarlo alguna vez. Este sentimiento de horror parece, sin embargo, que no venga de él, sino de su pareja. Muchas parejas dijeron que cuando les decían a sus compañeros que se sentían lastimadas, sus compañeros reaccionaban con acusaciones tales como "Ahora estás diciendo que soy una persona horrible". Esto es proyección. Un compañero no abusivo expresaría su profunda preocupación y se disculparía, o podría hablar sobre el asunto con empatía y comprensión.

Imagínese, si se quiere, una persona cuya orientación psicológica se basa completamente en expresar la rabia a causa de sus propios sentimientos, estableciendo un sentido de poder a través del control del otro, reforzando su imagen ideal—su construcción mental de quién es él—y negándose a aceptar que lo que está haciendo es proyectar sus sentimientos en su pareja. Esto es lo que hace el abusador. Su vida se convierte en una batalla contra la persona que soporta su proyección, y a quien no ve como realmente es, ni tampoco ve su realidad (solo ve su propia proyección). Entonces, desde la postura del abusador, su compañera, como sus propios sentimientos, no debería existir.

Consideremos el abuso verbal a la luz de lo que sabemos acerca de cómo el abusador reprime sus propios sentimientos, de cómo crea una imagen ideal, de su proyección y de su negación. Se hace evidente que cada abuso es un intento por parte del abusador de *defenderse* a sí mismo de los sentimientos de ira, miedo e impotencia de su niño interior, y de *protegerse* a sí mismo del conocimiento de lo que está haciendo. Con esto en mente, repasemos brevemente las categorías de abuso verbal y desde esta perspectiva podremos ver que todos los que buscan control lo hacen para defenderse y protegerse a ellos mismos de sus propios sentimientos reprimidos de impotencia personal.

EL ABUSO VERBAL COMO DEFENSA Y PROTECCIÓN

El retener información permite al abusador dominar a su pareja, manteniendo su imagen ideal intacta. De hecho, revelar un pensamiento le daría ventaja al enemigo o quizás lo sometería a escrutinio. Su imagen ideal es una construcción demasiado frágil como para arriesgarla a tal exposición. Responder con interés a su compañera sería igual de intimidatorio. Tal respuesta podría sugerir igualdad, con lo que desaparecería la postura de superioridad del abusador y reaparecerían sus sentimientos de impotencia, los cuales *no deben ser sentidos*.

Al no compartir sus sentimientos se siente en control y poderoso si es capaz de mantenerse distante de su pareja y, en consecuencia, mantenerla apartada y ansiosa. También puede experimentar una mayor sensación de poder si corta el entusiasmo de su pareja con su frialdad. En este caso, busca protegerse de sus propios sentimientos de inutilidad.

Del mismo modo, el abusador se defiende a sí mismo de sus sentimientos de impotencia al discutir con su pareja. Cuando se declara a sí mismo que él está en lo correcto y que su pareja está errada, se cree que es el ganador, que es más poderoso y que tiene más control.

Decir "Yo pienso" o "Yo creo" o "Mi punto de vista es" eliminaría la posibilidad de ganar y abriría la posibilidad de dos puntos de vista o experiencias diferentes, ambas posibles. El abusador no puede tolerar esto porque, si la pareja tiene una visión diferente de él, él ya no estaría en control. Él tiene una necesidad imperiosa de controlar a su pareja porque en ella deposita su proyección. Si él no siente que está en control, toda su realidad se debilita.

El agresor protege su imagen ideal menospreciando los efectos de su comportamiento abusivo. El menosprecio es una primera defensa.

El bloqueo y el desvío son otras defensas por las cuales el abusador controla la realidad interpersonal. Al evitar por completo el tema en cuestión, evita cualquier exploración de la realidad de su comportamiento. En consecuencia, mantiene su imagen ideal y alivia sus sentimientos ocultos de impotencia. La necesidad de controlar la conversación, y por tanto, su desenlace, puede ser tan intensa que algunos abusadores dirán con recelo, "¡No veo a donde va esta conversación, así que córtala!"

Acusar y culpar son defensas y síntomas significativos de proyección. El abusador evita la responsabilidad por su comportamiento y mantiene su imagen ideal declarando a su pareja culpable y responsable de sus sentimientos. De esta manera "justifica" el abuso cuando, por ejemplo, ataca a su pareja y dice que ella es la causante de su enfado.

Al criticar y juzgar el abusador también intenta defenderse a sí mismo de sus sentimientos ocultos de inferioridad e impotencia. Al declarar su superioridad y "corrección" refuerza tanto su imagen ideal como la totalidad de su sistema de defensa.

El abuso disfrazado de broma es otra manera de ganar que da al abusador una sensación de control. Es un ataque hostil encubierto, negado por la acusación preparada de antemano: "no tienes sentido del humor". Esta acusación culpa a la víctima y deja al abusador sintiéndose con ventaja y por lo tanto más poderoso. Es un disparo sin riesgo. El daño ya está hecho antes de que la pareja pueda verlo venir. La victoria está asegurada y el enemigo—la proyección—es sometido una vez más.

Trivializar, socavar, intimidar e insultar son todas las defensas que emplea el abusador contra sus propios sentimientos reprimidos de inutilidad e impotencia. Son juegos de poder diseñados para denigrar y subestimar a su pareja (su proyección). Cuando la proyección del abusador se generaliza, trata a su pareja como si ella fuera una extensión de sí mismo bajo su control, el guante en su mano; ella existe para seguir sus órdenes. Al mantener el control total de su proyección, se siente defendido y protegido de sus propios sentimientos.

De la misma manera, cuando el abusador "olvida" lo que ha sucedido, niega toda responsabilidad por su comportamiento a la vez que se manifiesta hostil. De esta forma también protege su imagen ideal y mantiene activos sus mecanismos de defensa.

Todas las formas de abuso niegan al niño interior herido y la representación de su hostilidad. La negación del abusador perpetúa su identificación con su imagen ideal, mantiene su proyección sobre su pareja, y es una manera de evitar la responsabilidad por su comportamiento y sus consecuencias. A menos que esté dispuesto a mirar dentro de sí mismo, no percibirá su falta. Si él mira dentro de sí mismo, se enfrentaría a su propia "bestia en la jungla", una vida empleada, no en vivirla, sino en mantener sus sentimientos a raya. A menos que él busque activamente un cambio personal a través de un intenso trabajo de terapia, en cierta medida él habrá vivido una no-vida y habrá sido, hasta cierto punto, solo una idea de sí mismo. Esta es su gran tragedia personal.

CAPÍTULO XVI

El estrés y el abuso verbal

*A veces hay que conocer a alguien muy bien para darse
cuenta de que son realmente extraños uno para el otro.*
—Mary Tyler Moore

En las relaciones abusivas verbalmente el estrés que conlleva el
desempleo, la incertidumbre y pérdidas personales a menudo
puede agravar el abuso. En lugar de unir a las parejas para que
puedan afrontar los problemas, el estrés puede separarlas. Cuando
circunstancias adversas del exterior repercuten en una relación
verbalmente abusiva, la relación tiende a empeorar.

Mujeres de todo el mundo me han contado cómo sus cónyuges
han estado más enojados, fríos y acusadores cuando se han
enfrentado a un fracaso o incluso sólo ante la sospecha de un
fracaso. En cualquier caso, la pareja es culpada o responsabilizada
en cierta forma por estos fracasos porque los abusadores verbales
perciben a sus parejas como responsables de toda su infelicidad.
Por lo tanto, es probable que estén más enojados o silenciosos,
más exigentes y amenazantes o que culpen aún más a su pareja
de sus reacciones abusivas. De manera aún más significativa, es
poco probable que discutan los problemas de forma racional
con sus parejas, ya que por lo general no perciben a sus parejas
como personas independientes, sino más bien como extensiones
de sí mismos dispuestas a satisfacer todas sus necesidades. O
simplemente como una madre que debe ocuparse de las demandas
de su hijo. Si han tenido pérdidas financieras, "mamá" debe hacer
que todo esté bien de nuevo. Si un miembro de la familia ha
fallecido, "mamá" deberá lograr que él se sienta mejor.

Por último, los acontecimientos estresantes dejan a los
abusadores verbales fuera de sí, y por lo tanto más profundamente
fusionados con sus parejas. Su angustia crece cuando sus parejas
no se ajustan a sus proyecciones. Ellos esperan que sus parejas

intuyan qué decir y qué hacer, e incluso que perciban lo que ellos, los abusadores, piensan y necesitan: "Tú sabes lo que yo quiero/lo que yo dije/lo que tú hiciste", etc.

Si un abusador verbal hablara a su pareja como si ella fuera su verdadera igual en la relación, estaría reconociendo su personalidad, su individualidad y su naturaleza. Esto sería como un suicidio para el abusador porque él se proyecta en ella; ella es el "resto de él". Ella es su lado femenino, su lado no asimilado. Si habla con ella de una manera real, pierde la mitad o más de sí mismo.

En consecuencia, en lugar de discutir sus miedos y sentimientos y trabajar con sus parejas para encontrar posibles soluciones, los abusadores exacerban los problemas; de esta manera crean más ansiedad y estrés dentro de la relación. Si tienen hijos, el comportamiento del abusador también tendrá un efecto negativo sobre ellos.

Esta lógica explica por qué el abusador no se acerca a su pareja para conseguir apoyo emocional, sino para volverse más abusivo. Una personalidad controladora no busca apoyo emocional en la pareja, sino más bien culpa a la pareja de sus problemas; él se enfada más y/o aumenta sus pérdidas negando la realidad.

Cuando la pareja de un abusador verbal declarado (que se encoleriza, grita, insulta) o de un abusador verbal encubierto (que socava insidiosamente) no puede aguantar más, el divorcio es a menudo la única vía de escape. Esto es especialmente cierto cuando la pareja está demasiado traumatizada para quedarse, a pesar de las promesas de cambio. (Por supuesto, si hay niños implicados, los asuntos de la custodia pueden resultar sorprendentemente difíciles.)

Hasta que la pareja no tiene un nombre para designar lo que está sucediendo, ella puede sentir que es responsable por no hacer, hablar o actuar de la manera "correcta", ya que todos los abusos llevan algún tipo de enojo y/o culpa.

Los siguientes son algunos ejemplos de cómo el abuso aumenta con los problemas y las incertidumbres. Algunas mujeres han encontrado que el alivio del abuso que se produjo cuando sus cónyuges trabajaban fuera del hogar desapareció cuando perdieron sus puestos de trabajo y terminaron en casa todo el día.

VIVIR CON MIEDO

Julie cuenta esta historia:

En mi casa, la crisis económica ha tenido un impacto real. Mi marido Dan está en casa todo el día, todos los días. No tengo un descanso. Le tengo miedo, pero no puedo darme el lujo de dejarlo. A principios de este año, en que fue despedido del más reciente de los tantos trabajos que ha perdido, Dan decidió trabajar desde casa, por lo que, desde entonces, está aquí todo el tiempo. Yo me encargo de todas las responsabilidades del hogar y de las finanzas. Sin embargo, ha aumentado su abuso. Me dice que soy inútil y me amenaza con agredirme físicamente. No es de extrañar que le tema.

Todavía siento el dolor físico. Aunque Dan no me ha golpeado desde hace varios años, hacía otras cosas para mantener ese "control" sobre mí. La amenaza de abuso físico en realidad nunca ha desaparecido. En los años que hemos estado juntos, nunca me he sentido segura y a salvo. Mis sueños son muy reveladores. En cualquier sueño en el que él aparece, está tratando de hacerme daño. Cuando sueño algo relacionado con la crisis económica me muestro muy temerosa. Desde que fue despedido a principios de este año, he tenido más sueños donde me despierto gritando o donde me siento muy, muy amenazada, más de los que he tenido a lo largo de todos los años anteriores. Es tan duro no saber nunca lo que lo va a enfadar y vivir con eso día tras día. Cuando iba a trabajar, tenía al menos unas horas para recuperarme. Ahora vivir con él es peor que nunca. No hay respiro.

Durante mucho tiempo pensé que podía hacer lo suficiente para ganar su amor. No podía entender lo que estaba mal hasta que finalmente lo entendí cuando descubrí qué era el abuso verbal y todo sobre el control.

Ahora no sé si soy capaz de sobrevivir con él en casa. Necesitaría capacitación laboral para marcharme, o tendría que vivir con el salario mínimo. Me he dado cuenta de lo difícil que es hacer el trabajo desde casa con los impedimentos que tengo por las demandas de él y sus interferencias. Nunca me di cuenta hasta ahora de lo mucho que contaba con su tiempo en la oficina o su tiempo viajando, simplemente para poder pensar. Tengo muy poco de respiro; pero al menos puedo bajar la guardia un poco. Siento que siempre estoy tratando de encontrar maneras de escapar de casa. Soy consciente de las minas potenciales que pueden estallar en las conversaciones, así que me esfuerzo bastante para evitarlas, si es posible. Lucho para no estar aislada, porque él siempre trata de destruir mis amistades, haciendo todo lo posible para aislarme. He aprendido a conservar la mayor parte de mis amistades ocultas y a mantener un aura de aislamiento.

Como mi marido ha estado trabajando en casa, también es mucho más difícil mantenerme al día con mis amistades. Pero es más fácil actuar en secreto que aceptar el abuso.

Mirando el lado positivo, al menos estoy llegando a entender finalmente que mi instinto ha estado bien desde el principio; algo en lo que siempre estuve equivocada en la relación. Ahora que sé que no era yo y que nunca lo he sido, puedo empezar a hacer un plan para salvarme a mí misma. Yo sé que usted oído a muchas mujeres. Nuestras historias son muy diferentes, sin embargo, en gran medida son similares. Y esto sirve de consuelo y comprensión.

La historia de Julie es típica de muchas maneras, pero sobre todo por la forma en que su marido Dan trató de aislarla del resto del mundo. Los maltratadores y los abusadores verbales a menudo aíslan a sus parejas. Parece que la única diferencia entre los que golpean y los que no lo hacen es la siguiente: Los que no lo hacen tienen demasiado miedo de ir a la cárcel.

CUANDO LOS PROBLEMAS FINANCIEROS EMPEORAN EL MIEDO

Pauline compartió cómo el estrés de la incertidumbre económica afectó a su relación y también cuán atrapada se sentía.

La economía ha afectado la relación con mi esposo (que es un abusador verbal), porque temo lo que haría si la "tormenta" de la crisis se instalara entre nosotros. Él ha estado diciendo, durante los últimos tres años, que está a punto de ser despedido, aunque, en realidad, es algo que ha dicho a lo largo de nuestra relación. Ha utilizado ese miedo como excusa para su mal genio y mal comportamiento, que cada vez es peor. Antes de conectarme con tus libros y la comunidad de las mujeres abusadas (ahora cuento con este apoyo) yo le creía. Ahora sé que no hay excusa para la forma en que me ha tratado. Pero temo que las cosas sean difíciles financieramente si presento una demanda de divorcio. No puedo pagar la hipoteca, el coche, la guardería, los seguros, y todas las facturas yo sola todos los meses. Además, seguramente él luchará por la custodia de los niños compartida cincuenta por ciento. El abuso verbal no se reconoce como abuso in mi estado; he hablado con dos abogados de divorcio sobre el tema. Los tribunales ven la voluntad del padre de "tener a los niños la mitad del tiempo" como algo bueno y casi siempre que se pide es concedida. Y la custodia compartida generalmente significa que no hay apoyo financiero de la misma manera.

Siempre que hablamos de algo financiero o de otro tipo, cualquier cosa que está "mal" es mi culpa. Él toma cualquier decisión sin consultarme. Entonces, cuando la decisión que ha tomado resulta no ser buena, me culpa, diciendo que no le expliqué lo que creía, ¡como si yo supiera lo que él estaba haciendo!

De hecho, me echa la culpa de todo. Cuando compramos algo para la casa, lo escoge y tengo que estar de acuerdo. Cuando no estoy de acuerdo, insiste varias veces hasta que estoy "de acuerdo" con él. Si resulta que no es una cosa buena, él ésta listo para echarme la culpa porque yo estuve de acuerdo y no lo detuve o no señalé lo negativo, etc.

El abusador culpa a su pareja porque su pareja "debe" hacer que su mundo sea perfecto y "debe" evitar que él cometa errores, ¡como una madre que satisface todas las necesidades de su bebé!

CUANDO EL ABUSO RECONOCIDO EMPEORA

Carla me escribió "sobre los cambios que estoy experimentando con mi marido George, verbalmente abusivo, durante estos difíciles tiempos económicos".

A diferencia de muchos, George sabe que tiene un problema. Dice que va a cambiar, y ha leído *El hombre verbalmente abusivo, ¿puede cambiar?* (*The Verbally Abusive Man: Can He Change?*). Pero sus buenas intenciones se han desvanecido ante la recesión. Ha dejado de hacer cualquiera de las muchas cosas necesarias para efectuar el cambio, tal como se describe en mi libro. En su lugar, el estrés ha aumentado de inmediato el abuso, como si ejercer más poder sobre Carla le ayudara a ejercer más poder sobre su negocio. Esto es lo que me escribió Carla:

> Mi marido es abusador, solamente verbal. Él es consciente de su abuso verbal y mantiene la promesa de cambiar. Nosotros trabajamos juntos como autónomos. Los dos trabajamos a tiempo completo bajo contratos y yo hago toda la contabilidad de la empresa.
>
> Recientemente le comunicaron que su contrato (la única fuente de sus ingresos) no sería renovado al expirar en seis meses. Esto no era nada personal. De inmediato, me di cuenta de que con este estrés, la vida con él sería aún más difícil. Inmediatamente hablé con amigos y familiares acerca de lo que estaba ocurriendo para que no se sorprendieran si me presentaba en su puerta y necesitaba un lugar para reorganizarme.

Carla fue inteligente en compartir con sus seres queridos la verdad sobre su relación desde el principio. Es muy importante contarle a los amigos y la familia sobre el abuso. De lo contrario, no solo se sorprenderían, sino que también algunas veces desconfiarían de tus decisiones. Hacer una lista de lo que tu pareja te dice es esencial, ya que te da una visión más clara de sus abusos y deja claro a los demás cómo él se suele comportar en la relación.

Por desgracia, el marido de Carla había invertido mal y contrajo deudas enormes. Carla perdió tantos activos que se sentía atrapada e impotente. Los efectos adversos de la crisis económica la afectaron aún más de lo que podría haber sido debido a las malas decisiones de él.

Sufría casi todas las categorías de abuso verbal, lo cual se incrementó con el estrés financiero. Así es cómo ella describe su comportamiento:

> Probablemente su característica más frecuente es ser un "adicto a la ira" y decir "insultos". Ni siquiera podría repetir los insultos que me dice. Me siento atrapada en esta relación. Si todavía tuviéramos los recursos

financieros que una vez tuvimos, yo sería capaz de mantenerme por mí misma. En este momento, no tengo ninguna posibilidad.

Mi marido y yo hablamos acerca de sus tendencias y de cómo no debe intensificar sus ataques durante este tiempo de crisis. Me dijo que solo le recordara nuestra conversación cuando empezara a írsele de las manos. Como es de esperar, esto no funciona. Sólo estamos a un poco más de medio camino de la fecha de finalización de su contrato y su abuso casi se ha duplicado y también ha comenzado a ser cruel deliberadamente en lugar de sólo abusivo, y admitirlo de plano diciendo, "Sólo quería ver tu reacción".

No podemos tener una conversación porque cuando él quiere decir algo, lo dice, pero no se implica cuando yo le respondo. Incluso me interrumpe, diciendo que lo suyo es más importante, o dice, "No tengo tiempo para esto", y simplemente se aleja mientras estoy hablando e ignora lo que estoy diciendo.

Si trato de hablarle de mi día o de algo que me ha pasado, me interrumpe diciéndome que tiene otra cosa que hacer, o simplemente ignora que estoy hablando con él. Si realmente puedo conseguir que se quede y hable conmigo, es obvio que no escucha lo que estoy diciendo, porque lo que dice de respuesta no tiene sentido. Y la conversación no va a durar más de un par de minutos de todos modos porque él simplemente no puede ser molestado.

Debido a las responsabilidades familiares, acabé trabajando por las noches y los fines de semana. Y, a pesar de que él sabe que estoy trabajando, me pide que venga a ver una película con él. Se enfurece si no lo hago. No tengo ningún interés en las películas que él ve. Por lo tanto, prácticamente sólo me siento allí durante dos horas, perdiendo el tiempo, sintiéndome presionada y ansiosa, cuando podría estar trabajando. Me siento presa. Pero es todo lo que puedo hacer para evitar sus rabias y acusaciones.

Me siento muy sola. Realmente preferiría tener un marido con el que pudiera compartir mi día a día y tener conversaciones reales. Él no quiere que yo lea, que tome una siesta o que trabaje en cualquier cosa en el coche mientras está conduciendo. Me dice que yo debería estar hablando con él. Pero como somos incapaces de tener una conversación, nos sentamos en silencio, a veces durante horas.

Como muchas mujeres que son víctimas de abuso verbal, Carla se enfrenta al dolor diario de tener un cónyuge que parece no oírla o reconocer sus necesidades. Estos hombres generalmente no muestran signos del futuro abuso antes de casarse. Sin embargo, Carla está esperando el momento oportuno y preparando un plan para liberarse cuando sus opciones se incrementen y la economía mejore.

ESCAPARSE AHORA

A menudo, permanecer más tiempo al lado de un abusador no es una opción. Gerta estaba en el medio de un divorcio cuando la crisis económica la golpeó; pero decidió aceptar la pérdida financiera para vivir libre de abuso. Así lo recuerda ella:

Si yo hubiera sido capaz de esperar hasta que el mercado inmobiliario mejorara, podría haber pedido la mitad del valor de la vivienda a la que tenía derecho por ley, pero hubiéramos tenido que vender la casa para que eso sucediera. No podía imaginarme tener que estar tratando todavía con mi ex, probablemente más de un año o dos más tarde, a la espera de que la vivienda se vendiera. Acepté una pérdida considerable, pero escapé de su abuso verbal.

Él estaba dispuesto a comprar mi parte porque aceptaría poco. Tomó un préstamo con garantía hipotecaria, y yo acepté un pago reducido. Es significativamente menos de la mitad del valor de tasación de la casa. Pero ahora no he tenido ningún contacto con él durante aproximadamente un año. Si no hubiera aceptado este arreglo, yo no tendría ningún dinero en absoluto en este momento. Todavía estaría esperando que se vendiera la vivienda, esperando para seguir adelante con el resto de mi vida.

Gerta sabía que podía sobrevivir económicamente, por lo que optó por la libertad. Su libertad era más importante que dinero.

Algunas parejas deben esperar, sin embargo, y planificar cómo van a sobrevivir.

ESCAPARSE, A PESAR DE LA GRAN PÉRDIDA

Lisa compartió su historia para ayudar a otras. Ella fue coaccionada, manipulada y embaucada para perderlo todo. Y justo cuando ella podría haber esperado un "gracias" por todo lo que daba, su marido Gary la culpó de sus fracasos, llegando a ser aún más abusivo verbalmente.

Cuando se comprometieron y se casaron Gary no era un abusador. Era amable y bien parecido. A pocos años de su boda, la convenció para vender su casa y comprar juntos una nueva casa con el dinero de ambos. Como Lisa ganaba el doble que él, la convenció de que pagara sus deudas, su nuevo coche y otros "juguetes" nuevos. Al poco tiempo, tuvieron dos hijos.

Mientras tanto, Lisa perdió su trabajo en un despido general. La insatisfacción continua de Gary y los cambios de trabajo de Lisa trajeron muchos movimientos y, finalmente, la pérdida de la totalidad de su retiro, la friolera de $200,000. Él invirtió el dinero del retiro de Lisa en un negocio que pronto se convirtió en otro de sus fracasos. El matrimonio y sus negocios estaban en quiebra y Lisa había dado todo lo que tenía. La historia que nos cuenta es demasiado familiar:

> Cuando me enfrenté a él por su comportamiento abusivo, Gary dijo que yo debería estar haciendo más, como si criar a los niños, contribuir con la mayoría en los negocios, darle a él todo lo que tenía, y siempre encontrar maneras de ahorrar dinero no fuera suficiente.
>
> El peor episodio de abuso verbal ocurrió justo antes de que abriéramos la empresa, ahora fracasada. Descargó su estrés conmigo. Yo estaba en un nuevo hogar y aislada. Entonces, Gary realmente se destapó. Fue el peor de todos los abusos. Y luego se detuvo bruscamente cuando mi primo vino a visitarnos para configurar las computadoras para el negocio. Escalofriante; podía cambiar así como así. Mi primo también nos ayudó económicamente, por lo que Gary lo necesitaba para aprovecharse de él. Tan pronto como se fue, el abuso se intensificó.
>
> Me acostumbré a desear tener un trabajo decente, para poder solicitar el divorcio y dejarlo. De alguna

manera sabía que el dinero era poder, y deseaba poder conseguir un poco. Me sentía muy atrapada por eso. Entonces experimenté un cambio importante en mi forma de pensar. Me di cuenta de que las cosas nunca iban a mejora, mientras yo estuviera con él. Me estaba arrastrando hacia abajo, más y más profundo, y me ahogaría si me quedaba con él.

Así que decidí que tenía que salir de la relación, sin importar el costo. Entonces, justo antes de presentar la demanda de divorcio, mis horas de trabajo se redujeron a la mitad. El abuso se intensificó. Yo creo que él se comportaba peor, porque pensaba que yo estaba atrapada. Pero simplemente di un salto y lo hice. Subempleada y luchando para sobrevivir, logré reunir algo de dinero y pedí el divorcio. Voy a salir.

Así que ahora he tocado fondo en lo financiero, pero creo que puedo recuperarme. Él me ha sacado hasta la última gota de todo lo que yo tenía. Y, aun en el divorcio, él todavía quiere más. No creo que él sea realmente un psicópata, pero tiene esas características. El matrimonio me dejó desposeída económicamente, con mal crédito, y subempleada a nivel de la pobreza con dos hijos que mantener. Él no paga la manutención completa, de acuerdo con las directrices del Estado. Está viviendo en un apartamento de lujo con nuevos "juguetes" de alta tecnología y ropa nueva y va a cenar con amigos. Espero poder conservar mi casa y la mitad de las ganancias.

En este momento estoy trabajando en perdonarme a mí misma por mis malas elecciones y decisiones de los últimos diez años. Es un proceso de duelo, supongo; tengo un montón de remordimientos y cosas que quisiera poder haber hecho de manera diferente. Realmente, ahora estoy lamentando haber usado el dinero de la jubilación; parece algo tan estúpido en retrospectiva. Pero yo sentía que tenía que hacerlo para apoyarlo. ¿No es eso lo que hacen las esposas? En el primer lugar de mi lista de remordimientos está el haberme casado con él y el haber aceptado sus disparates durante tanto tiempo, y dejar que me hundiera con él. En este momento, no hay otro lugar a donde ir sino hacia arriba.

Un abusador verbal manipulador y sin escrúpulos puede ser extremadamente encantador e incluso disculparse por el mal comportamiento anterior. Él dirá todo lo que su pareja siempre quiere escuchar y será totalmente convincente. Jugando con sus simpatías, puede conseguir todo lo que siempre quiso tener.

ESCAPAR CON LA AYUDA DE OTROS

Nadine logró salir de su agresor, aun cuando las probabilidades parecían estar en su contra. A pesar de sufrir un período de verdadera incapacidad por una lesión, logró escapar con la ayuda de amigos y familiares. He aquí su notable historia:

Me quedé incapacitada debido a una lesión y perdí mi trabajo y todo lo demás que me importaba. Mi marido—ahora ex marido—se aprovechó de mis ingresos por incapacidad para mantenerse a sí mismo durante los últimos siete años de nuestro matrimonio. Mientras estuve incapacitada y aún recibiendo un ingreso, no estaba motivado para encontrar un empleo. No buscaba trabajo. Él podría haber tratado de encontrar un empleo pero no lo hizo.

Durante este tiempo yo era su criada, jardinera, cocinera, mensajera, y el poste de flagelación. En lugar de apreciar el duro trabajo que hacía para mantener una granja, criticaba todo lo que yo hacía. Creaba trabajos para que yo los hiciera, y al mismo tiempo los destruía. Pienso que él quería que yo estuviera muy ocupada para que no pudiera buscar un empleo si volvía a estar habilitada. Al mismo tiempo, él me gritaba por cada pequeña infracción de sus reglas. Él siempre estaba enojado y siempre criticando.

Caminaba con pies de plomo. En lugar de querer pasar tiempo con un marido que decía "amarme" yo empecé a apreciar las veces en que él salía de vacaciones con sus amigos o pasaba las noches en los bares.

Debido a la gravedad de mi lesión, me resultaba difícil hacer las tareas de la casa. No podía hacer ejercicios y subí de peso. Él me insultaba por mi aumento de peso y sacaba provecho de mis limitaciones para esclavizarme, mientras él jugaba, iba a fiestas, y se quedaba bebiendo. Me sentía atrapada porque no pensaba que fuera a ser capaz de mantenerme a mí misma si nos separábamos. Consideraba el suicidio cada día.

Por último, con mucha ayuda y mucho aliento de mi familia, lo abandoné. Mi familia me quería, independientemente de lo aislada que había estado. Debido a su lavado de cerebro, no sentía que merecía nada; me sentía indigna.

Desde que me fui, me he convertido en una persona mucho más feliz. He descubierto que puedo mantenerme a mí misma, mínimamente. Mi familia está absolutamente encantada de tener a su hija de vuelta. Me he curado de la mayor parte de mi lesión y de mi separación. He conseguido un buen trabajo que está desafiando mis habilidades cognitivas y mi fuerza física (todavía). A pesar de que es un gran desafío para mí, vale mucho más que el trabajo que me tomó llegar hasta aquí. Por favor, cuéntale a tus lectores que hay una vida mucho mejor fuera del insidioso abuso, ¡y qué es un abuso!

Aunque la pareja a menudo sufre sola, es muy importante que se acerque a los familiares, amigos y grupos en línea para pedir ayuda, apoyo y comprensión. Y, como Nadine, se deben establecer metas y tomar todas las medidas posibles con determinación y fe.

Lo que es mío es mío, y lo que es tuyo es mío

Algunos de los peores abusadores verbales son los que controlan los ingresos conjuntos. En los estatutos de la comunidad de bienes, todos los ingresos obtenidos durante el curso del matrimonio pertenecen a ambos por igual. (Excepto la herencia. Sin embargo, si la herencia pasa a ser un fondo mutuo, es compartida en la mayoría de los casos.) Siempre debes consultar con tu propio abogado o un contador respecto a las finanzas. No saber si tienes algunos fondos comunes, o cuáles son tus deudas, te quita autonomía y libertad. Es un horror común en un país que lucha por la libertad.

UN ABUSADOR VERBAL QUE CONTROLA EL DINERO DE SU PAREJA

Todo abusador verbal dice mentiras y, para muchos cónyuges abusivos, las mentiras son simplemente una estrategia para el robo. Algunas personas controladoras no se detienen ante nada para conseguir lo que quieren. Recomiendo que cualquiera que esté planeando unir el dinero ganado antes de la relación que vea a un abogado y consiga un acuerdo en un contrato blindado. La historia de Kate muestra lo que puede suceder sin un acuerdo de este tipo:

La economía afectó directamente el proceso de divorciarme de mi marido abusivo, Tyler. De hecho, sus mentiras me llevaron a la ruina financiera.

Habíamos estado juntos unos cinco años y estábamos buscando el mejor lugar para retirarnos en el futuro. Encontré y compré una hermosa propiedad que parecía hecha a medida para sus aficiones e intereses. Cuando encontré la propiedad, me sentí muy bien por contribuir a hacer su vida mejor. Tyler tendría lo que, según él, realmente quería. En ese momento, él se estaba mudando desde otro estado y estaba desempleado. Vendí mi casa, utilicé el dinero para el pago inicial, y saqué dos hipotecas para comprarla. Él había prometido pagar la segunda hipoteca una vez que vendiera su casa. ¡No lo hizo nunca!

Cuando su casa se vendió, Tyler dijo que necesitaba el dinero para ayudar a un miembro de su familia. Cuando me di cuenta de que eso era una mentira, lo dejé. Después de su abuso verbal, el desempleo crónico, y la infidelidad, eso era la última gota. Sólo trabajó un año de todo el tiempo que estuvimos casados. Ahora veo que era el tipo de hombre que dependía de las mujeres para hacer su vida cómoda.

Pero debido a la economía horrible, tuvimos que vender la nueva propiedad con pérdida. No podía permitirme el lujo de mantenerla. Después de muchos meses de lucha, finalmente logré que cooperara con poner la propiedad a la venta.

Conseguimos una oferta de compra, pero Tyler la retrasó durante diez días porque él pensaba que no debería ser responsable de la mitad de la falta, ¡a pesar de que su nombre estaba en el título! Créeme, si la venta se hubiera hecho con beneficio, no se habría demorado.

Por supuesto, él me acusa de ocasionar la pérdida y dice que es culpa mía, a pesar de que mintió sobre el pago de la segunda hipoteca.

Tyler parece feliz de hacerme pagar y pagar. Creo que obtiene placer al causar dolor a otros, y en este momento, él está haciendo esto tan duro para mí como le es posible. Es una auténtica pesadilla. Soy muy afortunada de tener una gran carrera y de haber podido manejar esto de alguna manera. Sin eso y el apoyo de buenos amigos, no estoy segura de que hubiera aguantado. Yo realmente no sé cómo las mujeres con muchos menos recursos salen. . . . Supongo que a menudo no lo hacen.

La historia de Kate es típica de las relacionadas con personas controladoras. Las personas controladoras a menudo pelean ante cada petición de sus parejas. Todo lo que tiene que ver con ellos es una lucha.

CUANDO LA NEGACIÓN ACELERA LAS PÉRDIDAS FINANCIERAS

Muchas mujeres se mantienen en la ignorancia acerca del verdadero alcance de las dificultades financieras de sus parejas. En lugar de consultarlo con su esposa, el abusador verbal controlador niega sus pérdidas financieras y gasta aún más dinero. Al igual que Tyler, que no pudo pagar la segunda hipoteca, estos abusadores pueden arruinar la vida de la pareja, su seguridad y su crédito. Lori cuenta una historia similar:

Mi marido ha sido extremadamente abusivo para mí y para nuestro hijo. Y ha sido sobre todo una falsificación en torno al dinero, pidiendo préstamos para mantener una imagen de gran hombre de negocios. Otras personas están convencidas de que él es grande. Sin embargo, él es abusivo conmigo, verbal y financieramente. He perdido mucho con él. Se gasta el dinero que no tiene.

Sabiendo ahora lo que él es, yo nunca firmaría un préstamo con él. Lo que realmente me hace daño y no dejo de pensar en ello en este momento, es que el otro día, después de llamar a nuestro hijo "pedazo de mierda", le pidió prestados $200. ¡Mi hijo tenía el dinero de su cheque de discapacidad! Y yo había sido quien había logrado arreglar esto para él hacía algunos años. No tendré ninguna estabilidad, seguridad o tranquilidad hasta que no me separe.

Lori es una de los millones de mujeres con maridos abusivos que convierten en un desastre las finanzas de la familia. Cuando los tiempos económicos son malos, estos hombres suelen gastar dinero, incluso más rápido.

El esposo de Karen es típicamente de esos abusadores que niegan el estado de los asuntos financieros, y continúan contrayendo deudas tan rápido como pueden. Karen se siente atrapada, tanto por una economía que deteriora el desarrollo de su carrera como por las manipulaciones de su marido. Ella nos cuenta cómo él sólo va de mal en peor. Esta es su historia:

Mi marido Brandon es tan controlador que a pesar de que mi padre tiene noventa años y está enfermo y cerca de la muerte, no me pagaría un vuelo de mil millas para que vaya a verlo. Si no voy a visitarlo pronto, puede que no llegue a verlo antes de morir, o si lo veo, puede que no me recuerde. Brandon pagaría por un vuelo para sí mismo para visitar a su padre (que está relativamente saludable), pero no me ayudaría a que yo hiciera la que podría ser ¡mi última visita a mi padre!

El empeoramiento de la economía ha hecho que sea imposible para mí financiar el viaje. Cuando le pedía ayuda a Brandon él, por supuesto, se negó. En realidad esconde su cheque y sólo paga una pequeña cantidad de nuestra hipoteca y el seguro del coche. Yo sé que él niega las circunstancias económicas, despilfarra su ingreso de seis cifras, y se extiende hasta la deuda de tarjetas de crédito que trata de ocultar.

He comenzado una nueva carrera y estoy comenzando a desarrollar mi clientela. Será el trabajo de mi vida, pero no paga lo mismo que un trabajo corporativo.

Lo que realmente me molesta es que él parece disfrutar negándose a las cosas que más me importan. Es muy, muy estresante para mí ser financieramente incapaz de dejar a un hombre que tiene una presumida y autosatisfecha sonrisa cuando dice no a lo que me parece una petición muy razonable e incluso urgente.

Uno de los sueños de mi vida es crear un negocio a través del cual pueda capacitar a otras mujeres en situaciones similares para que puedan escapar de este tipo de trampas espantosas. Pero primero tengo que salir yo misma, y esta economía no me está ayudando a hacer eso. Parece otro ciclo abusivo sin fin.

Es agotador, y al igual que otras víctimas, pensé que algo estaba mal conmigo. He leído muchos libros de autoayuda en busca de respuestas. Brandon era tan bueno a la hora de convencerme de que yo era "demasiado sensible" y que yo era "demasiado exigente", cuando en realidad había comenzado a sentir que no merecía nada.

Finalmente, encontré el nombre de lo que estaba ocurriendo. Estaba siendo abusada verbalmente. Nunca voy a estar en una relación con alguien nuevo que me diga lo que soy, o lo que pienso o lo que siento, o lo que está "mal conmigo". Si se inicia el abuso al día siguiente de conocerlo, o después de una semana, o un mes después del matrimonio, terminaré con la relación porque sé que no va a mejorar.

Ahora tengo un plan maestro para salir de esta situación. Un divorcio puede significar que tengo que declararme en quiebra por deudas que él adquirió en nuestro matrimonio, pero lo haré. Voy a sobrevivir, ¡y ayudar a otras a hacer lo mismo!

Mucho después de que la economía se recupere, las mujeres estarán curándose de las heridas infligidas por sus agresores. Las cicatrices permanecerán. Tales daños necesitan tiempo para deshacerse.

CAPÍTULO XVII

Comportamiento irracional extremo

Parece que ser puesto en ridículo no es tan perjudicial como ser ignorado. . . . La forma más perjudicial de comportamiento es que te ignoren.
—Masaru Emoto, *Los mensajes del agua*

Repasemos brevemente la forma en que he descrito el abuso verbal, y luego mirémoslo de una forma totalmente nueva.

En este libro clasifiqué el abuso verbal según diferentes categorías. En otras palabras, podemos describir el abuso verbal mediante etiquetas como "retener información", "humillar", "acusar", "juzgar y criticar", etc. La gama del abuso se extiende desde el más encubierto (como el negarse a compartir) hasta el más manifiesto (los insultos).

En *El hombre verbalmente abusivo, ¿puede cambiar?*, en cambio clasifico el abuso verbal de otra manera, de acuerdo con la forma en que el abusador define a su pareja. Aquí están algunos ejemplos:

• Le puede decir a su pareja lo que ella es: "Eres gorda/estúpida/loca".
• Le puede decir a su pareja lo que ella piensa: "Tú piensas que eres más inteligente que cualquier persona"/"Tú piensas que lo sabes todo"/"Tú piensas que no sabes lo que estás haciendo".
• Le puede decir a su pareja lo que ella está tratando de hacer: "Tú está tratando de iniciar una pelea"/"Tú está tratando de tener la razón"/"Tú está tratando de hacerme quedar mal".

En total, en *El hombre verbalmente abusivo, ¿puede cambiar?*, enumero cerca de 400 ejemplos de formas en que las personas verbalmente abusiva dicen no sólo cómo es su pareja eres y lo que piensa, sino también lo que quiere, sientes, hace, el tipo de personalidad que tiene, y así sucesivamente.

¿Esto no suena como que el abusador verbal está fuera del contacto con la realidad? Aquellos que nunca han visto definida su realidad interna por su pareja son unos afortunados. A pesar de que pueden haber escuchado un comercial donde una voz declara, "Esta es la venta que usted ha estado esperando toda la vida", saben que dichas declaraciones no tienen sentido. Así de insensatas son las declaraciones de los abusadores.

Hay una tercera forma de percibir el abuso verbal, en función del grado de "irracionalidad" del abusador. Pero primero veamos cómo las parejas comúnmente pueden responder al abuso abierto o encubierto, y también explorar algunas formas adicionales.

FORMAS DE RESPONDER AL ABUSO ABIERTO Y ENCUBIERTO

Es más fácil detectar el abuso manifiesto, tales como los insultos, porque es la forma más obvia. Sin embargo, algunos otros abusos son más difíciles de detectar y por lo tanto más insidiosos. Cuando las parejas de los abusadores verbales oyen el más atroz de los insultos, como por ejemplo, "Eres una perra ignorante", puede ser que digan, "¡Hey! Para de insultarme".

Sin embargo, el abuso encubierto o sutil puede ser más confuso como, por ejemplo, "Tú realmente no quieres eso". Al oír esto, se está más inclinado a responder, "Sí, esto es lo que quiero" o "¿Por qué no?", en lugar de "¡Hey! Deja de decirme lo que quiero".

Por supuesto, defenderse o explicarse a sí mismo a una persona racional ("¡Esto es lo quiero!"), por lo general se traduce en una respuesta como, "Oh, lo siento, no estaba pensando lo que decía", o "Eso no fue lo quise decir. Yo quería preguntarte por qué quería eso". Sin embargo, un abusador verbal no es una persona racional. Si has probado a dar respuestas racionales y no ha funcionado, por favor considera esta posibilidad. El abusador verbal piensa que una explicación es la misma cosa que una discusión o una pelea. Un hombre verbalmente abusivo me dijo, "Siempre pensé que sacaría sus armas más grandes cuando tuviésemos una pelea, ¿no es así?"

Le expliqué a este hombre, que siempre luchó contra las explicaciones racionales de su esposa, que no se trataba de una discusión o una pelea. Un argumento es un debate racional en el que cada persona sostiene su opinión. Una explicación no es una lucha tampoco. Por ejemplo, la explicación "¡Esto es lo que quiero!"

es simplemente una explicación. Es un intento de sanar la relación. La pareja está diciendo, "No soy la persona a la que te refieres. Soy una persona que quiere esto, no aquello".

Un hombre al que llamaré Zeke había mostrado todas las formas de abuso verbal, atacando a su compañera Mindy, llamándola "perezosa" e "inútil" porque ella no recogió la cortadora de césped de juguete de su hijo. Estaba en el jardín delantero cuando él llegó a casa. Su esposa le explicó que no había tenido tiempo porque el bebé había tenido fiebre y que había tenido que dejarlo todo para llevar al mayor a una fiesta después de la escuela. Sin embargo, Zeke no se disculpó. Continuó respondiendo de manera irracional.

Hay una serie de posibles respuestas a los insultos:

- "No quiero que me llames de nuevo de esa forma".
- "¡Eh, tú no eres yo, una mujer! Tú no sabes cómo soy. No me digas nunca más cómo soy".
- "¿Podrías repetir eso, por favor?"

La última opción es más eficaz si se dice mientras la pareja tiene en sus manos una cámara de vídeo, preferiblemente atada por un cordón o cinturón a la cintura. El abusador probablemente no repetirá el insulto, y puede que dude en repetir los insultos nuevamente. Seguramente exigirá que su pareja apague el video y si no lo hace, se volverá aún más abusivo. Si es así, ha dado su consentimiento implícito a que se le grabe. Podía haberse alejado. La pareja debe decidir el método más seguro si el abusador es tan irracional que pueda ser peligroso.

A menudo animo a las personas a que graber el abuso (siempre con el conocimiento del abusador). Una vez más, si no se convierte en un peligro para la pareja, puede ser eficaz. Si se queja de la grabadora, es evidente que él sabe que está encendida. Es su responsabilidad dejar de actuar. Si él continúa con la agresión, la pareja va a tener algo educativo para mostrar YouTube. Por ejemplo, "Este es un ejemplo de abuso verbal".

Cuando Mindy explica por qué no había guardado la segadora de juguete de su hijo, estaba tratando de conseguir que Zeke se diera cuenta de que lo que decía era erróneo. Él la había asaltado con su arranque de ira y la había definido negativamente (perezosa, inútil). Ella, con su actitud, estaba tratando de reparar la relación, buscando que él la entendiera y se disculpara. Pero Zeke no se disculpó. La relación se rompe por palabras viciosos que martillan la mente de la pareja como si se tratara de un mazo.

Estas declaraciones agreden su conciencia, moldeándola como un fracaso. Si pudiera aniquilar su conciencia tendría más control sobre ella.

Tom es otro hombre que tenía la costumbre de dar órdenes a su esposa Becky. En esos casos, lo mejor que puede hacer la pareja es responder: "Por favor, no me hables como si yo fuera un niño".

En última instancia, el objetivo de Becky debería ser sentirse capaz de decir cosas como "No me des órdenes" o "Yo no recibo órdenes. Tú no es mi jefe".

Hemos visto el abuso verbal desde dos perspectivas:

1. Las diversas categorías de abuso verbal.
2. Las formas en que el abusador define a la pareja y a su mundo interior.

Ahora echemos un vistazo al abuso verbal desde un tercer punto de vista:

3. ¿Cuán loco, inexplicable, incomprensible o irracional es el comportamiento del abusador? ¿A qué niveles puede llegar?

Es importante saber que, a pesar de que hay rangos en la intensidad del abuso, se puede sentir más o menos emocionalmente devastado por cualquier nivel de abuso verbal. Este desglose supone una perspectiva amplia y general sobre los tipos de abuso verbal, con el énfasis en cuán irracional es el abusador.

Nivel 1: Negación y evitación

La negación y la evitación de conductas abusivas son comportamientos clásicos. Es lo que el abusador hace cuando trivializa y contrarresta de cualquier forma la experiencia de su pareja.

Trivializar, desviar, rebajar, culpar, olvidar, contrarrestar, o decir que era sólo una broma: estos son todos los comportamientos basados en la negación. Son todos los comportamientos deshonestos y cobardes. ¿Por qué? Debido a que el abusador verbal no va a asumir la responsabilidad de lo que acaba de decir o hacer. Evita el tema y niega la experiencia de la pareja:

- "No fue nada".
- "Es tu culpa".
- "Estás exagerando".

Cuando contrarresta, niega la percepción de su pareja:

- "No, es de esta manera".
- "Eso no es así".

En otros casos, el abusador niega directamente su comportamiento:

- "Nunca tuvimos esa conversación".
- "Eso no sucedió".
- "No sé de lo que estás hablando".

El abuso a este nivel tiene que ver con el mantenimiento del *statu quo* o Poder Sobre la posición, no "metiéndose en problemas", y adiestrando a la pareja a que acepte más abusos. La negación no es tan irracional como cobarde e irresponsable. En otras palabras, es explicable. Está motivada por la necesidad del abusador de negar su comportamiento y las percepciones de su pareja.

Aún, es un comportamiento que enloquece (es "creador de locura"). Si la pareja no sabe que este comportamiento irracional se basa en la irresponsabilidad y el miedo del abusador de ser descubierto y llamado a contar, la pareja puede comenzar a pensar que hay algo mal en ella. Puede pensar, "Tal vez hay algo mal en mí. Si él realmente no quiso decir eso y parece que no significa nada para él, entonces tal vez debería hacerle caso".

El problema con esta forma de pensar es que ella sufre más, a la vez que el abusador no recibe una retroalimentación honesta del mundo exterior que aumente su conciencia.

¿Negación o trastorno disociativo?

Nota: una excepción a la hora de entender la negación de algún suceso como una forma de abuso sería si la pareja tuviera un trastorno disociativo. Si el abusador realmente no recuerda lo que acaba de ocurrir, podría haberse disociado de sí mismo. El sitio web de la Clínica Mayo, explica que una persona con este trastorno es alguien que "escapa a la realidad en formas que son involuntarias y poco saludables. Los síntomas del trastorno, que van desde la amnesia hasta identidades alternativas, por lo general se desarrollan como reacción a un trauma y ayudan a mantener a raya los recuerdos difíciles". Hay cuatro categorías principales de este trastorno que se describen en línea en www.MayoClinic.org.

Los abusadores verbales incurren en la negación cuando sus parejas preguntan sobre algún incidente, algún comentario verbalmente abusivo, o un patrón de comportamiento que les molesta y que perturba la relación. La pareja quiere ver un cambio o quiere una disculpa para que todo funcione mejor. Busca reparar la relación.

Nivel 2: Adicción a la ira e insultos

Las explosiones de ira y los insultos por lo general comienzan cuando el abusador no puede salirse con la suya o sus expectativas no se cumplen. Los abusos a este nivel son similares a las rabietas de un niño. Es común que los abusadores no sólo digan improperios y griten con toda la fuerza de sus pulmones, sino que también la cara se les ponga de color rojo y tiren cosas. A veces también golpean a la pareja. El abusador parece que sólo ha logrado el desarrollo emocional de un niño de dos años de edad y suele comportarse más enojado que inexplicablemente irracional. Sin embargo, ¡sólo él sabe por qué está enfadado!

Joey me dijo, "Ahora ya sé por qué empujé a mi compañera al suelo. Acabo de leer *Gente controladora (Controlling People)*".

"¿Qué pasó?" pregunté.

"Pensé que Stephanie iba a acercarse para ofrecerme ayuda cuando entraba a casa. Pero, en lugar de eso, me dijo, 'Hola' y siguió revisando el correo. Por lo tanto, entré en cólera y la tiré al suelo".

Es la misma reacción de Zeke cuando insultó a su esposa por no haber guardado la cortadora de césped del hijo. Zeke pensaba que su esposa era una extensión de él, por así decirlo. Es como si se tratara de un titiritero que no puede mover los hilos de su muñeco para hacer una actuación conforme a su plan. El hilo que lo une a su títere (su esposa), en este caso, se ha roto. El sentirse desconectado de ella le provoca una rabieta. Lo mismo le sucedió a Joey cuando lanzó su esposa al suelo.

Nivel 3: Las órdenes y amenazas

Las órdenes, las amenazas y la intimidación son un paso más allá de la rabieta. Se trata de un tipo de comportamiento con el que se exige hacer las cosas "a mi manera o, de lo contrario, pagarás por ello". Las órdenes y amenazas son formas de un mismo comportamiento y ambas son intimidaciones. Zeke da órdenes porque nunca se le ocurrió que él debe tratar a los demás como le gustaría que lo trataran a él. Su comportamiento se origina en un profundo sentimiento de impotencia; por lo tanto, amenaza a su pareja con el enojo abusivo si ella no cumple con sus expectativas. Él no necesita decir, "Me voy a enojar si no haces lo que quiero". La amenaza siempre está presente y él siempre reaccionará con rabia si no se sale con la suya.

Algunos abusadores amenazan con abandonar a la pareja u otras formas de castigo para conseguir lo que quieren. Por otro lado, algunos dejan a sus parejas sin dinero, y luego las tientan con alguna suma considerable cuando les dan órdenes, y así las manipulan.

Las órdenes y amenazas demuestran un comportamiento irracional y aterrador, pero en general, este tipo de abusadores son más calculadores y conscientes de lo que hacen que irracionales. Y sus parejas se dan cuenta de lo que ellos están haciendo.

Estos abusadores no pueden pedir en buena forma lo que quieren. ¿Cómo podrían? Si lo hicieran, estarían dando a sus parejas la libertad de decir "No". La pareja podría sentirse libre de romper el "hilo" que la une al abusador como si fuera una marioneta. Al romper esta cadena, ella estaría en igualdad de fuerzas con él y se rompería su única conexión con ella. Y, ¿a dónde va a parar él sin su extensión? En este nivel de abusos, la pareja vive con miedo. Para muchas, el miedo es su única compañía.

Sin embargo, hay otros dos abusos extremadamente tóxicos e irracionales. Ellos se encuentran en los niveles cuatro y cinco.

Nivel 4: Los ataques que socavan

Los ataques que socavan a menudo toman la forma de acusaciones. Como todos los insultos, las acusaciones son mentiras peyorativas acerca de la pareja. (Cuando estas mentiras son contadas a los demás se llama difamación.) Las acusaciones vienen acompañadas de críticas y enjuiciamientos abusivos. Cuando el abusador enjuicia a la pareja, a continuación la critica, y en la crítica hay siempre acusaciones sobre la forma en que es o actúa la pareja. Las acusaciones son a menudo ataques inesperados que no se basan en ninguna conversación externa, problema o argumento. Parece que vienen de la nada. No son preguntas como, "¿Me amas?"

Por lo general, estas acusaciones definen los motivos y las acciones de la pareja como lo contrario de lo que realmente son. Los autores de las acusaciones no necesariamente niegan su comportamiento, ni tienen rabietas, ni exigen salirse con la suya. Son extremadamente irracionales, no simplemente débiles, inmaduros, egocéntricos o petulantes. Esta forma de abuso verbal intenta destruir la naturaleza misma de la pareja y parece inexplicable.

Tenga en cuenta que este tipo de abuso extremadamente tóxico, se produce de forma constante en una relación a lo largo de meses y años. Cuando termina la relación porque la pareja simplemente tiene un arranque de ira en reacción a años de abuso, el abusador es probable que calumnie a la pareja frente a la comunidad, a los tribunales, y/o frente a los niños.

Pongamos un ejemplo de este tipo de acusaciones tóxicas. Al bajarse de un taxi de camino a una cena, Aye y Bee ven a una persona sin hogar pidiendo dinero. Aye, sintiendo verdadera compasión, echa unos pocos dólares en la vasija del hombre. Ya en el restaurante Bee dice inesperada, y de una manera feroz y flagrante, "Yo sé por qué le diste dinero a ese hombre. Sólo porque querías impresionar al taxista. ¡Por eso lo hiciste!"

En otra ocasión, Aye y Bee están amueblando su nuevo hogar. Aye pregunta, "¿Dónde deseas colgar esta foto?" La imagen era un regalo de bodas que había estado dando vueltas sin colocarse por semanas. De vez en cuando, Aye le repetía la pregunta a Bee de diferentes maneras ("¿Crees que se vería bien aquí?" o "¿Donde te gustaría ver esta foto?"), a lo que Bee respondía siempre con un "No sé". Por último, Aye, confiando en su propio sentido estético, colgó el cuadro. Días después, Bee le dijo, "Finalmente colgaste el cuadro donde tú querías. Pasaste de mí, como de costumbre".

Este tipo de acusaciones son destructivas de la esencia misma de la pareja. Si las parejas tratan de explicar sus motivos y definir lo que realmente estaba pasando ("te pregunté varias veces . . .") serán nuevamente atacadas con acusaciones como, "Siempre quieres salirte con la tuya" o "¡Lo único que te importa es ganar!"

Tales ataques son sorprendentemente dañinos y, por lo tanto, pueden traumatizar profundamente a las parejas, que tardarán años en recobrar la autoestima.

Nota: a veces, las acusaciones no surgen por un comportamiento "creador de locura" por parte del abusador, sino más bien por celos, resentimientos ocultos, o un trastorno emocional o de desarrollo.

Nivel 5: Retención

Negarse a responder o a hablar con la persona con la que uno está, supuestamente, en una relación, es aparentemente el comportamiento más extremadamente irracional de todas las formas de abuso verbal. Cuando no hay lucha, no hay argumento y no hay ira—sólo una negativa a responder cualquier pregunta, compartir una nueva información o, incluso, responder a un comentario interesante o alegre—y cuando este "tratamiento de silencio" (o "ley del hielo") persiste en el tiempo, esto es una prueba de que el abusador ha dejado de tener relación alguna con la pareja.

Esta es la forma más tóxica del abuso verbal. Es un comportamiento que confunde, pues a menudo el abusador puede decir, "Te amo", incluso cuando no se compromete con su pareja de ninguna manera. Tales mensajes contradictorios sólo se suman a la confusión y la soledad que siente la pareja.

Por otro lado, muchas personalidades que se niegan a compartir no pueden ni decir "Te amo", una vez que han asegurado la relación con el matrimonio. Esto también confunde a sus parejas. "¿Por qué te casaste conmigo?", preguntan. La mayoría de estos abusadores tienen conversaciones abiertas y significativas con sus amigos. De hecho, la pareja puede descubrir cómo ha sido el día de su compañero o cuáles son sus planes solamente al escuchar sus conversaciones con otros. Sin embargo, otras parejas no logran averiguar nada en lo absoluto.

Conozco dos explicaciones para este tipo de comportamiento:

- **Síndrome de Asperger.** La persona que retiene información, y que también parece estar incómodo en conversaciones con otras personas, puede tener el síndrome de Asperger. Este es un trastorno del desarrollo, de causa desconocida, que afecta a la capacidad de una persona para relacionarse con los demás, entre otros síntomas. Si sospechas que tu cónyuge tiene este trastorno, visita www.aspergers.com.
- **Proyección.** En otros casos, el que retiene está tan fusionado con su pareja a través de la proyección de su "lado femenino" que no puede hablar con ella como si fuera una persona real. Sin embargo, si el abusador, además de retener información suele acusar a su pareja, entonces ha proyectado gran parte de su "lado masculino" y de su "lado femenino" en ella. Su yo femenino está tan proyectado en su pareja que los psicólogos describen este proceso como una proyección del 100 por ciento.

La toxicidad de soportar una "relación" con una persona que retiene la comunicación es tan grande que suele dejar a la pareja deprimida, insegura y con frecuencia enferma. Los retenedores tratan a sus parejas como si estuvieran ausentes, como si no fueran más que fantasmas que flotan por la vida, satisfaciendo sus necesidades.

Esta es también una forma de rechazar -utilizada por algunos grupos religiosos para castigar a los que no se ajustan a las creencias. El impacto en la pareja no debe ser desestimado, porque la pobreza social y emocional puede crear depresión, ansiedad y otros síntomas mentales y físicos de la misma forma que la privación de luz provoca el trastorno afectivo estacional (SAD).

CAPÍTULO XVIII

Acerca de la terapia (y para los terapeutas)

Yo me inspiro en los pasos que las personas dan para despojar a los perpetradores de su autoridad y los pasos que dan para recuperar territorios de sus vidas usurpados, remodelar sus vidas y tener "la última palabra" sobre quiénes son.

—Michael White

APOYO TERAPÉUTICO

Tú eres el experto de tu propia experiencia. Yo no creo en el conocimiento privilegiado de un experto que te pueda decir cómo debes ser o lo que es verdad para ti. Creo que un terapeuta o consejero te puede ayudar y apoyar en despertar una nueva conciencia y una nueva fuerza en ti. Un terapeuta que apoye tu proceso de "ver la diferencia", es decir, discriminar entre lo que te han dicho sobre ti misma y tu propia verdad, es de gran ayuda. Además, un buen terapeuta puede ayudarte a descubrir y reforzar los recursos internos para que puedas llevar una vida lo más parecida a lo que deseas, todo a tu propio ritmo.

Este capítulo enfocará, sobre todo, el contexto de la experiencia femenina de abuso, no porque las mujeres no puedan ser abusivas para con los hombres en las relaciones, sino porque la casi totalidad de los miles de casos que estudié han sido sobre relaciones heterosexuales en las que los hombres han tratado de controlar a sus parejas a través del abuso verbal. En aquellos casos en que los hombres sufrían menosprecio, su confusión y sus intentos por resolver los problemas eran muy similares a las experiencias femeninas que aparecen en este libro. Ellos también se sintieron aliviados cuando supieron que no estaban "locos". El hecho de que estuvieran leyendo sobre experiencias femeninas no tenía importancia para ellos.

Si usted es un terapeuta y lee solo este capítulo, tendrá que saber que a través de este libro la palabra "abusador" describe a "la persona que en un incidente o incidentes perpetra el abuso". La palabra "abuso" describe aquellos comportamientos que intentan menospreciar o violar a otra persona, incluyendo los intereses de esa persona, sus acciones, sus creaciones, y así sucesivamente. Cuando utilizo las palabras "relación verbalmente abusiva", estoy hablando de una relación entre un opresor y un oprimido en contraposición a aquella en la que dos personas se relacionan con reciprocidad e interdependencia.

SOBRE LA TERAPIA

Durante los últimos cien años los métodos terapéuticos se han desarrollado en el contexto de los supuestos patriarcales y jerárquicos de la cultura occidental. Teniendo esto en mente, y dando por sentado que la práctica terapéutica es un proceso en evolución, presento algunas ideas y puntos de vista destinados a apoyar tanto a los terapeutas como a los lectores en general que se enfrentan a problemas de abuso verbal.

Mi perspectiva se ha formado a partir de mi familiaridad con miles de casos de abuso verbal, por numerosos informes y descripciones de encuentros terapéuticos en relación con problemas de abuso verbal, por la teoría de sistemas, y por la lectura y las conversaciones con terapeutas que practican la perspectiva narrativa. Si usted está interesado en obtener más información sobre la terapia narrativa que está contenida en este capítulo, por favor verifique la bibliografía ampliada sobre el tema que incluyo en esta nueva edición del libro.

En la interacción terapéutica, no creo que el terapeuta deba adoptar una posición neutral. Tampoco sugiero que un terapeuta tome partido por una persona en detrimento de la otra. Sugiero, en cambio, que el terapeuta tome partido por el cambio.

Recomiendo la terapia narrativa porque es antijerárquica y tiene en cuenta la naturaleza de los sistemas vivos. Además, se basa en la teoría constructivista, una teoría que opina que nuestra identidad o auto-descripción se desarrolla, en buena parte, a través de las "historias" que oímos acerca de nosotros mismos. De esta manera, "construimos" nuestra identidad fuera de nuestro entorno social.

La perspectiva constructivista puede ser emplear con eficacia por los terapeutas para fomentar el cambio positivo de los que abusan verbalmente. Las parejas y ex parejas de abusadores que buscan la claridad y el apoyo terapéutico, se benefician con este enfoque no directivo y respetuoso. Si la persona abusada tiene otros problemas terapéuticos tales como un desequilibrio bioquímico, ella y su terapeuta deberán decidir juntos el mejor tratamiento global.

Comprender en que consiste el abuso verbal puede ayudar en el reconocimiento de otras conductas abusivas. Por ejemplo, si un niño es víctima de abuso sexual por lo general será maltratado verbalmente. Una persona que sienta dolor emocional o angustia mental por incidentes con su pareja será capaz de identificar y definir lo que le ha ocurrido si es consciente de que ha sido abusivo.

Si usted es un terapeuta que atiende relaciones de pareja o individuos que han estado o están actualmente en relaciones abusivas verbalmente, estoy segura de que su seguridad emocional y física es de suma importancia. Por esta razón, así como por la valiosa información que ofrecen, le recomiendo que acuda a una sesión de entrenamiento para voluntarios, ya sea en un refugio para mujeres maltratadas o en un programa para hombres maltratadores. Incluso si usted no decide trabajar como voluntario, obtendrá información que puede utilizar en su práctica de asesoramiento.

Los programas de formación de voluntarios contra la violencia doméstica pueden ser muy ilustrativos en cuanto a los problemas de las relaciones abusivas verbalmente. También sirven como introducción a las dificultades prácticas y culturales que las personas enfrentan en sus esfuerzos por escapar de los abusos. Además, a menudo demuestran la dificultad que algunas personas tienen en la toma de responsabilidad y en la renuncia a sus comportamientos abusivos.

Tanto el abuso verbal como el maltrato físico son tácticas de Poder Sobre. La comprensión del maltrato físico contribuye al reconocimiento del abuso verbal. Por el contrario, y de vital importancia, la comprensión sobre el abuso verbal permite a las mujeres maltratadas reconocer que ellas no son la causa de la agresión. Por supuesto, la "comprensión" de ninguna manera significa aprobación del abuso. Dicho rápidamente, se puede afirmar que el abuso verbal y el físico son la misma cosa bajo diferentes formas; son tácticas de Poder Sobre. Por esta razón, considero que un abusador verbal se beneficia en la participación de programas para hombres maltratadores. Estos pueden brindar una poderosa ayuda a la terapia, aun cuando el abusador no haya agredido a su pareja físicamente. Además, si el abuso es solo una posibilidad, es importante que el terapeuta se reúna con el abusador y con su pareja por separado.

Las personas que dirigen los programas de recuperación para hombres y de refugios para mujeres por lo general tienen mucha experiencia sobre el abuso verbal. Por ejemplo, el programa Manalive (hombres aliados contra la vida en entornos violentos) en Napa, California, junto con MAWS (servicios de mujeres maltratadas) en San Rafael, California, contribuyeron con abundante información a mi libro *Los sobrevivientes de abuso verbal hablan* (*Verbal Abuse Survivors Speak Out*, Adams, 1993), en el que describo muchos de los comportamientos relacionados con las categorías de abuso verbal.

LA INFLUENCIA DEL PATRIARCADO

Todavía vivimos en una cultura patriarcal que determina que las mujeres estén subordinadas a los hombres. Yo solía pensar, cuando era muy joven, que el patriarcado era un término relacionado con viejas ideas como "las mujeres no deben votar". (¿No era eso abuso verbal?) Pensaba que el patriarcado se refería a las "cosas de antes". Pero ahora sé que el patriarcado, en tanto sistema de creencias erróneas e inhumanas acerca de los hombres y las mujeres, todavía tiene una enorme influencia en nuestra cultura y en todo el mundo. Esto no quiere decir que un abusador verbal no esté también influenciado por otras cosas que no sean culturales (padecer de paranoia, por ejemplo).

El terapeuta puede ayudar a una persona a constatar cómo el patriarcado ha influido en su vida. Discutir las creencias sobre el poder, los derechos, quién tiene la última palabra, quién tiene autoridad sobre la vida del otro en vez de tener autoridad para sí mismo, quién debe estar a cargo de otra persona, y así sucesivamente, puede ayudar al abusador que abusa a ver cómo el patriarcado ha legitimado la opresión.

De una manera muy general, el siguiente ejemplo explica cómo el patriarcado puede influir en una relación, e incluso crear un "no relación" bajo el disfraz de una "relación". Cada vez que una mujer dice "no" al abuso verbal por parte de su compañero—diciendo, por ejemplo, "No quiero recibir órdenes" o "No quiero que me diga cómo hacer lo que hago"—desafía al patriarcado. El abusador en la interacción está bajo la influencia del patriarcado, escuchará esta declaración como un desafío a sí mismo (no al patriarcado) y puede creer que debe luchar contra ella (no contra el patriarcado).

Puede incluso suponer que su pareja "está buscando una pelea". La pareja, por supuesto, sólo está pidiendo no ser abusada, que no le den órdenes, y no ser criticada. La pareja está buscando una mejor y más estrecha relación, a diferencia de su compañero que, en este ejemplo, está buscando "ganar". Él se ha entregado a las ideas patriarcales convirtiéndose más en un aliado del patriarcado que en un amigo de su pareja.

Alan Jenkins (1990) afirma: "Muchos hombres abusivos no consideran que están teniendo actitudes sexistas o que siguen estereotipos de género en relación con las mujeres o los niños. Se ven como igualitarios y justos en sus relaciones con los miembros de la familia y, a menudo, se sienten muy impotentes, e incluso califican a su pareja como opresiva, controlara e injusta". Cuando el abusador se ve a sí mismo como la "víctima", invita a su compañera a verse como la culpable. "Si se lo hubiera dicho de otra manera, no me habría humillado, gritado, ni ordenado". De esta forma, instiga a su pareja a unirse a su visión patriarcal de las cosas, una visión que exonera al hombre y hace responsable por su comportamiento a la mujer.

Jenkins también afirma que "los abusadores masculinos pueden oscilar desde hombres tranquilos y pasivos, que tienden a evitar conflictos, hasta patriarcas dominantes que dan muestras frecuentes de poder y de estatus social. Sin embargo, en ambos extremos, son evidentes patrones prescritos de género de privilegio exagerado y de evasión social-emocional y dependencia".

IDENTIFICAR Y NOMBRAR EL "PROBLEMA"
Los consejeros y terapeutas pueden tener dificultades para identificar las dinámicas de la opresión cuando una pareja se presenta ante ellos buscando "mejorar la relación" o "tener una mejor relación", ya que "no se llevan bien", o porque "han tenido peleas últimamente". La misma dificultad puede ocurrir cuando una mujer busca asesoramiento porque se siente "deprimida" es "infeliz con su relación", o está teniendo "problemas para entender" su compañero.

Es frecuente que un terapeuta se reúna con una pareja cada semana durante meses y no sepa que se trata de una relación verbalmente abusiva. A veces no se llega a reconocer el problema o si la pareja es consciente de él, lo minimiza y en ocasiones la persona maltratada tiene miedo de hablar de los abusos por temor a que estos empeoren.

Del mismo modo, puede que algunos terapeutas no se percaten de las relaciones agresivas. A veces, la pareja maltratada tiene miedo de revelar los incidentes. Algunas mujeres me contaron que si decían algo acerca de ser golpeadas "sabían" que serían golpeadas cuando llegaran a casa o incluso en el camino a casa. Por otro lado, algunas mujeres no reconocían que el hecho de "ser golpeada" por su compañero significaba que tenían una relación abusiva. Pensaban que una vez que estuvieran en la terapia descubrirían "lo que estaba mal" con ellas, realizarían cambios y no serían golpeadas nuevamente. Por supuesto, "lo que está mal" es el abuso, ya sea verbal o físico.

Muchos terapeutas tradicionales están capacitados para buscar patologías, para ver a la persona como el problema y a ellos mismos como expertos en el problema (que se encuentra en la persona). Algunos creen que tienen un conocimiento objetivo de la persona y que lo que ellos consideran que es correcto para él o ella es lo adecuado, independientemente de lo que piensa o sienta la persona.

Algunos terapeutas son directivos porque creen saber lo que debe hacer, o cómo debería ser su paciente; pero la visión del paciente es mucho más significativa que la de cualquier otra persona. Los cambios que son dirigidos hacia el interior, y basados en la propia visión del paciente, también son más duraderos. Los terapeutas que siguen la terapia directiva y la que patologizar toman una posición de superioridad con respecto al paciente. En efecto, dicen, "Tengo el conocimiento de expertos que tú no tienes y por lo tanto tengo poder sobre ti, así que puedo confrontarte, dirigirte, y decirte qué hacer". El abuso de poder en las relaciones "terapéuticas" es el resultado de una terapia basada en la Realidad I.

Un hombre que confesó haber abusado verbalmente de su esposa me escribió lo siguiente, "Fuimos a una terapia de parejas durante años y el abuso verbal nunca fue identificado por nuestro terapeuta". Muchas mujeres me contaron que algunos abusos tuvieron lugar frente a su terapeuta y que este no dijo nada al respecto. ¡Varias mujeres dijeron haber experimentado abuso por parte de su terapeuta! Algunas escucharon expresiones como: "¡Usted es igualmente responsable!", "¡Para pelear se necesitan dos!" o "¿Ustedes dos van a dejar de pelear de una vez?"

Si bien estas historias no son indicativas de la mayoría de los encuentros terapéuticos, son lo suficientemente comunes como para justificar una mirada a la dinámica de las relaciones abusivas. Parece que para algunos terapeutas, el conocimiento de las tácticas de Poder Sobre y de opresión en las relaciones de pareja no formaba parte de su formación, ni de sus experiencias de vida.

Si un terapeuta es ciego a los efectos de la cultura y el patriarcado, él o ella puede creer que una mujer víctima de abuso verbal ya no será más objeto de abuso si ella simplemente se vuelve más independiente y segura de sí mismo. Esos terapeutas que creen que "si usted cambia, él también va a cambiar" no reconocen la autonomía personal. Utilizan un "modelo" que ya no sirve para las relaciones. Por ejemplo, a veces los terapeutas entrenados en sistemas familiares ven la relación como si se tratara de un sistema biológico. "Si un miembro (o parte) del sistema cambia, el otro también cambiará". Esto no es ni una descripción precisa ni útil para una relación en la cual una persona trata de obtener y mantener el Poder Sobre el otro. En una relación basada en la reciprocidad tal modelo podría servir, dado que ambas partes estarían dispuestas a atender las peticiones del otro.

Un enfoque sistémico de la terapia como el enfoque narrativo reconoce la autonomía. La teoría de sistemas deja bastante claro que los seres humanos son sistemas vivos, autónomos e interdependientes, de manera similar a un sistema ecológico. Expresamos nuestra autonomía mediante el ejercicio de nuestra libertad de elección. Una persona puede optar por escuchar al otro y responderle, o no escucharlo y no responderle. Es decir, si cambia, su pareja puede optar por no cambiar. Si, por ejemplo, tu pareja te menosprecia y tú dices, "Yo no quiero que me hables de esa manera", el abusador puede optar por no responder a esta solicitud y puede continuar con el comportamiento abusivo exactamente como lo hacía antes. Otra alternativa es que el abusador opte por responder. Pero la forma en que responda también supone una elección. Él puede responder mediante el aumento o el cambio del tipo de abuso o eligiendo detener el abuso.

En general, una terapia narrativa o Realidad II localiza el problema del abuso verbal en las prácticas culturales (internalizado por el individuo) que permiten el Pode sobre, el derecho y la superioridad de una persona sobre otra persona. Estas prácticas se transmiten inadvertidamente a través de la familia.

Un especialista que use la terapia narrativa ve la vida de la persona enmarcada en una historia cultural y es capaz de entender los problemas que ocurren cuando las personas llegan a los extremos con tal de adaptarse a recetas culturales prediseñadas. El terapeuta invita a los pacientes a hacer nuevas distinciones y a concebir formas alternativas de ser. La terapia narrativa no implica la superioridad de algunos enfoques tradicionales; es, en cambio, una postura terapéutica de colaboración y reciprocidad entre el cliente y el terapeuta.

LA ENTREVISTA TERAPÉUTICA

Al hacer preguntas, el terapeuta hace que cada individuo exprese su visión sobre la naturaleza del problema y sobre todo lo que se relaciona con este. Al describir "el problema", al nombrarlo y entender que se basa en las descripciones de género culturalmente prescritas, permitirá que sea visto de manera externa, en contraposición a la perspectiva que identifica a los pacientes con "el problema".

La siguiente es una pequeña muestra de tipos de preguntas que invitan a ver la diferencia entre las conductas de Poder Sobre que impiden que fructifique una verdadera "relación" y las conductas solidarias que hacen que la "relación" se desarrolle.

Una mujer puede acudir a un terapeuta y decirle: "No soy feliz. Me he sentido deprimida últimamente y me parece que no me llevo bien con mi marido".

El terapeuta puede fomentar una nueva visión, haciendo preguntas tales como:

- ¿Qué ocurre cuando siente que no se llevan bien?
- ¿En algún momento se llevaron bien? Si es así, ¿qué es diferente ahora?
- ¿Puede contarme un poco más sobre eso?
- ¿Puede decirme cómo él expresa su interés por usted, y por sus pensamientos, opiniones, planes, etc.?
- ¿Cómo ha sido su última semana?
- ¿Qué has oído a él decir sobre eso?

Si el abuso verbal se identifica como el problema, se le puede preguntar a la pareja—no al abusador—las siguientes preguntas:

- ¿Cómo ha afectado el abuso verbal su vida?
- ¿El abuso verbal ocupa una parte considerable de su tiempo?
- ¿Con cuánta frecuencia se produce el abuso verbal?
- ¿El abuso verbal afecta a su vida desde hace cinco o diez años?
- Si el abuso verbal está ocurriendo cada vez con mayor frecuencia e intensidad, ¿qué cree que sería dentro de cinco o diez años?
- Si usted intenta ser más cuidadosa en el futuro para evitar los abusos, ¿qué tipo de cosas cree usted que sería seguro decir?

- ¿Se da cuenta de lo sorprendido que estoy de que usted haya actuado tan bien en estas circunstancias?

Un terapeuta puede apoyar a un abusador para que obtenga un mayor conocimiento sobre su comportamiento, invitándolo a explorar sus creencias sobre sí mismo y sobre la relación, en el marco de prescripciones culturales sobre la "virilidad", además de hacerle entender cómo estas ideas entran en conflicto con la realidad de una relación.

Para un terapeuta narrativo, hay pocas interacciones entre parejas que no estén influenciadas por el patriarcado. Si detecta un abuso de poder en una relación, será capaz de entender que la responsabilidad de las mentiras que acarrean un abuso verbal recae sobre la persona que abusa del poder.

Un enfoque narrativo invitaría al abusador a:

1. Reconocer el abuso como abuso.
2. Colocarse en contra de esta conducta.
3. Aceptar la total responsabilidad para detener el abuso.

De esta forma, el terapeuta invitará al abusador a tener en cuenta las creencias e ideas que sostienen su comportamiento y el efecto que estas concepciones tienen sobre su pareja y sobre la relación. Si el problema es identificado como abuso verbal, el terapeuta plantearía preguntas que externalicen las ideas patriarcales sobre la dominación masculina. Veamos los siguientes ejemplos:

- ¿Cómo ha respondido ante la resistencia de su pareja a seguir sus órdenes?
- ¿Cómo su deseo de dirigir ha afectado su relación?
- ¿Qué pasa cuando su pareja expresa una opinión que usted no comparte?
- ¿La idea de que usted debe estar a cargo de todo ha provocado que su pareja esté más cerca de usted?
- Cuando el deseo de "ganar" sobre ella le toma por sorpresa ¿cómo lo controla?
- ¿Qué prevalece, usted o su deseo de dominar?
- ¿Qué pasaría si el deseo de dominar prevaleciera?
- ¿Cómo se siente consigo mismo cuando es usted quien prevalece?
- ¿Cómo logra mantener a raya el deseo de dominación?

Estas preguntas desplazan la responsabilidad del abuso sobre quien lo perpetra y lo invitan a que tome consciencia de su comportamiento.

Es útil invitar a una persona que abusa a recordar momentos en los que él no optara por ejercer poder sobre su pareja aunque hubiera podido hacerlo, y discutir el significado y la importancia de esas excepciones. ¿Cuál fue su comportamiento en otros contextos, por ejemplo, en las etapas iniciales del cortejo a su pareja o en la oficina con su jefe? De este modo, puede ser capaz de "ver" la diferencia entre sus comportamientos y entender que el abuso no puede ser disculpado por una supuesta carencia afectiva debida a su historia familiar.

Un terapeuta narrativo lograría que el abusador diferenciara sus intenciones (tratar de mantener la relación con su esposa) de sus actos (mantener el control de la relación de manera abusiva). El objetivo sería apoyar al abusador en la construcción de un sentido sano de autoestima que no se base en el Poder Sobre, la coacción, la prevalencia o la superioridad.

El terapeuta puede invitar al abusador a discutir sus puntos de vista sobre la reciprocidad. "¿Qué significa la reciprocidad para usted? ¿Cree usted que significa lo mismo para su pareja?"

Cuando el abusador reconoce la influencia dañina del patriarcado en su relación y quiere eliminarla, puede ser invitado a tomar una posición en contra de estas ideas, a estar alerta y vigilante para contrarrestarlas cunado detecte su presencia. Puede ser invitado además a explorar abiertamente las formas en que el patriarcado desafía su nueva manera de ser (es decir, no abusiva).

Estos pasos llevan tiempo y no pueden ni siquiera comenzar hasta que no sea reconocido que el problema es el abuso y que el abusador es responsable de él. Esperemos que con el apoyo de un programa para hombres, acepte la responsabilidad de su comportamiento.

Si el abusador niega el abuso o la responsabilidad ("¡Ella se lo merecía! ¡Ella provocó que yo reaccionara así!"), puede que su pareja lo deje y probablemente él tenga otra relación abusiva con su próxima pareja. Algunos hombres abusivos siguen persiguiendo a la que los abandonó, incluso aunque estén cortejando a una nueva pareja. El terapeuta puede invitarlos a ver que estos intentos por "tener" de nuevo a su pareja no tienen que ver con la relación si no con las ideas patriarcales de posesión y propiedad.

Incluso cuando un abusador ha reconocido su comportamiento abusivo, puede que necesite un gran esfuerzo y mucho tiempo para detenerlo. Y es posible que aun cuando logre controlar su comportamiento abusivo, su pareja esté demasiado traumatizada como para reconsiderar la idea de continuar la relación. El terapeuta debe invitarlo, entonces, a que acepte que los preceptos patriarcales destruyeron la relación y que debe darla por terminada sin culpar a la pareja. En última instancia los abusadores deben dejar de abusar no por recuperar a su pareja si no porque no quieren ser personas abusivas.

LA NEGACIÓN

La negación puede bloquear todos los esfuerzos para detener el abuso verbal en una relación. La negación es como un mecanismo de defensa automático y está completamente definido en la literatura psicológica. Para nuestros propósitos, una forma sencilla de describirlo es decir que el abusador piensa "No he hecho nada malo (abusivo)" y luego cree en lo que dice, a pesar de las evidencias.

El siguiente ejemplo ilustra cuán intensa puede ser la negación: Un terapeuta con muchos años de experiencia se encontró que estaba trabajando con hombres que acudían en busca de su ayuda para controlar la violencia contra sus parejas. El terapeuta decidió ir a un programa de recuperación para ver cómo funcionaba, y aprender algunas técnicas que podría usar en sus consultas. Quería ayudarles a la toma la responsabilidad de su comportamiento y superaran sus formas abusivas. Mientras asistía a este programa llegó a la sorprendente conclusión de que él mismo era un abusador.

Este hombre tuvo el valor de contar su historia al mundo en un programa de televisión nacional. Presentó una imagen clara de cómo la negación podía distorsionar la imagen de una persona no sólo ante el mundo, sino también sí mismo.

La negación del abuso crea una gran confusión en la pareja de un abusador. Esta es doblemente agredida, no solo por el abuso verbal sino también por su negación. No hace falta decir que los terapeutas deben estar muy conscientes de ello. Muchas personas que han sufrido de abuso verbal sienten una necesidad casi abrumadora de escuchar al agresor reconocer que el abuso es injustificado, como todo abuso. Pero no siempre sucede. Sin embargo, algunos abusadores pueden superar la negación mediante la lectura de una transcripción de lo que han dicho. Por primera vez se dan cuenta de que han dicho "esas cosas".

Un abusador por lo general sufre un shock cuando reconoce su comportamiento. Y a menudo lo primero que dice es "Soy una persona horrible". (¡Siempre me sorprende que tantos abusadores digan exactamente lo mismo!) Al haber externalizado preceptos patriarcales sobre la superioridad, el dominio, y la no responsabilidad de sus acciones, el abusador puede llegar a la conclusión de que es una persona y que puede elegir su comportamiento. Si se aferra a la idea de que algo intrínseco a él es la causa de su comportamiento (su "maldad" o su "pasado"), puede continuar negando su responsabilidad; ahora, en lugar de culpar a su pareja, culpará a su pasado o a su propia naturaleza.

A pesar de que el "pasado" o la "cultura" ayuden a comprender el origen de los comportamientos abusivos, la responsabilidad por el abuso recae sobre el abusador.

Como apunta John Stoltenberg, "Esta búsqueda de explicación del carácter abusivo y de la violencia a veces se acerca a la búsqueda de una disculpa: '¡Cómo podría ser de otra manera, pobre, si mira cómo creció!' Así, logran evadirse éticamente y obtener una validez terapéutica y una respetabilidad académica".

UN ENCUENTRO NO TERAPÉUTICO

Jill, casada con Jack, me envió la siguiente carta después de leer la primera edición de este libro.

Todo comenzó cuando encontré su libro. Allí estaba, en blanco y negro, el problema que estaba viviendo, por primera vez tan claramente definido. Mi corazón se disparó. Había encontrado la validación de lo que sabía para mis adentros que era verdad, pero no podía expresarlo.

Tantas fuentes que había leído sugirieron que el problema en una relación infeliz era la mujer, que demandaba demasiado afecto o que estuviesen demasiado involucrados. Creía en todo esto sin ni siquiera darme cuenta. Asumir toda la responsabilidad de la relación y del comportamiento de mi marido era lo que una mujer se "supone que debía hacer".

Cuando Jack comenzara a culparme y a acusarme, quería tratar de explicarle pacientemente, "No, eso no fue lo que dije, ni lo que hice". Pensé que podía hacerle ver lo que estaba haciendo. Yo creía que sólo se trataba de su ignorancia o de que había sufrido abusos infantiles. Pensé que si yo era una mujer "cabal", podría conseguir que él viera la luz y dejara de ser abusivo. (Nota: así es como el patriarcado influye en el pensamiento de una mujer.)

A pesar de todos mis intentos, continuó abusando de mí. Sentí que estaba fallando como mujer y como persona. Pero ahora, todo es diferente. Me di cuenta de que el problema no era que yo no lo entendiera lo suficiente, ni que no fuera capaz de explicar las cosas de manera bien clara, ni que no fuera todo lo tolerante que debía ser, ni tampoco sus antecedentes familiares o la relación misma. Por primera vez sabía que no era la culpable de los abusos ni debía sentirme responsable por ellos. Él era el autor y dueño del problema. Con esta validación llegó el comienzo de mi empoderamiento.

Cuando, como de costumbre, entró en mi habitación culpándome y acusándome por algo, yo, armado con un nuevo conocimiento y confianza en sí misma, simplemente le dije, "¡Ya basta, Jack! Déjame sola".

Una mirada de sorpresa repentina lo inmovilizó en la puerta. Por primera vez logré detener su abuso verbal. Abandonó la habitación sólo para volver más tarde con un estado de ánimo muy extraño. "Cuando me dijiste eso, era como si me estuvieras llamado en mi juego", dijo.

No mostré lo que estaba pensando, pero me sorprendió su respuesta. Me dije a mí misma, "O sea, que hemos estado casados once años y durante todo ese tiempo has estado jugando conmigo. ¡Todo nuestro matrimonio no ha sido más que un juego de poder para ti! ¡No eras la víctima inocente que repetías sin querer el mismo trato que te habían dado de niño, si no que estabas tratando deliberadamente de obtener control sobre mí!".

Él continuó diciendo, "No quiero vivir así. Quiero obtener ayuda".

En ese momento se abrió una oportunidad de cambio. Un buen terapeuta fue crucial. Mi marido podía volver a sumergirse en los abusos de un momento a otro. Estuvo de acuerdo a la terapia. Conocí a un terapeuta que resultaba muy bueno para personas independientes pero no para parejas. Para no hacer la historia larga puedo decir que estaba ciego a los problemas de género y, por tanto, a los problemas sobre el poder. No entendía la dinámica de las relaciones abusivas verbalmente y vio el abuso verbal como un problema mucho menor que el abuso físico. Y, para colmo, terminó por victimizarme, aunque sin quererle, estoy segura.

Inicialmente Jack había aceptado su total responsabilidad al agredirme, pero nuestro terapeuta mantuvo una actitud a lo Sherlock Holmes para buscar las deficiencias en los dos que le dieran "sentido" al problema. Tampoco prestó atención a todos los subrayados que yo le había hecho al libro que, para entonces, le había dado. En su lugar, transmitió una actitud de arrogancia: "¿Cómo nos atrevíamos, nosotros, personas enfermas a sus ojos, sugerirle a él, el profesional de la salud mental, información sobre nuestro problema? Ese era su trabajo, no el nuestro".

Ideó un plan de comportamiento para mi marido del que yo iba a asumir la mitad de la responsabilidad. Inmediatamente lo cuestioné. ¿Por qué esperaba que yo solucionara el problema de mi marido? ¿Qué hubiera hecho en el caso de una pareja donde el hombre estuviera abusando físicamente de su esposa? ¿Esperaba que ella también tuviera una responsabilidad compartida?

"No", me dijo. "En ese caso usted debería separarse de su compañero y buscar apoyo para mujeres maltratadas y él debería ir a terapia centrada en su violencia".

"Pues nuestra dinámica", le contesté, "no es diferente. Entonces, ¿por qué me está obligando a tener parte de responsabilidad de un problema que no es mío? Esto es un prejuicio de género".

"Jill", me dijo, "estamos hablando sobre la violencia física. Esto es sólo abuso verbal. No es lo mismo. Jack es verbalmente abusivo, pero usted es demasiado sensible. Lo normal es que usted deje de tomar las cosas tan a pecho".

Por desgracia mi marido, que había llegado a asumir la responsabilidad al cien por cien por el abuso, dejó de hacerlo con mucho gusto. Había encontrado un nuevo aliado en sus esfuerzos por desplazar su responsabilidad hacia mí. No hace falta decir que el abuso se agravó terriblemente. Parecía que mi marido se sentía justificado, incluso animado, por la comunidad terapéutica. No esperaba que iba a ser objeto de abuso por el psicólogo que había buscado para que nos ayudara, pero eso fue exactamente lo que pasó.

ENCONTRAR UN TERAPEUTA ADECUADO

Cuando consulto con la gente sobre la dinámica de la comunicación interpersonal y la naturaleza del abuso verbal, intento que tengan una percepción clara sobre lo que están escuchando y lo que están diciendo. Entonces, si solicitan un apoyo terapéutico regular, los refiero a un terapeuta que entiende los problemas del abuso verbal.

Muchos terapeutas—psiquiatras, psicólogos, consejeros matrimoniales, consejeros infantiles, trabajadores sociales— utilizan mis libros al trabajar con sus pacientes. Lo sé por las cartas que recibo en las que me cuentan que el terapeuta o el médico han recomendado la lectura de mi libro. Sin embargo, los que me escriben nunca me han dado los datos del terapeuta. Me gustaría saber cuándo un terapeuta es bueno en el tratamiento del abuso verbal. Si usted conoce alguno no dude en escribirme, e incluyen su nombre, dirección y número de teléfono.

Cuando recibo llamadas, cartas o correos electrónicos solicitándome alguna referencia sobre terapeutas que comprendan el abuso verbal me siento feliz de poder referir a especialistas que han participado en alguno de mis talleres o que otras personas me los han recomendado. Si estás buscando ayuda terapéutica, te sugiero que te entrevistes con el número de terapeutas que sea necesario hasta que encuentres uno que consideres adecuado para ti. Yo rechazaría:

- Los terapeutas que no ven que el abuso verbal es un acto de violencia al igual que el abuso físico es. (Carecen de entrenamiento.)
- Los terapeutas que no tengan en cuenta los problemas patriarcales relacionados con el poder y el género. (Serán ciegos al abuso.)
- Los terapeutas que consideren a la pareja del abusador responsable en cierta medida de la conducta de este. (Su orientación terapéutica terminará agrediendo a la pareja.)
- Los terapeutas que no toman en serio la experiencia de la pareja del abusador porque se apoya en un libro como este. (Tratarán de privilegiar su conocimiento de "expertos" sobre el criterio de su paciente.)
- Los terapeutas cuya postura terapéutica no abre margen a nuevas formas de ser, de una manera respetuosa y colaborativa.

Es tu elección. ¡Tú eres la experta de tu propia experiencia!

CAPÍTULO XIX

Los niños y el abuso verbal

¿Cómo sería si todos consideráramos a nuestros hijos como hijos de Dios, qué podríamos hacer, después de todo?
—Alice Miller

Muchas preguntas rodean la cuestión de los niños y el abuso verbal. Por ejemplo:

* ¿Cómo se puede fomentar la autoestima en mi hijo?
* ¿Qué le digo a mi hijo si ha sufrido abuso verbal por parte de otro niño o de un adulto?
* ¿Qué le digo a mi hijo si me llama por un sobrenombre o me dice un insulto?
* ¿Cómo puede mi hijo manejar el maltrato verbal por parte de sus compañeros?
* ¿Qué le digo a mi hijo si decido dejar una relación en la que he experimentado abuso verbal?
* ¿Cómo puedo mantenerme separada cuando comparto el cuidado de mi hijo con mi ex cónyuge?

No hay respuestas perfectas para estas preguntas. Las respuestas que se presentan aquí son sugerencias, modelos de formas efectivas de comunicación que están destinadas a ayudar en el proceso de honrar, respetar y proteger a su hijo del daño emocional y mental del abuso verbal.

CÓMO FOMENTAR LA AUTOESTIMA DE SU HIJO
Cuando un padre se enfrenta a una situación de estrés y su hijo necesita atención, las urgencias del momento pueden llevarlo a una respuesta precipitada. Incluso cuando tiene tiempo para pensar, un padre puede pasar por alto soluciones o acciones obvias porque su mente está en crisis.

Por esta razón, es útil que los padres recuerden la necesidad de tratar a su hijo con buena voluntad y respeto, aunque estén estresados. Cuando el respeto se convierte en el contexto de lo que se dice, lo que se dice probablemente transmita respeto.

En la mayoría de las ciudades se ofrecen cursos para padres, y hay muchos libros sobre la crianza de los hijos. A veces es difícil elegir entre tan diferentes filosofías, pero el criterio esencial es que fomenten el respeto por el niño. Si damos a nuestros hijos amor y atención, si somos empáticos con sus sentimientos, honestos con ellos y fomentamos su independencia, en la mayoría de los casos los veremos convertirse en adultos cariñosos, atentos, empáticos, honestos, e independientes.

A veces la presión del grupo o un abuso sufrido fuera de la casa, entre otros factores, pueden influir en el comportamiento del niño. No se culpe de manera apresurada y busque ayuda exterior a través de clases para padres, o de consejeros o hable con otros padres que consideres adecuados.

Comunicar confianza

Creo que una de las maneras más eficaces para infundir confianza es permitir que el niño satisfaga sus propias necesidades en cuanto muestre habilidades para hacerlo. Los padres pueden decir:

- ¿Quieres probar el uso de esta cuchara tú solo?
- Voy a esperar mientras te atas los zapatos.
- ¿Estás listo para hacerte tu propio sándwich de mantequilla de maní?
- Esta es la manera de utilizar la lavadora.

Comunicar aprecio

Los niños responden al aprecio. Ellos nacen buenos, curiosos y espontáneos. Todos los niños tienen talentos e intereses únicos. El trabajo de los padres consiste en dar a su hijo la atención que él o ella necesita. Cuando estás al tanto de lo que al niño le gusta— la música, bailar, los deportes, los colores brillantes, momentos de tranquilidad, etc.—y fomentas sus intereses, aun cuando no sean similares a los tuyos, él niño entenderá que es un ser único. Las siguientes son formas de expresar el aprecio:

- Qué hermoso dibujo.
- Cuéntame sobre el libro que más te guste.

- Parece que te has tomado tiempo extra para hacer esto.
- ¿Necesita un poco de tiempo extra para terminar esto?
- Realmente aprecio que hayas estado tranquilo y esperaras hasta que terminara de hablar.

Los límites de la comunicación

La buena comunicación incluye comunicar los límites a su hijo. Los niños se sienten más seguros y atendidos cuando los padres establecen límites. Cuando se convierten en adultos, pueden establecer sus propios límites si han sido capaces de hacer esto durante su infancia.

Puede establecer límites para su hijo mientras que todavía esté validando sus sentimientos. Por ejemplo, es natural que los niños quieran quedarse despiertos después de la hora de acostarse o querer cosas que no pueden tener, pero hay límites a estos deseos que los padres deben animar a sus hijos a que los comprendan. Por ejemplo:

- Te escucho. Ya sé que quieres quedarte, pero es hora de dormir para los de cinco años de edad. Cuando estés listo, vamos a leer una historia.
- Entiendo que quieras ver la televisión, pero eso no es un espectáculo para niños. Vamos a elegir otra cosa.
- Eso no está bien.
- Cuando gritas no puedo oírte. Déjame escuchar tus palabras.
- Hablemos de eso.
- No, no voy a comprar ningún juguete hoy.
- Me gustaría que tuvieras eso, pero no tengo el dinero para comprarlo.

Comunicar elecciones

Siempre que sea posible, los niños deben tener la oportunidad de elegir. Se requiere un esfuerzo adicional por parte de los padres porque es más fácil decir, "Vas a usar esto, te guste o no". Pero si tu niño aprende desde el principio que él o ella puede tomar decisiones y asumir la responsabilidad por ellas, tu hijo estará en mejores condiciones de tomar las mejores decisiones en la vida. Los siguientes son algunos ejemplos de formas en que puedes presentar a tu hijo la oportunidad de tomar decisiones:

- ¿Quieres maíz o guisantes?
- La camisa blanca o la amarilla se ven bien con estos pantalones. ¿Cuál de las dos quieres ponerte?

- Este es el menú de la escuela. ¿Quieres comprar el almuerzo o llevarlo de casa?
- ¿Hay alguna actividad que quieras hacer este año, algún deporte o el club de fotografía?
- ¿A quiénes te gustaría invitar a tu fiesta de cumpleaños?

CUANDO LOS NIÑOS ESCUCHAN EL ABUSO VERBAL

A veces, incluso cuando se trata de proteger a un niño, un padre puede perder de vista lo que significa respetar sus sentimientos. Por ejemplo, una mujer me escribió: "En el pasado tuve un abuelo que me gritaba y me regañaba. Mis padres me dijeron que no me molestara con él, que simplemente lo ignorara. Yo me puse muy feliz cuando falleció".

En una situación como ésta, el niño necesita oír, "Lo que acaba de hacer (o decir) tu abuelo no está bien. Ven conmigo para hablarle". El abusador, por su parte, debe oír que lo que ha dicho o hecho ha estado mal y que se le frene su conducta.

Si tu hijo ha sido abusado verbalmente y tratas de restarle importancia a este hecho una vez más estás pasando por alto los sentimientos de tu hijo. Deberías decir, "Sé que duele cuando alguien nos ofende", y reiterarle a tu hijo el hecho que este tipo de comentarios no está bien.

Si menosprecian o le gritan a tu hijo, no lo pases por alto; ella necesita tu apoyo. A veces, un padre puede enseñarle a un niño, sin darse cuenta, que debe soportar el abuso. Puede ser útil preguntarse, "¿Hay algo en lo que he dicho que minimiza el abuso?"

Si un padre le dice a su hijo "No te sientas mal con X; no quiso ofenderte" invalida la experiencia del niño y desvaloriza su dolor. Al minimizar el abuso se enseña al niño a tolerarlo.

A la mayoría de las personas se les enseña a despreocuparse del abuso verbal. Decir "Olvídalo. Él simplemente tenía un mal día" puede parecer una manera de lograr que el dolor desaparezca, pero la herida interior permanecerá. Y es enloquecedor. (¿El tener un mal día justifica un abuso?)

Al reconocer los sentimientos de tu hijo y responder a los insultos, validas la experiencia del niño. Y lo más importante, tú te conviertes en un testigo empático. De esta manera le enseñas a tu hijo las respuestas adecuadas frente al abuso verbal y lo ayuda a respetar sus propios sentimientos.

Por otro lado, enseñar a tu hijo a fingir que las palabras no hacen daño (algo que se le enseña especialmente a los varones) no es bueno para el niño. Incluso hace que los niños duden de sí mismos.

Dependiendo de la edad de tu hijo, debería aprender las respuestas adecuadas a los abusos verbales como los incluidos en este libro. Incluso un niño mayor necesita apoyo emocional para responder a un adulto que abusa verbalmente. "Voy a apoyarte" puede ser todo lo que el niño necesita escuchar.

Los niños aprenden de los adultos y de sus compañeros cómo abusar. Una de las respuestas más eficaces que un niño puede darle a un compañero que lo humilla es, "¡Eso es lo que tú dices!", poniendo énfasis en el "tú". Esta respuesta generalmente sobresalta al otro niño e implica "Yo no lo comparto. Tú lo dijiste y eres responsable de lo que dices".

A veces un niño es abusado verbalmente mientras comparte con el padre después de la separación o el divorcio. Hace poco hablé con una mujer cuyo hijo solía regresar muy molesto de visitar a su padre. Cuando indagó por la causa, su respuesta—que suele ser una respuesta común en estos casos—fue: "Si te lo digo, incluso aunque digas que no se lo dirás, él va a enterarse". Claramente, esto es un problema grave. El niño sufre y se siente muy amenazado de confiar el incidente. Si no puedes ganarte la confianza del niño, sería de gran valor lograr para un amigo de la familia, un pariente o un consejero a ganar su confianza.

CUANDO LOS NIÑOS ABUSAN VERBALMENTE

Si escuchas a un niño caer en el abuso verbal, puedes intentar alguna de las siguientes respuestas. Son apropiadas a las diferentes circunstancias y diferentes edades. Ver cómo encajan con sus necesidades:

* "Ese tipo de conversación no está bien".
* "No quiero escucharte hacer ese tipo de comentarios".
* "Esa forma de hablar no me invita a admirarte".
* "Es suficiente".
* "No se repetirá este tipo de conversación en mi casa".

CUANDO LOS PADRES SE SEPARAN

¿Hay algo en tu relación que sabes que no es saludable ni para ti ni para tus hijos y sencillamente crees que va a desaparecer si lo ignoras?

Si un niño es abusado o es testigo de un abuso, el niño sufre. Una madre me contó, "Mantener una relación abusiva puede hacer daño al niño. Es totalmente válido pensar que conservar el matrimonio 'por el bien de los niños' tiene algún mérito. En lo absoluto. Es extremadamente perjudicial. Si el abuso se desplaza hacia los hijos, o ellos inconscientemente absorben la mecánica de una relación abusiva, ello será terriblemente doloroso a largo plazo". Esta mujer estaba hablando a partir de su propia experiencia.

Cuando los niños crecen en circunstancias abusivas pueden descargar su frustración, dolor y confusión de muchas maneras, o tratar de autodestruirse con drogas u otros medios. Pueden incluso llegar al suicidio. Las niñas están más inclinadas a retraerse; mientras que los niños tienden a volverse agresivos. Que ambos padres estén juntos, no significa que sea más saludable si los niños no son criados en un hogar de paz y amor.

Aunque los niños necesiten a ambos padres y que estos los traten con respeto y dignidad y asistan igualmente a sus necesidades, esto no siempre es posible. Es importante saber que los niños pueden sentirse mejor en un hogar monoparental no abusivo que en uno en el que tiene lugar el abuso.

Si te separas de tu cónyuge, es importante que tu hijo exprese sus sentimientos acerca de la separación. Un niño puede odiar lo que ha pasado y decirlo. Decir "Te odio" no es abuso verbal. Es una expresión intensa de los sentimientos.

Es posible que lo escuches decir esto o algo parecido cuando se sienta más vulnerable. Aun así, cuando tu niño esté molesto por los cambios en tu relación, es importante que reconozcas sus sentimientos. Una respuesta adecuada sería, "Suena como si estuvieras enojado y te sintieras mal. Yo no te culpo. Yo también quisiera que las cosas fueran diferentes. Te amo". Estar preparada para estas reacciones de tu hijo te ayudará a responder de una manera que respete sus sentimientos.

Cuando se deja una relación abusiva, sin embargo, puede ser muy difícil si los tribunales no se toman el tiempo para escuchar a los niños.

Una mujer que había dejado un compañero abusivo me contó su experiencia:

Nunca olvidaré la voz de mi supervisora. "Los tribunales están sesgados contra las mujeres", me dijo cuando supo que yo había empezado mi divorcio. Yo pensé que podría sufrir perjuicio financiero, pero estaba segura de que mis hijos estarían protegidos, que los tribunales serían razonables en relación con el bienestar de mis niños. Para mi horror, estaba equivocado. Absolutamente. Decir que la peor pesadilla de una madre se hizo realidad sería una subestimación. Lo que me pasó con el sistema judicial era impensable.

Mis dos pequeñas hijas duermen conmigo esta noche, tienen miedo de salir de mi lado. Ellas lloran por horas cada semana cuando se ven obligados a abandonarme. Mi hijo vuelve a casa con estados de depresión y ansiedad cada vez mayores. Tiene pesadillas casi todas las noches sobre un monstruo que viene a llevárselo. Todo esto gracias al mandato de un juez y en acuerdo con los que tienen la voz dominante en el sistema.

Mi hija grita, "¡Mamá no me dejes con papá! Papá es malo conmigo. Me pega. Él no es bueno. Es un mal padre. ¡Mamá no me dejes!"

Cuando le pregunté a su padre sobre su miedo y dolor, me amenazó delante de ella, "No me hagas tener que ir a los tribunales para alejar a los niños de ti".

Estoy intimidada por él y aterrorizada por su abuso. No es de extrañar que mis niños pequeños lo estén también.

Incluso con la evidencia de su esposa sobre el abuso infantil, el juez reiteró la custodia compartida a su padre el cincuenta por ciento del tiempo. Mis súplicas de compasión por los niños cayeron en oídos sordos. Sus voces ni siquiera fueron escuchadas.

Él se había jactado frente a sus amigos de cómo iba a hacerme pagar por haberlo dejado; se reía mientras les contaba su sueño de verme tan económicamente arruinada que me vería obligada a vivir en mi coche, mientras que él tomaba el control de los niños.

Sus amigos vinieron a contarme esto en estado de shock, advirtiéndome de su "locura".

Hoy mismo, uno de mis hijos al regresar de casa de su padre me dijo, "Mami, papá nos va a quitar la casa. Él está enojado contigo". Nunca hablo con ellos sobre su padre.

Los niños se han convertido en sus marionetas. A él no le interesa el estrago emocional de los niños. La evidencia de su comportamiento abusivo e incluso penal tampoco parece preocupar al juzgado.

Para complacer a la corte había propuesto que nuestros hijos visitaran casi a diario a su padre, pero que la residencia principal fuera la mía. A pesar de que rara vez había pasado tiempo interactuando con los niños, él decidió oponerse a esto. Exigió que los niños vivieran con él la mitad del tiempo. "De esa manera, no voy a tenerle que pagar un centavo a ella", le oí decir.

Dijo a la corte que yo estaba haciendo que los niños "se portan mal" con él. Insistió en que estaba loca y escribió páginas de mentiras sobre mí. Me hacía pagar por haberlo dejado.

La tragedia es que los tribunales concedan exactamente lo que quiere a un hombre como éste. Y después es probable que abandone totalmente a sus hijos. El sistema permite esto. Todos los días se le entrega la custodia de los niños a abusadores sexuales, a adictos o a personas emocionalmente violentas. No hay justicia aquí. ¡Es una locura!

Mi única esperanza es que cuando comience a hacer frente a demandas penales de otras personas en su contra, ya no tendrá la energía para castigarme.

MANTENERSE SEPARADA

Muchas mujeres que abandonan sus relaciones abusivas se vuelven a traumatizar cada vez que ven a su ex compañero. Cada vez que recogen o dejan a su niño puede encontrarse con la persona que las maltrataba. Incluso pueden ser objeto de abuso de nuevo. Una mujer me decía: "Tienes una probabilidad de cincuenta por ciento. No sabes si será Jekyll o Hyde quien estará esperándote".

Una solución es establecer una casa neutral, que puede ser la de la cuidadora u otro lugar seguro donde tu ex pareja deje al niño y diez minutos después pases a recogerlo y viceversa.

ACECHAR A TRAVÉS DEL NIÑO

Algunas parejas que abandonan las relaciones abusivas verbales o físicas informan de un extraño y triste fenómeno que merece ser abordado aquí.

Cuando un abusador es incapaz de mantener su acuerdo de tener en cuenta, en primer lugar, las necesidades de su hijo, él puede intentar obtener el Poder Sobre su pareja a través de su hijo. Si se encuentra inmerso en la realidad I, está cerrado a la experiencia de la mutualidad, y la necesidad de sostener su poder todavía estará allí. Si no ha transferido su necesidad de controlar sobre su nueva pareja, puede seguir recayendo sobre su ex pareja.

Para lograr esto puede acechar a la madre a través del niño y le dirá cosas como "Yo amo a tu mamá y quiero que estemos juntos de nuevo. Si vamos a volver a estar juntos, necesito saber lo que está haciendo, a dónde va, lo que se pone, con quién habla, lo que dice. No puedes confiar en nadie más que en mí".

El niño quiere que todo esté bien porque desea amor, y no puede saber que está siendo manipulado.

Pero cuando los niños crecen, se dan cuentan y lo dicen. Confiesan sentirse manipulados al espiar a su madre e informar a su padre. Hablan de sentimientos mezclados de lealtad y culpa; se sienten confundidos y tristes.

Las ex parejas de estos abusadores me han explicado que tal acecho de su vida es una verdadera pesadilla para ellas y para sus hijos.

Si la separación es un hecho, tu hijo puede beneficiarse con la información que sigue. Puedes leérsela o hacerle una copia. Si usted es terapeuta, consejero o trabajador social, puede dar este folio a los padres que vea.

CUANDO TUS PADRES VIVEN SEPARADOS

- Tu relación con cada uno de sus padres es separada y especial.

- Está bien decir, "No quiero hablar de eso" si uno de tus padres te hace preguntas sobre el otro.

- Es importante decir cualquier cosa que les duela, confunda o moleste, incluso cuando sea sobre papá o mamá. Si no se sienten en confianza para hablarlo con los padres pueden elegir un consejero, o un adulto de confianza.

- Si ya no viven en pareja, no incumbe a uno de los padres saber nada acerca de la vida íntima del otro.

- No está bien que uno de los padres pida detalles sobre la vida del otro.

- Tú no tienes que responder a las preguntas que te haga uno de tus padres sobre el otro, como por ejemplo: ¿Qué está haciendo tu madre (o tu padre)? ¿Con quién suele hablar? ¿Qué dice? Puedes responder, "¡No tiene importancia! o "No quiero hablar de ello".

Conclusión: ¿Hacia dónde vamos a partir de ahora?

Esta, la tercera edición ampliada de mi primer libro, pretende presentar a todo el mundo la existencia de relaciones verbalmente abusivas y dar un nombre al problema del abuso verbal.

Este libro trata del abuso verbal, de cómo reconocerlo, y de algunas formas de lidiar con él. (Los apéndices al final del libro ofrecen más información, apoyo y recursos para cualquiera que se enfrente al abuso verbal o que quiera comprender mejor una relación pasada.)

SI ESTÁS ENFRENTANDO ABUSO VERBAL

Si este libro es relevante para tu relación y te ha ofrecido ideas, es importante que no llames "abusador verbal" a la persona que se entrega a un abuso verbal. Los insultos se pueden tornarse en tu contra.

Además:

- No te defiendas o te justifiques.
- No te enfades contigo misma por defenderte y justificarte.
- No grites y/o golpees al abusador.
- No le digas al abusador que lea este libro (incluso si realmente quieres que el abusador lo lea, puede que esto no suceda en toda tu vida; y, si el abusador lo lee, no te sorprendas que te diga "¡Esto es todo acerca de ti!").

No creas que:

- Si eres lo suficientemente agradable y entregas bastante, el abusador será agradable contigo.
- Debes proteger al abusador manteniendo todo oculto a tu familia y a tus amigos, en los que puedes confiar.
- Un terapeuta que no ha leído mis libros va a entender tu situación. Muchos terapeutas me llaman para obtener información.

Nunca, nunca, nunca:

- Te pongas en peligro.

Cuando sea seguro hacerlo, entonces:

- Sal de los lugares donde estés, si es posible, durante los ataques de ira o cuando sientas que no estás segura.
- Llama al 911 si eres golpeada o tu vida está en peligro.
- Infórmate sobre el abuso verbal.
- Usa respuestas al abuso verbal que hagan que el abusador se dé cuenta de lo que hace, tales como:

  ¡Tonterías!

  ¡Para!

  ¿Qué dijiste?

  ¿Podrías repetirlo?

  Tú no eres yo y no sabes qué/quién soy. Tú no sabes lo que pienso.

  Tú no conoces mis motivos.

- Mantén el mejor registro que puedas de cualquier abuso, especialmente si tienes hijos.
- Protege a tus hijos enfrentando al abusador delante de ellos. Di, "Lo que acabas de decir no está bien" o "Esta es una casa segura, aquí no se le grita a las personas".
- Mantén la fe y la confianza en ti misma y en tu propia intuición.

POSTDATA
Cuando terminé de escribir la primera edición de este libro pensé que no había nada más que decir. ¡Qué equivocada estaba! Y después de introducir al mundo el término "relaciones verbalmente abusivas", y difundirlo a través de consultas telefónicas, conferencias, talleres, otros libros y entrevistas de radio y televisión, empecé a pensar: *Bien*, ahora *no hay nada más que hacer*. ¡Qué equivocada estaba esta idea!

¿HACIA DÓNDE VAMOS A PARTIR DE AHORA?
Imagina anuncios publicitarios inteligentes, frescos, con grandes gráficos, emitidos durante los programas que los jóvenes miran, comerciales que envían mensajes como:

- "Menospreciar a la gente no te hace mejor".

- Un lindo niño que escucha un "¡Cállate!" dicho por alguna persona de mirada penetrante, solo para responderle "Tú no eres mi jefe".
- La gente no da órdenes en los hogares y en escuelas libres de abuso verbal. Ellos dicen "por favor" y "¡gracias!"

Es mi esperanza poder establecer una organización no lucrativa para generar este tipo de educación y de compromiso en un futuro próximo. Para obtener más información, escríbeme a Evansbooks@ aol.com y visita www.verbalabuse.com.

Apéndice:
Preguntas frecuentes

1. ¿Es el abuso verbal en una relación parte de una lucha de poder?

Yo no uso las palabras "lucha de poder" en este libro, pero la idea de que el abuso forma parte de una lucha de poder aparece mucho en la literatura popular de autoayuda. Esto merece discusión porque el concepto es confuso para una persona envuelta en una relación verbalmente abusiva. Una lucha de poder involucra a dos personas o grupos que tratan de "ganar" o de tener poder unos sobre otros. Dos equipos de fútbol están en una lucha de poder en el campo de juego. Dos boxeadores están en una lucha de poder en el cuadrilátero. Una relación de pareja no es un campo de fútbol o un *ring* de boxeo.

Cuando una mujer en una relación verbalmente abusiva le pide a su compañero, por ejemplo, que no le diga lo que debe hacer o que no la critique de la forma en que lo hace, su compañero puede ver de inmediato este pedido como una lucha de poder, un desafío a su "autoridad" y una disputa para ser vencedora.

Ella, por el contrario, por lo general ve su petición como una solicitud de aceptación, de amor y de no estar sometida al dolor, la oportunidad de tener una mejor relación. Ella piensa que una vez que la solicitud sea escuchada, su compañero va a cambiar su comportamiento, va a querer saber lo que la está molestando e incluso se sentirá terriblemente triste por el dolor que ha causado.

2. ¿Puedo ser considerada como una víctima o como una sobreviviente del abuso verbal?

Muchos libros contemporáneos discuten la cuestión de las personas que se identifican con ser víctimas o sobrevivientes. ¿Qué significa todo esto en el contexto de las relaciones verbalmente abusivas, en términos de victimización o de sobrevivencia real?

Tomar conciencia de las influencias de las tácticas del Poder en la cultura y en las relaciones reduce su influencia. Una vez consciente, es mucho menos probable que una persona se sienta como una víctima de estas tácticas y pueda dar pasos de empoderamiento hacia la construcción de una vida de acuerdo con lo que ella o él quiere.

Por lo general, cuando una mujer reconoce la naturaleza del abuso verbal y su influencia en su vida, puede empezar a encontrar una manera de liberarse del abuso. Mientras lo hace, la sensación de ser víctima se desvanece.

Creo que cuando las personas tienen "lavado el cerebro" por causa del abuso verbal constante, son víctimas. Cuando se dan cuenta de que en todos los casos de abuso verbal ellas han sido engañadas, las declaraciones negativas comienzan a perder su impacto. Esto, por supuesto, es especialmente cierto si las personas no están sujetas a un abuso continuo. Por ejemplo, un niño que crece completamente inconsciente de las tácticas del Poder Sobre y que escucha que "El lugar de una mujer está en la casa" o que "Los chicos no lloran", y que internaliza esto como si realmente fuera cierto, es una víctima. Reconocer la opresión de estas declaraciones, dejar de ser capaz de "tener" una relación con una persona que busca el Poder Sobre nosotros, y encontrar nuestra propia verdad, nos libera de la experiencia de victimización.

Cuando una persona que ha sido abusada es liberada de la influencia del abuso en su vida, ella ha sobrevivido al abuso. Sobrevivir a algo—ya sea un incendio forestal, un barco que se hunde, o una relación abusiva—no significa que necesites construir tu identidad en torno al hecho de haber sido víctima o de haber sobrevivido. Simplemente significa que haber sobrevivido a una situación difícil quizá te permita descubrir cómo lo hiciste y que puede que tengas algo que enseñar a los demás; por ejemplo, cómo evitar los incendios forestales, cuándo abandonar un barco, o cómo evitar una relación potencialmente desastrosa.

3. ¿El interrogatorio es una categoría del abuso verbal?

El interrogatorio es una forma de desvío. Si te preguntan algo y luego te interrumpen con otra pregunta y, a continuación, mientras te concentras en *esa* pregunta, te hacen otra, y cada pregunta se expresa con urgencia, estás siendo desviada de tu hilo de pensamiento una y otra vez. Una mujer que experimentó un interrogatorio dijo, "Sentí como si mi cerebro se convirtiera en un *pretzel*. No pensé en esto como un abuso. Pensé que debí esforzarme más para responder a la pregunta, o para averiguar lo que él estaba tratando de preguntar. Yo quería responder a su pregunta, pero la pregunta seguía cambiando. Sentí que había fallado. Me tomé una semana para recuperarme, para sentirme normal de nuevo".

4. ¿Qué es un mensaje doble y cómo me afecta?

En las relaciones abusivas se origina mucho desconcierto con los "mensajes dobles". El mensaje doble básico de una relación verbalmente abusiva es "Te amo" (bonitas palabras) y "No te amo" (palabras abusivas).

Uno de los contextos más comunes en los que el abuso verbal tiene lugar es el matrimonio o la relación estable. Se cree que los matrimonios y las relaciones estables son relaciones amorosas. El abuso en este contexto es enloquecedor porque presenta un mensaje doble. Este es el hogar (un lugar seguro). Aquí es donde tiene lugar el abuso (no es un lugar seguro).

Cuando dos mensajes se envían al mismo tiempo, la persona que los recibe está "atrapada" en el medio de dos conjuntos diferentes de información. Cuando un hombre violento dice sobre su relación con una mujer a la que él golpea periódicamente, "Si hemos tenido un problema es porque la amo mucho", su declaración es enloquecedora. El amor no crea problemas. La dominación sí.

5. Si soy tolerante con mi compañero, ¿eso significa que tengo que aceptar las cosas que me dice o la forma en que me trata?

Lo más difícil de aceptar es la realidad del abuso. Si una mujer es abusada verbalmente, puede llegar a ser extremadamente difícil y doloroso aceptar lo que su propia experiencia le está diciendo. Puede dudar de sí misma y de todas sus experiencias. Si ella también cree que tiene que ser tolerante con la conducta de su compañero, le resultará aún más difícil aceptar su propia verdad.

Algunas mujeres creen que la tolerancia de la conducta abusiva de su compañero forma parte de la manera de amarlo. Por ejemplo, una mujer maltratada, Nicole Brown, tenía la creencia confusa de que debería haber sido más "tolerante".

La tolerancia del abuso expresa confusión o temor real de daño físico a sí misma o a los hijos.

6. ¿Existe algo como el abuso espiritual?

Sí. Algunas personas dominantes se disfrazan de Dios. En algunos casos le dicen a algunas personas (mujeres) que deben estar sujetas a la voluntad de otras personas (hombres). El mal de esta opresión se promociona como "la voluntad de Dios". Este es un ejemplo en el que se usa el nombre de Dios en vano. A veces toda una comunidad puede ser adoctrinada de esta manera, tanto mujeres como hombres.

A veces, una mujer que está así adoctrinada llegará a creer que la voluntad de Dios es la voluntad de su marido o la voluntad de otro hombre. Esta misma mujer, que no se atrevería a decirle a un hombre que debe seguir su rumbo, puede no cuestionar el hecho de que alguien le diga cómo vivir su propia vida.

Cuando las mujeres que han sido enseñadas a aceptar esta opresión, despiertan a la realidad de su propia espiritualidad e incluso descubren la historia de la espiritualidad de la mujer, dicen que se sienten liberadas y, al mismo tiempo, profundamente traicionadas.

Hay algo malvado que en el uso de la idea de "Dios", que para muchas personas significa "Amor", se enseñe opresión. Esto perjudica a todas las personas en todas partes.

7. Mi marido dice que se siente abusado cuando no cumplo una orden de él o no espero por él. ¿Él es abusado simplemente porque lo siente así?

El abuso es la opresión de una persona sobre otra. El opresor puede sentirse abusado porque no tiene éxito en la dominación de su pareja o porque su pareja se resiste a la dominación. Él puede sentirse disminuido a sus propios ojos, especialmente si él piensa que ser hombre significa ser dominante.

De manera similar, si se lleva al extremo, podemos suponer que un violador se siente más hombre si tiene éxito en violar (tomar) a una mujer y menos un hombre si no tiene éxito. Esto estaría en consonancia con la idea errónea e internalizada de que una mujer es un objeto para ser tomado y que un hombre de verdad la tomaría.

Suena como si tu marido te hubiera confundido con una sirvienta o incluso una esclava. Posiblemente él siente como un fracaso porque tú no actúas como una sirvienta o esclava. Puede ser más fácil para él sentirse abusado a causa de tu libertad que renunciar a su creencia de que "debes" obedecerle.

8. ¿Por qué no escribes sobre experiencias de hombres verbalmente abusados en las relaciones?

Los hombres son los que mejor pueden describir sus propias experiencias de abuso verbal en las relaciones. Tengo muy poca o casi ninguna información sobre este tema. Por lo que he oído, sin embargo, parece que los hombres experimentan con mayor frecuencia abuso verbal en la cultura en general, especialmente en lo que se refiere a estar a la delantera de los demás, y en cuanto a que se les dice que deben actuar de cierta manera, y que deben cumplir con las ideas de otros, con el fin de ser aceptado como un hombre por otros hombres.

9. ¿Cómo puedo saber cuándo reconocer el abusador verbal encubierto que me dice lo que yo quiero escuchar para dejarme enganchada? Quiero mantener mi optimismo, ser abierta aunque precavida, positiva pero realista.

El momento para reconocer el abuso es, por supuesto, el momento en que sucede, pero el abuso encubierto puede desafiar de manera extrema las capacidades de percepción de la mujer. Si él hace comentarios que te dañan, pero afirma que son una broma, estás con un abusador. Si tu compañero no está dispuesto a escuchar tus sentimientos y te trata como si fueras menos de lo que eres, estás con un abusador. Una relación abusiva es más una actitud hacia ti que un raro momento de ira o irritación por una diferencia de opinión.

Un hombre me dijo que un día, mientras él y su novia estaban conduciendo a casa de regreso del cine, ella expresó una opinión diferente a la de él sobre la película que acababan de ver. Por alguna razón, él se enojó y empezó a levantarle la voz a ella. (Él todavía no entiende por qué lo hizo.) Ellos pararon en un semáforo. Su compañera dijo, "Estoy oyendo abusos de tu parte", salió del coche y se marchó. (¡Y ella ni siquiera había leído mis libros!)

Él la llamó varias veces, pero ella se había ido. "Ella simplemente desapareció en la noche", dijo.

Se sintió muy perturbado. El tráfico le impidió seguirla. Él se fue a casa. Ella no había llamado. Por último, dos días después, ella apareció.

Él nunca lo hizo de nuevo.

10. ¿No es oportuno mantener el enfoque de negarse a ser objeto de abuso en lugar de abordar el tema desde una perspectiva de género?

Cuando se trata de relaciones de pareja entre adultos, no podemos convertir al abuso verbal una cuestión de género porque ya es una cuestión de género.

11. ¿Las mujeres eligen inconscientemente a hombres abusadores para hacer frente a sus problemas sin resolver?

La mayoría de las mujeres eligen compañeros que las cortejan. Las mujeres normalmente perciben una persona atenta y cariñosa porque mientras él la está cortejando, su acercamiento a ella es conciliador. Sin embargo, una vez que él la ha "conseguido", si él cree que "ahora" él tiene ciertos derechos y prerrogativas, que es de alguna manera superior, que es inferior si demuestra vulnerabilidad y amabilidad, que es débil si él revela sus propios sentimientos, que él ha nacido para estar a cargo de una mujer, que él no tiene ninguna responsabilidad en construir y mantener la relación, que él debe ser el centro de la atención de ella y que ella debe hacer su voluntad, su actitud y su tratamiento hacia ella va a cambiar.

Este cambio es muy confuso para la mujer. Puede que ella recuerde durante mucho tiempo cómo era él, y que tenga la esperanza de que él vuelva a ser de esa manera otra vez.

Bibliografía

OBRAS CITADAS

Bach, George R., and Ronald Deutsch. *Stop! You're Driving Me Crazy.* New York: Putnam, 1980, p. 16.

Bach, George R., and Herb Goldberg. *Creative Aggression.* New York: Doubleday, 1974, pp. 16, 19, 38.

Fleming, Jennifer Baker. *Stopping Wife Abuse: A Guide to the Emotional, Psychological, and Legal Implications . . . for the Abused Woman and Those Helping Her.* New York: Anchor Books, 1979, pp. 142, 161.

Fulghum, Robert. *All I Really Need to Know I Learned In Kindergarten: Uncommon Thoughts on Common Things.* New York: Random House, 1989, p. 14.

Horney, Karen. *Our Inner Conflicts: A Constructive Theory of Neurosis.* New York: W.W. Norton and Company, 1992, p. 160.

Jenkins, Alan. *Invitations to Responsibility: The Therapeutic Engagement of Men Who Are Violent and Abusive.* Adelaide, South Australia: Dulwich Centre Publications, 1990, p. 44.

Miller, Alice (trans. Hildegarde and Hunter Hannum). *For Your Own Good: Hidden Cruelty in Child-Rearing and the Roots of Violence.* New York: Farrar, Straus, and Giroux, 1983, p. 159.

—. (trans. Hildegarde and Hunter Hannum). *Thou Shalt Not Be Aware: Society's Betrayal of the Child.* New York: Farrar, Straus, and Giroux, 1984, p. 97.

—. *The Untouched Key.* New York: Random House, 1990, p. 159.

Paul, Jordan, and Margaret Paul. *Do I Have to Give Up Me to Be Loved by You?* Irvine, CA: CompCare Publishers, 1983, p. 39.

Stoltenberg, John. *Refusing to Be a Man: Essays on Sex and Justice.* New York: Penguin Books, 1990, p. 202.

White, Michael. *Re-Authoring Lives: Interviews & Essays*. Adelaide, South Australia: Dulwich Centre Publications, 1995, p. 86.

Winn, Denise. *The Manipulated Mind: Brainwashing, Conditioning and Indoctrination*. London: Octagon Press, 1983, p. 103.

PARA LA LECTURA ADICIONAL

Esta lista de lecturas recomendadas ha sido seleccionada principalmente porque estos libros van a apoyarte en la toma de control de tu vida. Están orientados hacia la acción y pueden ayudarte a conocerte a ti mismo y tus talentos mejores. Muchos ofrecen un enfoque paso a paso para el cumplimiento de tus objetivos y la creación por ti misma de una satisfactoria y reconfortante vida.

Barnett, O.W., and A.D. LaViolette. *It Could Happen to Anyone: Why Battered Women Stay*. Newbury Park, CA: Sage Publications, 1993.

Bolles, Richard N. *The Three Boxes of Life and How to Get Out of Them: An Introduction to Life/Work Planning*. Berkeley, CA: Ten Speed Press, 1978.

—. *What Color Is Your Parachute? A Practical Manual for Job-Hunters & Career-Changers*. Berkeley, CA: Ten Speed Press.

Bridges, William. *Transitions: Making Sense of Life's Changes*. Reading, MA: Addison-Wesley Publishing Company, 1986.

Jeffers, Susan. *Feel the Fear and Do It Anyway*. New York: Ballantine Books, 1987.

Encuesta

Te invito, lector, a contestar el siguiente cuestionario para que podamos saber más sobre el abuso verbal en las relaciones. Tu participación en este estudio será de gran valor y en gran medida se apreciada. No necesita revelar su identidad.

Por favor marque la respuesta y agregue las notas adicionales que considere apropiadas. Enviar a:

Patricia Evans
Evans Interpersonal Communications Institute
P.O. Box 589
Alamo, CA 94507
Teléfono: (925) 934-5972; Fax (925) 933-9636
Correo electrónico Evansbooks@aol.com
Sitio web: www.verbalabuse.com

Por favor, incluya un sobre con sello y dirección personal si necesita una respuesta por correo.

Les doy las gracias de antemano.

ENCUESTA

Yo soy ❑ hombre ❑ mujer

Esto ❑ casada/o ❑ soltera/o

Tengo ❑ menos de 25 ❑ menos de 35 años
     ❑ menos de 55 años ❑ más de 55

Mi relación es (era) ❑ heterosexual ❑ homosexual

Estoy (o estuve) en mi relación
     ❑ 1–3 años ❑ 4–10 años
     ❑ 11–20 años ❑ más de 20 años

He experimentado abuso verbal con bastante frecuencia
     ❑ en mi relación
     ❑ en la infancia
     ❑ de mi padre
     ❑ de mi madre
     ❑ de otros cuidadores
     ❑ de amigos de la familia
     ❑ de familiares
     ❑ de compañeros de trabajo
     ❑ de los jefes
     ❑ de los hermanos adultos
     ❑ de los maestros
     ❑ de niños en la escuela
     ❑ otros: _____

Estoy en una relación verbalmente abusiva ahora.
     ❑ Sí   ❑ No

(Si su respuesta es "sí" a la pregunta anterior, por favor responda a las siguientes cinco preguntas.)

Me siento incapaz de salir de la relación abusiva.
     ❑ Sí   ❑ No

Me siento atrapado/a.
     ❑ Sí   ❑ No

A pesar de que abusan de mí, siento que amo a mi pareja.
     ❑ Sí   ❑ No

Creo que mi compañero va a cambiar.
     ❑ Sí   ❑ No

Nunca se me ha ocurrido dejar la relación.
❏ Sí   ❏ No
Estoy (estuve) en una relación verbalmente abusiva.
❏ Sí   ❏ No

(Si su respuesta es "sí", por favor responda a la siguiente pregunta.)
La frecuencia e intensidad de los incidentes de abuso aumentaron con el tiempo?
❏ Sí   ❏ No

En mi vida adulta, nunca he estado en una relación verbalmente abusiva.
❏ Sí   ❏ No

Creo que yo pudiera ser verbalmente abusivo/a con los demás.
❏ a menudo   ❏ ocasionalmente   ❏ raramente

He sido golpeado/a y empujada por mi compañero/a.
❏ Sí   ❏ No
Mi compañero/a me ha amenazado con pegarme.
❏ Sí   ❏ No
A veces tengo miedo de mi compañero/a.
❏ Sí   ❏ No

Creo que el abuso verbal ha afectado a mi autoestima, la confianza y la felicidad de una manera negativa.
❏ no
❏ un poco
❏ mucho
❏ no se aplica porque nunca he sido abusada verbalmente

He sido abusado/a verbalmente en las siguientes maneras (por favor verifica cinco o menos categorías de abuso verbal).
❏ retener información
❏ contradecir
❏ humillar
❏ disfrazar el abuso verbal con bromas
❏ bloquear y desviar
❏ acusar y culpar
❏ juzgar y criticar
❏ trivializar
❏ socavar

- ❑ amenazar
- ❑ insultar
- ❑ olvidar
- ❑ ordenar
- ❑ negar
- ❑ actuar con ira

Cuando fui abusado verbalmente por lo general:
- ❑ pensé que había dicho o hecho algo malo
- ❑ me sentí confundida/o e insegura/o
- ❑ me sentí triste y / o dañado/a
- ❑ me sentí aturdido/a o conmocionado/a
- ❑ pensé que había algo que faltaba
- ❑ pensé que el abusador no entiende algo
- ❑ otros: _____

Después de leer este libro:
- ❑ entendí mejor lo que es el abuso verbal
- ❑ estoy más confundido que nunca sobre el abuso verbal
- ❑ soy más capaz de responder adecuadamente al abuso verbal

Me gustaría saber más acerca de: _____

Con el fin de hacer frente a abusos verbales ahora necesito:
- ❑ estar más alerta
- ❑ tener menos miedo del abusador
- ❑ ser financieramente más segura/o
- ❑ tener más confianza
- ❑ tener más apoyo de la familia, de compañeros de trabajo y amigos
- ❑ otros: _____

Índice